図解で早わかり

最新

民事訴訟・執行・保全の法律知識

弁護士
森 公任
弁護士
森元みのり［監修］

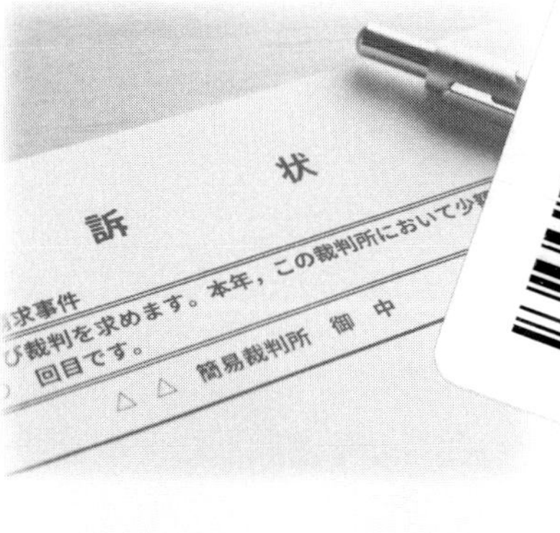

三修社

本書に関するお問い合わせについて

本書の記述の正誤に関するお問い合わせにつきましては、お手数ですが、小社あてに郵便・ファックス・メールでお願いします。大変恐縮ですが、お電話でのお問い合わせはお受けしておりません。内容によっては、お問い合わせをお受けしてから回答をご送付するまでに１週間から２週間程度を要する場合があります。

なお、本書でとりあげていない事項についてのご質問、個別の案件についてのご相談、監修者紹介の可否については回答をさせていただくことができません。あらかじめご了承ください。

はじめに

本書でとりあげる民事事件は、「貸した金を返してほしい」「土地・建物を明け渡してほしい」など、日常生活から生じるさまざまな紛争に関するものです。トラブルが話し合いで解決できないときには、裁判所に訴訟などを提起し、どちらの言い分が正しいかの判断を求めることができます。民事事件については、通常の民事訴訟だけでなく、少額訴訟、支払督促などさまざまな手段があります。

裁判で勝訴すれば、とりあえず権利が認められることになりますが、それだけではトラブルが解決しないケースもあります。その場合は、相手の財産に対して強制執行をして、裁判の結果を実現させる必要があります。また、判決が出るまでの間に、相手が財産を処分したり、隠してしまう可能性もあります。こうした事態に備えるため、裁判を起こすときは、あらかじめ民事保全という手続きで、相手の財産の処分を制限しておくことが重要です。

本書は、「訴訟・強制執行・保全」の３段階のしくみや手続きを１冊に集約した本です。読み進めているうちに、それぞれのしくみや関係、上手な利用法について理解していただけると思います。

「民事訴訟手続きのIT化」に対応した令和４年の民事訴訟法改正（令和７年度までの間に段階的に施行される予定）に対応しています。改正法により、①ｅ提出、②ｅ事件管理、③ｅ法廷の「３つのｅ」が実現します。また、令和３年５月から全面施行された民事執行法改正にも対応しています。改正で財産開示手続が、より使いやすく、強力なものになりました。さらに、債務者以外の第三者からも、債務者の財産に関する情報を得られるようになり、不動産競売における暴力団員の買受けを防止する制度も設けられています。

本書を通じて、皆様の知識の習得や問題解決のお役に立てれば幸いです。

監修者　弁護士　森公任

弁護士　森元みのり

CONTENTS

PART 2　日常トラブルを解決するさまざまな訴訟

PART 3 民事執行法のしくみ

PART 4 民事保全法のしくみ

Part 1

民事訴訟法のしくみ

PART1
1

民事訴訟法とは

民事におけるトラブルについての問題を解決する手続きを定めた法律

■ 話し合いで解決できない場合には

私たちは日々の生活の中で、物を買ったり、家を借りるなどの取引を行っています。こうした取引には、物を売ったのに代金を払ってくれないとか、家を貸したのに家賃を払ってくれない、などのいろいろなトラブルがつきものです。

民事について生じたトラブルを調整するために、あるいはトラブルが生じないようにするために、一定のルールがあらかじめ定められています。それが民法をはじめとする民事に関する法律です。民法などの法律があることによって、民事におけるトラブルは解決されるか、事前に防止されることになります。しかしいったいどちらの言い分が正しいのかわからない場合、その解決法は民法などの条文には書かれていません。

このような民事におけるトラブルについて、当事者間での話し合いでは解決できない場合に、訴訟で解決する手続きを定めた法律が民事訴訟法なのです。

民事訴訟

取引をめぐるトラブルなど民間の当事者間で法律上の争いが生じた場合（民事におけるトラブル）で、話し合いで解決できないときは、裁判所に民事訴訟を提起することになる。

■ 訴訟法は手続法

法律は実体法と手続法に大別することができます。

実体法は、この場合にはこの内容の権利や義務が発生することを規定した法律です。他方、手続法は、実体法に規定された権利や義務を国家が実現するための手続きについて規定した法律で、民事訴訟法は手続法のひとつです。

では、民事訴訟法は、どんな手段によって権利や義務を実現させるのでしょうか。それは訴訟という手段によってです。

実体法と手続法

法律の分類のひとつとして、実体法と手続法に大別する方法がある。実体法は、どのような事実があればどのような権利や義務が発生するのか、ということを定めた法律である。民法・会社法・刑法などがその代表である。
手続法は、実体法に規定された権利や義務を国家が実現するための手続きについて規定した法律である。民事訴訟法や刑事訴訟法、不動産登記法、商業登記法などがその代表となる。そして、民事におけるトラブルが生じ、訴訟が提起された際に、もっとも用いられる手続法が民事訴訟法である。

民事訴訟のイメージ

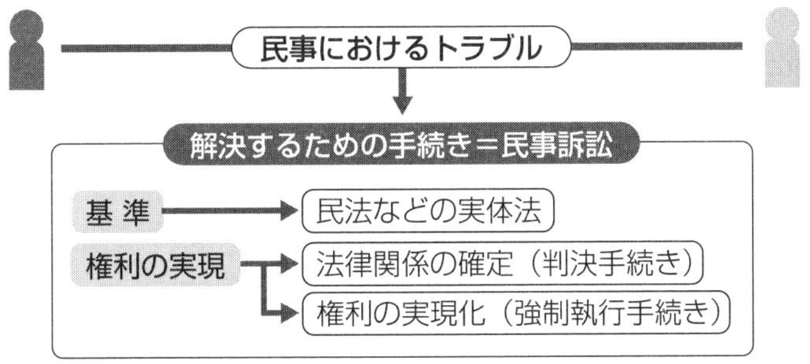

訴訟とは何でしょうか。簡単にいえば、裁判所という中立・公正な機関の手で、個人対個人、個人対組織、もしくは組織対組織の間で生じている法律上の争いに解決を与える手続きのことです。訴訟法とは、そのような訴訟をどのように進めていくかなど、その手続きに関するルールを定めたものです。民事におけるトラブルを訴訟によって解決するためのルールを定めたのが民事訴訟法というわけです。

■ 民事事件・刑事事件・行政事件がある

一口に訴訟といっても、大きく３つに分類されます。１つは、民事事件として訴えること（民事訴訟）、もう１つは、刑事事件として訴えること（刑事訴訟）です。

さらに、行政機関が公の立場で行った措置（行政事件）に関連して訴訟が生じる行政訴訟という形態もあります。

民事と刑事では、目的も手続きもその内容も根本的に違います。民事事件は、「貸した金を返してほしい」「土地・建物を明け渡してほしい」など、民間の当事者間の紛争に関するものです。他方、刑事事件は、刑罰法令に違反する行為をした者に対して、検察官が起訴して、国家が刑罰を科すものです。

民事訴訟・刑事訴訟・行政訴訟のイメージ

たとえば、交通事故を起こして、被害者を負傷させた例であれば、まず被害者に対する損害賠償が問題になる。話し合いで解決がつかなければ訴訟（民事訴訟）になる。また、運転者に不注意があった場合には自動車運転過失致傷罪で起訴（刑事訴訟）される。さらに運転者に運転免許取消しの行政処分が公安委員会によってなされた場合には、それを不当だと思えば、処分の取消しを求める行政訴訟を起こすことになる。

被告と被告人

民事訴訟では、原告によって訴えられた相手方を被告と呼ぶ。これに対して、刑事訴訟では、犯罪を犯したとして訴追された者を被告人という。被告と被告人は厳密に使い分ける必要がある。

PART1
2

民事訴訟を起こす場合の下準備

事実関係を整理して必要な証拠を集める

■ まず事実関係を整理する

民事訴訟を起こすことを決意した場合は、①事実関係を整理すること、②証拠を確保すること、が必要となります。

まず、事実関係をよく整理して、紛争の実体を把握します。トラブルが深刻になっていくと、最初は単なる利益問題だったものが、いつしか感情の問題に変わっていってしまうこともあります。次に、自分の主張を裏付けるための証拠を確保していきます。訴訟は証拠の有無が勝敗を分けます。訴訟で権利を主張する側は、その権利の存在を証明しなければなりません。これを立証といいます。立証のためには証拠が必要です。

証拠の具体例

たとえば、売買代金の支払いを請求する事件の場合は、契約書や請求書、相手方からの回答書・帳簿類などが証拠になる。

■ 内容証明郵便の送付

請求の証拠として、訴訟を起こす前に内容証明郵便を送付するのも有力な方法です。内容証明郵便は、誰が、どんな内容の郵便を、誰に送ったのかを郵便局（日本郵便株式会社）が証明する特殊な郵便です。受取人にある程度のインパクトを与えることができ、後々訴訟になった場合の強力な証拠になります。

内容証明郵便は、配達証明付にして差し出せば間違いがありません。郵便物を発信した事実から、その内容、さらには相手方に配達されたことまで証明をしてもらえます。

内容証明郵便の作成ルール

用紙についてはとくに指定はないが、文字数と行数については、縦書きの場合は、20字以内×26行以内、横書きの場合は、①20字以内×26行以内、②26字以内×20行以内、③13字以内×40行以内という制限がある。使用できる文字や文字数のカウントについても一定のルールがある。

内容証明郵便の料金

内容証明料金が１枚につき480円（１枚増えるごとに290円加算）、書留料金480円、通常の郵便料金84円（25gまで）、配達証明料金は350円（差出時）である。

■ 訴訟を起こすのにどんな書類が必要か

訴訟を起こすには、訴状を用意しなければなりません。裁判は、訴状を裁判所に提出することによって開始します。訴状は、

証拠のとり方

	収集の場所	証拠となるもの
利害関係人など第三者も閲覧や謄写が認められるもの	市区町村役場	固定資産課税台帳登録事項証明書（東京都23区の場合は都税事務所）、住民基本台帳、住民票、都市計画図
	税務署	路線価図
	法務局	土地・建物登記事項証明書、建物所在図、地図（土地の区画・地番）、会社・法人登記事項証明書
	運輸支局または自動車検査登録事務所	登録事項等証明書
	特許庁	特許、意匠、商標、実用新案権の各原簿など
相続人が収集できるもの	金融機関	被相続人の取引経緯明細書、残高証明
	郵便局	郵便貯金の残高、簡易保険加入の有無

裁判所に判断を求める請求内容などを記した書面で、ここに記された内容を中心に、裁判が展開されていきます。

訴状を提出するときには、請求額に応じた申立手数料を収入印紙で支払います。また、添付書類として、いくつかの文書が必要になってきます。たとえば、土地や建物など不動産に関する事件の場合は、不動産登記事項証明書や、固定資産課税台帳登録事項証明書などが必要になります。

オンラインによる訴状提出

令和４年（2022年）成立の民事訴訟法改正により、オンラインによる訴状の提出（e提出）が可能になった（19ページ参照）。

■ 証拠の準備が勝敗の分かれ目になる

訴訟において当事者が最終的な目的としているのは、自分に有利な判決を得ることです。そのためには、自分の主張が正しいことを、裁判官に納得してもらわなければなりません。そのとき必要になるのが証拠です。ある事実が存在するか否かを判断する裁判官の行為を事実認定といい、その際に裁判官が用いる材料のことを証拠といいます。たとえば、貸金返還請求訴訟の場合には、契約書や借用書が証拠になります。

PART1
3

管轄

事件に応じて担当する裁判所が違う

■ 管轄とは何か

訴訟の提起（民事訴訟の場合）または公訴の提起（刑事訴訟の場合）する場合に、どの裁判所がその事件を担当するのか、という裁判所の仕事の分担を定めたものです。どの裁判所に訴訟の提起などをすべきかという問題を決定するのが管轄の定めです。管轄は、法律が管轄を定めている「法定管轄」と、それ以外の「指定（裁定）管轄」に分けることができます。

■ 法定管轄の種類

法定管轄は、いくつかの基準によって、以下のように分類することができます。

① **審級管轄**

上級の裁判所と下級の裁判所との関係を定めるものです。

民事訴訟の場合、第一審は簡易裁判所・地方裁判所、第二審（控訴審）は地方裁判所・高等裁判所、第三審（上告審）は高等裁判所・最高裁判所です。これに対して、刑事訴訟の場合、第一審は簡易裁判所・地方裁判所・高等裁判所、第二審は高等裁判所・最高裁判所、第三審は最高裁判所です。

最高裁判所が第二審の場合

内乱罪に関する事件のように高等裁判所が第一審となる場合、第二審が最高裁判所となる。

② **事物管轄**

訴訟物の価額や性質（民事訴訟の場合）、犯罪の種類（刑事訴訟の場合）によって、事件の第一審を担当する裁判所を配分するものです。民事訴訟の場合、訴額（訴訟物の価額）が140万円以下の事件は簡易裁判所、これを超える事件は地方裁判所の管轄になります。刑事訴訟の場合、罰金以下の刑や選択刑と

管轄のしくみ

法定管轄	審級管轄	裁判所の上下関係により定まる 【例】地裁（第一審）⇒ 高裁（控訴審）⇒ 最高裁（上告審）
	事物管轄	事件の内容（請求内容）により定まる 民事 訴訟物の価額（訴額）により決定される。 【例】訴額 140 万円超 ⇒ 地裁
	土地管轄	事件との関係により定まる 民事 被告の住所地所在の裁判所 刑事 事件の犯罪地 or 被告の住所地所在の裁判所
指定管轄	法定管轄により管轄が定まらない場合に、裁判所により定められる ⇒ 民事 当事者の合意により管轄を定めることができる場合がある〈合意管轄〉	

して罰金の刑が定められている罪などに関する事件は簡易裁判所、内乱罪などに関する事件は高等裁判所、これら以外は地方裁判所が管轄になります。

③ 土地管轄

事件と関係のある地点によって、事件を担当する裁判所を決めるものです。民事訴訟の場合は、原則として被告の住所地を管轄する裁判所に訴えを提起します（例外として、義務履行地、事務所・目的物の所在地、不法行為地などがある）。刑事訴訟の場合は、事件の犯罪地もしくは被告人の住所（居所・現在地）を管轄する裁判所に公訴を提起（起訴）します。

応訴管轄

民事訴訟の場合、原告が、法定管轄が認められていない裁判所に訴えを提起したとしても、被告がその裁判所で応訴をすれば、その裁判所に管轄権が認められる。

■ 指定（裁定）管轄とは

法定の管轄権をもつ裁判所が裁判権を行使できない場合、あるいは管轄裁判所が明らかでない場合に、上級の裁判所が定める管轄のことです。なお、民事訴訟の場合、当事者の公平と便宜を図るため、一定の範囲で、当事者の合意によって管轄裁判所を定めることが認められています（合意管轄）。

PART1
4

民事訴訟法のしくみ

裁判所の公平を担保する制度

裁判官の除斥・忌避・回避の制度がある

■ 裁判所は公平でなければならない

国家機関である裁判所は、中立かつ公平に裁判をしなければなりません。「公平な裁判所による裁判を受ける権利」は、憲法で保障されています（憲法37条１項・32条）。

「公平な裁判所」とは、組織や構成において偏った裁判をするおそれのない裁判所のことをいいます。

このような憲法上の要請を受け、民事訴訟法や刑事訴訟法では、「裁判所の公平」を担保するため、裁判官の除斥・忌避・回避の制度が設けられています。

裁判の公正は裁判官の公正から

裁判の公正を確保するには、実際に裁判をする裁判官の公正を確保する必要がある。裁判についてどんなによい制度を設けても、それを運用する人間の公平性が確保されないのでは、何にもならない。裁判官の除斥・忌避・回避の制度も裁判の公正を保つのに重要な制度である。
なお、裁判長が被告の弁護士の娘婿であったという事件で、最高裁はこのような場合でも裁判の公正を害するものではないと判断したことがあったが、この判断は批判の対象とされている。

■ 裁判官の除斥とは

裁判官に偏った裁判をするおそれのある一定の事由（除斥事由）があるときに、法律上当然に職務の執行から排除する制度のことです（民事訴訟法23条１項、刑事訴訟法20条）。

裁判官が当事者の親族であったり、保護者であったりする場合などに、裁判官がその事件を担当することになると、公平な裁判を期待することはできません、そこで、除斥事由にあたるときは、当事者の請求を待たず、当然に職務の執行から排除されるとしています。ただ、除斥をするには除斥事由を確認するための裁判を経る必要があります。

■ 裁判官の忌避とは

裁判官に不公平・不公正な裁判をするおそれのある事情がある場合に、当事者の申立てに基づいて、裁判によって裁判官を

除斥・忌避・回避

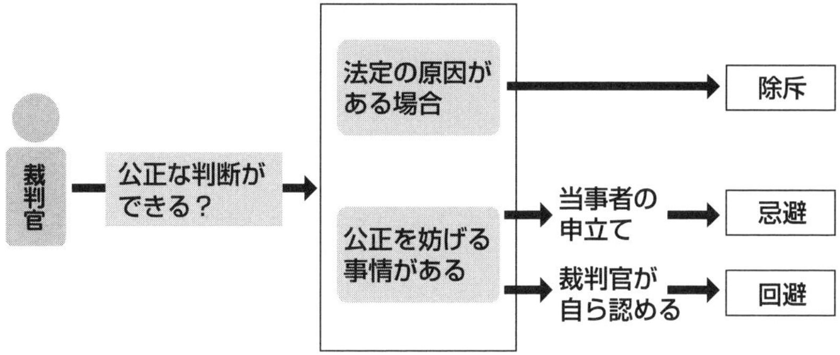

職務の執行から排除する制度です（民事訴訟法24条、刑事訴訟法21条）。

なお、刑事訴訟の場合、弁護人も被告人の明示の意思に反しない限り、被告人のため忌避の申立てをすることができます。

ただ、忌避原因があることを知りながら、裁判官の面前で弁論をしたり、弁論準備手続に申述したとき（民事訴訟の場合）、事件について請求や陳述をしたとき（刑事訴訟の場合）には、その裁判官を忌避することはできなくなります。

また、訴訟遅延の目的など濫用的な忌避の申立てに対しては、申立てを受けた裁判官自らが加わり、申立てを却下することができます。

除斥／忌避／回避

除斥は、法定の原因がある場合に当然に職務を行うことができなくなることをいう。
忌避は、除斥原因以外に、裁判の公正が妨げられる事情がある場合に、当事者の申立てにより裁判を経て裁判官を訴訟から排除することをいう。
回避は、裁判官が自ら進んで訴訟への関与を避けることをいう。

■ 裁判官の回避とは

裁判の公平を害する事由があると考えた裁判官が、自発的に職務の執行から離脱する制度のことです（民事訴訟規則12条、刑事訴訟規則13条）。裁判官が回避をするには、裁判所の許可を得る必要があります。

PART1
5

民事訴訟法のしくみ

民事訴訟手続きのIT化

裁判書類の提出や訴訟記録の電子化、口頭弁論のオンライン実施など

■ なぜ改正が行われたのか

わが国における民事訴訟手続は、基本的に紙ベースで行われており、諸外国に比べてIT化が遅れているとされています。そのため、わが国においても民事訴訟手続のIT化を促進し、その利便性を向上させて、諸外国に足並みをあわせていかなければならないとの議論が、従来から継続的に行われてきました。

こうした背景を踏まえ、令和４年（2022年）５月18日、民事訴訟手続のIT化を促進させるための規定などを盛り込んだ改正民事訴訟法が成立しました。民事訴訟手続をIT化することのメリットとして、以下の点を挙げることができます。

・訴訟当事者の物理的・心理的負担の軽減

民事訴訟手続が紙ベースで行われており、それに伴うさまざまな煩雑な対応（たとえば、FAXの送受信、書類の送付）が求められることがネックとされてきました。しかし、民事訴訟手続をIT化することで、ほとんどの部分を電子的な方法により行えるようになります。

・訴訟の進行過程においてWeb機能の活用

たとえば、Webメッセージ機能を利用して当事者間で意見や質問のやり取りをする、期日において画面共有機能を使用しながら当事者の意見を聴取する、期日において裁判官自身が作成したメモ等を訴訟関係者間で共有するなど、IT技術ならではの臨機応変で即応性の高い訴訟審理が行えるようになります。

そのため、より柔軟な民事訴訟の審理が行われることにつながり、従来と比較して裁判に携わる人々の負担が軽減され、全

民事訴訟のIT化と諸外国の動き

法務省が設置する法制審議会に提出された「民事裁判手続等IT化研究会報告書」（令和３年12月）によれば、アメリカ・中国・シンガポール・韓国等においては、民事訴訟手続に関するIT化が急速に進められている。

改正法の施行予定

改正法は段階的に施行され、令和7年度（2025年度）中（令和８年３月末まで）には全面的に施行される予定である。令和５年（2023年）11月現在、弁論準備手続や和解手続のオンライン実施が同年３月に施行されている。

改正民事訴訟法における3つのｅ

① ｅ提出

民事訴訟手続のために必要な「訴状」「答弁書」「準備書面」等の書類をオンラインで提出できる。訴訟費用の納付をインターネットバンキング等を活用した電子的振込によって行うことができる。

② ｅ事件管理

当事者が提出した書類、判決書、和解調書等の訴訟記録をオンラインでアクセスして閲覧できる。裁判期日の調整もオンラインで行われるようになる。

③ ｅ法廷

裁判所で直接裁判官の面前で行わなければならない種々の手続について、テレビ会議やWeb会議システムの活用が大幅に拡大される。

体として訴訟資源の節約にもつながるといえます。

・裁判資料の電子化

訴訟資料のすべてを紙媒体にすると膨大な量となり、印刷や複写のための労力と費用の負担は大きなものとなります。それらの書類を保管するための場所や費用の負担も大きいです。

しかし、IT技術を活用して、訴訟の初期段階から関係する書面を電子化する制度を導入することで、民事訴訟手続で生じるさまざまな負担の問題を解決できることになります。

■ 民事訴訟手続のIT化によりできるようになること

民事訴訟手続のIT化により、以下のように、ｅ提出、ｅ事件管理、ｅ法廷の３つのｅが実現します（上図参照）。

・オンラインによる訴状提出（ｅ提出）

現状では、訴状の提出は、原則として、紙媒体にて訴えを提起する裁判所へ直接出向いて提出するか、もしくは郵送で送付

訴状

民事訴訟では、訴状が裁判所に提出された時に、訴えが提起されたことになる。30ページ参照。

するとされています。しかし、改正民事訴訟法により、いつでもオンラインで訴状を提出できるようになります。また、弁護士が訴状を提出する場合は、オンラインでの提出が義務化されることになります。

その他、訴えの提起時に裁判所に納付すべき手数料の支払いについても、従来の印紙による納付の他、インターネットバンキング等を利用した方法で支払えるようになります。

・訴訟記録の閲覧・複写の電子化（e事件管理）

現状では、訴訟記録を閲覧したり複写（コピー）を取得したりする場合は、実際に書面が保管されている裁判所に直接出向いて、裁判所書記官に請求しなければなりません。しかし、改正民事訴訟法により、IT技術を活用して訴訟記録の閲覧・複写の手続は、いつでもオンラインで行えるようになります。

・口頭弁論のオンライン実施（e法廷）

改正民事訴訟法ではIT技術を活用して当事者がオンラインで訴訟参加ができるように、訴訟制度自体を大幅に変更・緩和することとしました。具体的には、Web会議（裁判所および両当事者が映像と音声の送受信で相手の状態を相互に認識しながら通話できる方法）によって、口頭弁論の審理を進めていくことが可能となります。

・弁論準備手続の完全オンライン実施（e法廷）

現状では、弁論準備手続は当事者の一方が裁判所に出頭していれば、もう一方はWeb会議または電話会議（裁判所および両当事者が音声の送受信で同時に通話できる方法）での出席ができるとされています。弁論準備手続は口頭弁論ではありませんが、裁判の形骸化を防ぐため、この規定があります。改正民事訴訟法により、口頭弁論の柔軟化に合わせて、両当事者ともWeb会議・電話会議での出席が認められるようになります。

・証人尋問のオンライン実施要件の緩和（e法廷）

現状では、証人尋問は一定の理由があれば、Web会議によ

本人訴訟の場合の訴状提出

弁護士等を使わずに自分で訴訟を提起する本人訴訟においては、従来通り書面での提出も可能となる予定。

訴訟記録

裁判所が保管する訴訟に関するすべての記録。訴えを提起する者が作成する訴状とそれに対する相手方からの答弁書、両当事者の裁判期日のための準備書面に加えて、裁判上で当事者から提出された書面による証拠（書証）や、判決が書かれた判決書、判決に代わるものとなる和解調書等、裁判所が主体となって作成する書面も含まれる。

口頭弁論

民事訴訟手続の両当事者やその代理人が、裁判官の面前で直接自身の主張を述べたり、相手方への反論を述べたりする訴訟行為。

弁論準備手続

訴えが提起された後、民事訴訟手続の初期段階において、争点や証拠の整理を行うために、裁判官と両当事者またはその代理人が立ち会って行う手続。口頭弁論を迅速かつ的確に行うことを目的としてなされる。

Web会議システムを使った期日のイメージ

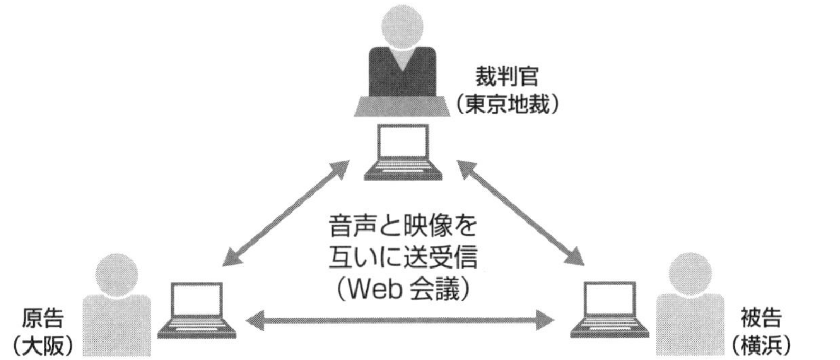

る出席ができるとされていますが、それが認められるのは、裁判所から遠隔地に住んでいるか、あるいは法廷で相手方から威迫を受ける可能性があるなどの限られた場合です。改正民事訴訟法により、これらの場合に加え、両当事者に異議がない場合もWeb会議による証人尋問ができるようになります。

■ 法定審理期間訴訟手続

現状では、民事訴訟の訴えの提起から判決の言渡しまでの期間は法律で定められていません。訴えを提起してから判決が言い渡されるまで1年あるいはそれ以上かかることもあります。訴訟を提起しても、紛争の解決までどの程度の期間かかるのかが不透明であることが、民事訴訟を活用しにくい原因の一つであると指摘されていました。そのため、改正民事訴訟法により、IT技術の活用により、当事者と裁判官の間で簡易迅速なやり取りが可能になることに合わせて「法定審理期間訴訟手続」が定められました。両当事者が望む場合あるいは一方当事者が申し出て相手方が同意する場合、訴えの提起から終局判決までを約7か月以内で行えるようになります。

証人尋問

訴訟における証拠のひとつとされる証人（事件の目撃者等）が、裁判所において宣誓をした上で証言（経験した事実を述べること）を行うと共に、相手方や裁判官からの審尋（質問等）に答える手続き。裁判官は証人の受け答えや態度等を観察し、その証言に信用性があるかどうかなどを判断する。

法定審理期間訴訟手続を採用した場合

法定審理期間訴訟手続を採用した場合の終局判決に対しては、それが訴え却下の判決である場合を除き、控訴をすることができない。ただし、2週間以内に異議申立てをすることで、通常の民事訴訟手続による審理・判決が行われる。

PART1
6

民事訴訟法のしくみ

民事訴訟法の構造と基本原則

裁判の適正・裁判の迅速・当事者の公平・訴訟経済が基本原則

■ 民事訴訟法の体系と基本原則

民事訴訟法の目次には、第一編から第九編までの標題が書かれています。つまり、民事訴訟法は9つの編によって構成されているわけです。とくに第四編までを理解しておけば、民事訴訟手続の基本的な流れを把握することができます。

また、法律には、その全体を貫く基本原則・理念があります。民事訴訟法もその例外ではありません。ここでは民事訴訟法の基本原則を見ておくことにしましょう。

① 裁判の適正

民事訴訟は、何よりも裁判の適正、つまり真実に沿った事実認定に基づき法律が正当に解釈適用され、正しい裁判が行われることが必要です。訴訟手続きと判決が不当なものであれば、誰も紛争解決を裁判所にまかせようとは思わなくなります。裁判が適正であることは、民事訴訟にとって不可欠です。

② 裁判の迅速

訴訟手続きが迅速に進行し終結することも大切です。アメリカには「裁判の遅れは裁判の拒否」という格言がありますが、いかに適切な解決策が裁判所によって示されたとしても、訴訟に10年も20年もかかっているのでは、当事者はたまったものではありません。残念ながら日本では裁判に時間がかかることが常識となっており、そうした事態を受けて、民事訴訟法は平成8年に大きく改正されました。

③ 当事者の公平

裁判所は、訴訟手続きにおいて、対立する当事者を公平に取

民事訴訟規則も重要

民事訴訟法を知る上で、民事訴訟規則についても知っておく必要がある。民事訴訟規則は、民事訴訟法の規定をより詳細に補ったものである。民事訴訟法が国会によって制定されたものであるのに対し、民事訴訟規則は最高裁判所が制定したものであることが両者の大きな違いである。

民事訴訟法の改正

民事訴訟法は大正15年（1926年）に制定されたが、複雑化した民事事件に対応できず、審理の長期化も招いていた。そこで、平成8年（1996年）に民事訴訟法の大改正がなされた。
なお、その後も専門委員の制度や計画審理の制度を導入したり、民事訴訟手続のIT化を進めたりするなど、一部の改正がたびたび行われている。

民事訴訟法の条文構造

第一編「総則」（1条～133条の4）	通則／裁判所／当事者／訴訟費用／訴訟手続／訴えの提起前における証拠収集の処分等／電子情報処理組織による申立て等／当事者に対する住所、氏名等の秘匿	ここまでが基本的な流れ
第二編「第一審の訴訟手続」（133条～280条）	訴え／計画審理／口頭弁論及びその準備／証拠／判決／裁判によらない訴訟の完結／大規模訴訟等に関する特則／簡易裁判所の訴訟手続に関する特則	
第三編「上訴」（281条～337条）	控訴／上告／抗告	
第四編「再審」（338条～349条）		

第五編「手形訴訟及び小切手訴訟に関する特則」（350条～367条）／第六編「少額訴訟に関する特則」（368条～381条）／第七編「法定審理期間訴訟手続に関する特則」（381条の2～381条の8）／第八編「督促手続」（382条～402条）／第九編「執行停止」（403条～405条）

り扱わなければなりません。訴訟の当事者は裁判所の判決に拘束され、最終的には判決の内容が強制的に実現されるわけですから、判決に至るまでの手続きに不公平な取扱いがあれば、当事者、とくに判決によって不利益を受ける当事者は納得できませんし、たとえ勝訴してもいい心持ちはしないでしょう。これでは、訴訟に対する国民の信頼は確保できません。

④　**訴訟経済**

訴訟を経済的に行うこと、つまり国家にかかる費用はもちろんですが、当事者が負担する労力や経費などを最小限の合理的な範囲におさえることも大切な基本原則です。訴訟には時間の他に費用も多くかかるというのでは、裁判はお金をかけて訴訟の進行を他人（弁護士）にまかせておくことができる、一部のお金持ちだけのものになってしまうからです。

当事者に対する住所・氏名等の秘匿

申立て等をする者またはその法定代理人の氏名等または住所等が当事者に知られることにより、当該申立て等をする者または当該法定代理人が社会生活を営むのに著しい支障を生ずるおそれがあることにつき疎明があった場合、裁判所は、申立てにより住所等を秘匿する旨の裁判ができる。当事者に対する住所・氏名等の秘匿の制度は、民事訴訟手続のIT化とあわせて、令和4年（2022年）5月18日に成立した改正民事訴訟法で追加された制度である。

PART1
7

訴訟手続きの流れ

当事者が訴えを提起することで開始し口頭弁論を経て判決に至る

■ 裁判の提起から判決まで

ここでは、訴訟の一般的な流れを概観しましょう。手続きの一部がIT化された点は18ページを参照してください。

① 訴えの提起

訴訟を起こすと決断したら、訴状を裁判所に提出します。訴状には当事者の情報や請求の趣旨・原因を記載し、審判の対象を明らかにします。訴状に不備があれば、裁判長が一定の期間を定めて原告（訴訟を提出した者）に補正を命じることができます。期間内に補正がないときは訴状が却下されます。

② 訴状の送達と答弁書の提出

訴状が裁判所に受理されたら、裁判所書記官によって訴状が訴えられた側（被告）に送達されます。訴状が被告のもとに届いたときに訴訟が成立します。これを訴訟係属といいます。訴状を受け取った被告は、答弁書を裁判所に提出します。答弁書は裁判所から原告に送り届けられます。

③ 第１回口頭弁論期日

裁判所は、訴状の送達と共に、第１回口頭弁論期日を指定して当事者双方に呼出状を送達します。口頭弁論とは、裁判官の面前で、口頭によって主張や反論を行うことです。判決を下すには、必ず口頭弁論を開くことを要します。第１回目の口頭弁論では、原告が訴状に基づき請求の趣旨を陳述し、被告は答弁書に基づき訴えの却下や請求棄却を求める陳述を行うのが一般的です。口頭弁論は必要があれば数回行われますが、終結するまでに行われた口頭弁論の全体が判決の基礎となります。

訴え提起前の証拠収集

訴えを提起しようとする者は、相手方（被告となる者）に訴え提起を予告する通知（予告通知）をした上で、主張・立証に必要な事柄について相手方からの回答を求めたり、裁判所に証拠収集の処分を求めたりすることができる。予告通知に回答した相手方からも同様の請求ができる。

主張と立証

訴訟が始まると、原告と被告は共に自分に有利な判決を求めて攻撃と防御を展開する。この表面上の対決姿勢の裏には、しばしば話し合いへの期待やかけ引きも潜んでいる。
また、民事訴訟の対象となる紛争はそもそも当事者の話し合いによる解決になじみやすいものが多いので、裁判所は紛争の実情を踏まえて和解を勧めてくる。原告と被告は自己の主張や反論を裏付けるために、証拠を提出することができる。この証拠を裁判所が取り調べるために、証拠調べという手続きがとられる。

訴訟手続きの流れ

訴えの提起
＊訴状の送達と答弁書の提出

→

口頭弁論
＊第一回口頭弁論
＊争点および証拠の整理手続
＊証拠調べ
＊口頭弁論終結

→

判決の言渡し
＊判決書の送達

→（判決に不服な場合）

上訴（控訴・上告）

■ 口頭弁論の終結から判決まで

裁判所は、口頭弁論で行われた主張や反論、提出された証拠などを考慮し、判決をするのに熟したと判断したら、口頭弁論を終結する旨を宣言して、判決の言渡期日を指定します。

法廷が１人の裁判官にまかされている場合にはその者の判断によって、合議制であれば複数の裁判官が集まって評議を行って、判決の内容を決めます。判決は言渡しによって効力を生じます。言渡しは、公開の法廷で、裁判長が判決文を朗読して行われます。判決正本は原告と被告に送られます。判決の言渡しによって、訴訟は一応のしめくくりを迎えます。当事者に異存がなければ、判決正本を受け取ってから２週間で判決が正式に確定します。その判決を確定判決といいます。

なお、裁判官は神様ではありませんから、誤った判決が絶対にないとは言い切れません。そこで、当事者が上級の裁判所に対して、裁判の取消し・変更を求める不服申立ての制度が設けられています。これを上訴といいます。

合議制と単独制

裁判所には1人の裁判官で構成される単独制と、複数の裁判官で構成される合議制がある。合議制の裁判所では、これを構成する裁判官のうち１人が裁判長となる。判決その他事件の処理上重要な事項の裁判は、合議制を構成する裁判官が評議し、その過半数で意見を決める。

上訴

第一審の裁判に対する不服申立てが控訴である。控訴審でも口頭弁論が開かれ、基本的には第一審と同じような流れで訴訟が進み、判決を迎える。さらに、控訴審の判決に対しても不服があれば上告ができる。上告審の判決に対しては、原則として不服申立てはできず、その判決が確定する。

PART1
8

民事訴訟法のしくみ

処分権主義と弁論主義

どちらも当事者を尊重した制度である

■ 処分権主義の内容

民事訴訟の対象となっている私人（個人）間の権利義務・法律関係は、個々人の意思のままに自由に決定でき、国家はこれに干渉しないのが原則です（私的自治の原則）。ですから、これをめぐって発生する紛争の処理についても、当事者の主導権を広く認めるのが当然ではないでしょうか。そこで、民事訴訟では、いつどんな場合に訴えを提起し、どのような請求を行い、いつまで訴訟を続けるのかについて、当事者に主導権を認めようという処分権主義が原則とされています。

訴えるということ

「訴え」は、裁判所に対し、公正中立な立場でトラブルを解決してほしい、最終的にどちらの言い分が正しいのかを明らかにしてほしい、と判断を仰ぐ行為である。

処分権主義を裁判所の側から見ると、裁判所は当事者が申し立てていない事項について判決をすることはないということです。訴訟において判決の対象となる請求のことを訴訟物といいます。何について審判を求めるか、どんな訴訟物を提示するかは、当事者の責任とされています。

なお、当事者は、訴訟上の和解などによって訴訟を裁判によらずに終了させることができますし、訴えや上訴を取り下げることで、訴訟手続き自体をはじめからなかったことにすることもできます。

当事者主義と職権主義

訴訟の主導権を当事者に与えることを当事者主義という。訴訟を利用したり、証拠資料の収集については、この当事者主義である処分権主義や弁論主義が適用されるが、訴訟手続きの進行については、裁判所が当事者の意思によらず職権で行えるという職権主義がとられている。

■ 弁論主義の内容

訴えが提起されても、原告の主張がすんなりと認められるとは限りません。そもそも当事者の主張が相容れないからこそ訴訟となったわけですから、被告にもそれなりの反論があるはずです。当事者は、お互いに自己の主張に有利な事実や証拠を法

処分権主義と弁論主義

当事者は裁判の主人公

民事訴訟を舞台にたとえれば、原告と被告はその主人公というべき存在。この主人公をまとめて当事者と呼んでいる。

↓

私的自治の原則

私法上の権利義務・法律関係については、当事者が自由に決定でき、国家はこれに干渉しないとする原則

処分権主義

民事訴訟において何を判決の対象としてもらうのか（どんな請求をするか）を当事者が自由に決定できるとする原則のこと

弁論主義

当事者の示す主張や証拠をもとに判決をする原則のこと

廷にもちだして争うわけです。

このように、判決の基礎となる事実や証拠（訴訟資料）の収集を当事者の権限かつ責任とする建前を弁論主義といいます。

民事訴訟は、当事者自身の利害をめぐる紛争ですから、裁判所は、当事者に争いがない事実については、そのまま判決の基礎にしなければならず、当事者に訴訟資料を提出する責任を負わせることもむしろ当然でしょう。訴訟資料の提出が不十分であるために、不利な判決がなされたとしても、それは当事者自身の責任なのです。

裁判所としても、とくに事実関係が錯綜した複雑な事件では、訴訟資料を収集する責任を背負い込むことは不可能ですし、訴訟資料の収集に不備があった場合、事態はさらに紛糾しかねませんから、当事者に委ねた方が都合がよいのです。

訴訟契約（訴訟上の合意）

民事訴訟において、訴訟上の手続きをどのように行っていくかについての当事者間の合意。管轄の合意、不控訴の合意などが規定されている。条文上規定がないものについては、原則として当事者が合意によって訴訟上の手続きを決めることは許されない（任意訴訟禁止の原則）。しかし、処分権主義や弁論主義の妥当する範囲内であって、合意の効果が明確に予測できる場合には、当事者が合意によって訴訟上の手続きを決めてもよいとされている。たとえば、不起訴の合意、訴え取下げの合意などが挙げられる。

PART1
9

民事訴訟法のしくみ

訴え

給付、確認、形成の３種類の訴えがある

■ 訴訟判決と本案判決

訴えによって裁判の申立てがなされた以上、裁判所は、必ず裁判によって応えなければなりません。しかし、訴えに対する裁判所の応答は、原告の希望どおりのものになるとは限りません。まず、訴えが法の定める手続き（訴訟要件）に適合しない場合には、裁判所は紛争を門前払いの形で処理します。このような判決を訴訟判決といい、「訴えを不適法として却下する」と言い渡されます。原告の訴えが訴訟するための要件を充たしているときは、原告が訴状で求めた「請求の趣旨」に関する実質的な判断に立ち入った判決（本案判決）がなされます。

原告の主張に理由がないと判断されれば、原告敗訴・被告勝訴の意味をもつ「原告の請求を棄却する」という請求棄却判決がなされます。逆に原告の主張に理由があると判断されれば、原告が訴状の「請求の趣旨」で求めたとおりの判決、つまり原告勝訴・被告敗訴の意味をもつ請求認容判決がなされます。

給付の訴えと確認の訴えの違い

給付の訴えが、被告の給付義務の実現をめざすのに対して、確認の訴えは、利益支配のあるべき状態（たとえば、不動産の所有権が誰にあるのか）が不明確であることから生じるトラブルの悪化や続発を防止することを主眼とする。

判決

裁判の判決には、訴えが法の定めた手続きに適合していない場合に訴えそのものを不適法とする訴訟判決、訴えの実質的な内容について判断する本案判決がある。本案判決には、請求認容判決や請求棄却判決がある。

■ 訴えには３つある

訴えは、請求の内容によって次の３つの類型に区別されます。

① **給付の訴え（給付訴訟）**

金銭の支払いや物の引渡し、特定の行為等を求める訴えのように、請求内容として、被告に対する特定の給付請求権の存在を主張し、給付を命ずる判決を求めるのが給付の訴えです。

給付の訴えに対する請求認容判決は、たとえば、「被告は原告に金100万円を支払え」というような給付命令を掲げる判決

訴えの種類

訴えには、給付の訴え、確認の訴え、形成の訴えの３種類がある。このうち、給付の訴えが現実に最も多く提起されている訴えである。

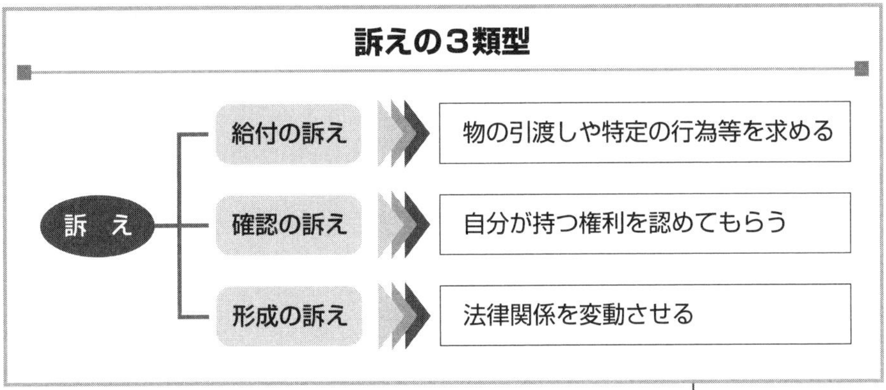

です。原告は、この判決に基づいて強制執行により被告の給付義務の強制的な実現を求めることができます。

② 確認の訴え（確認訴訟）

確認の訴えは、請求内容として、特定の権利や法律関係の存在または不存在を主張し、それを確認する判決を求める訴えです。たとえば、自分の土地に勝手に駐車場を作ろうとしている者がいる場合に、「その土地は自分のものであることの確認を求める」という所有権確認の訴えを裁判所に提起することが挙げられます。また、借りてもいない金をしつこく支払えと請求してくる者に対して、「そのような借金はないことの確認を求める」という債務不存在確認の訴えもあります。

③ 形成の訴え（形成訴訟）

法律が定める一定の要件（形成要件）が存在するため、「○○○という法的な状態が生まれた」（権利関係が変動した）ということを、裁判所に宣言してもらうよう求める訴えです。

たとえば、離婚の訴えの場合は、当事者に離婚原因（形成要件）が存在するかしないかを審理し、それが存在するとされたときに、「原告と被告とを離婚する」という権利関係の変動を宣言する判決（形成判決）がなされ、この判決が確定することによって初めて離婚という権利関係の変動が生じます。

強制執行

判決によって支払いを命じられた金銭や、引渡しを命じられた物を、国が強制的に被告から取り上げて原告に引き渡す手続き。判決によって命じられた金銭の支払いや物の引渡しを、被告が履行しない場合に実施される。

形成権

私法上の権利をその作用によって分類したもので、権利者の一方的な意思表示で権利関係の変動という効力を発生させる私権をいう。取消権・追認権・解除権・認知権などがその例である。
形成権には、裁判外の普通の意思表示で効力が生じるものと、裁判所の判決を待たなければ効力が生じないものがある。

PART1
10

民事訴訟法のしくみ

訴状と答弁書

訴状は原告、答弁書は被告が提出するもの

■ 訴状の記載事項

訴えを提起するには、管轄の第一審裁判所に対して訴状を提出するのが原則です。訴状とは、原告が第一審裁判所に提出する書面（オンライン提出の場合は電磁的記録）で、裁判所に求める審判の対象（訴訟物）を特定するものです。

訴状が提出されると、裁判長は訴状を審査し、不備があれば一定の期間を定めて補正を命じます。これを補正命令といいます。期間内に補正されないと、訴状を受理できないとして裁判長が却下します（訴状却下命令）。訴状が受理された場合は被告に送達されます。一般には、被告に訴状が送達された時点で、訴訟が正式に裁判所によって審理される状態になると考えられています。これを訴訟係属が発生したといいます。

■ 請求の趣旨と請求の原因

請求の趣旨は、訴状の記載のうち、原告が、いかなる請求について、どのような裁判を求めるかを簡潔・明瞭に記載した部分で、訴えの核心をなし、その結論を示す重要な部分です。

給付訴訟では「○○を引き渡せとの判決を求める」「金○○万円を支払えとの判決を求める」などと表現され、確認訴訟では「○○に対する原告の所有権を確認するとの判決を求める」などと表現され、形成訴訟では「原告と被告を離婚するとの判決を求める」などと表現されます。

請求の原因とは、なぜそのような請求の趣旨を求めるのか、その原因・理由について述べる箇所です。

簡易裁判所の特例

簡易裁判所に対する訴えの提起は口頭で行うことも認められている。

訴状却下命令

裁判所が行う意思表示のことを裁判といい、裁判には判決・決定・命令の３種類がある。判決は口頭弁論を経た上で裁判所が言い渡すのに対し、決定・命令は口頭弁論を経ずに言い渡すこともできる。また、決定は裁判所が言い渡すのに対し、命令は裁判官が言い渡す。訴状却下命令は「命令」であり、裁判官のうち裁判長が言い渡すものである。

訴状の必要的記載事項

訴状に必ず記載しなければならない事項（必要的記載事項）として、①当事者、②法定代理人、③請求の趣旨・原因などがある。

訴状サンプル

訴　　状

令和○○年○月○日

○○地方裁判所○○支部　御中

原告訴訟代理人弁護士　○　○　○　○　㊞

〒○○○－○○○○　東京都○区○町○丁目○番○号
原　　　告　○　○　○　○

〒○○○－○○○○　東京都○区○町○丁目○番○号　○○ビル○階
○○法律事務所（送達場所）
上記訴訟代理人弁護士　○　○　○　○
電 話　０３－○○○○－○○○○
FAX　０３－○○○○－○○○○

〒○○○－○○○○　東京都○区○町○丁目○番○号
被　　　告　○　○　○　○

貸金請求事件
訴訟物の価額　１０００万円
貼用印紙額　５万円

請求の趣旨

１　被告は、原告に対し、金１０００万円及びこれに対する令和○○年○月○日から支払済みまで年７分の割合による金員を支払え。
２　訴訟費用は被告の負担とする。
との判決ならびに仮執行宣言を求める。

請求の原因

１　原告は、令和○○年○月○日、被告との間で、次の約定にて、金銭消費貸借契約を締結し、被告に対し、金１０００万円を貸し付けた（甲１）。
⑴　弁済期　令和○○年○月○日
⑵　利息　年７分
２　ところが、被告は、弁済期が経過しても利息の支払いをしたのみで、元金の返済をしない（甲２）。
３　よって、原告は、被告に対し、上記貸金１０００万円及びこれに対する弁済期の翌日である令和○○年○月○日から支払済みまで約定利率の年７分の割合による遅延損害金の支払を求める。

証拠方法

１　甲１号証　借用書
２　甲２号証　通知書

附属書類

１　訴状副本　１通
２　甲１ないし３号証（写し）　各１通
３　訴訟委任状　１通

たとえば、請求の趣旨が「金○○万円を支払え」とあっても、なぜ原告は、そのような請求をするのか、その原因・理由がわかりません。お金を貸したから返してほしいのか、働いたから賃金を支払ってほしいのか、被告の行為で損害を受けたから弁償してほしいのか、原告は、請求の原因のところで、給付請求権の発生原因となる事実を、具体的に記載します。

■ 必要的記載事項と任意的記載事項

訴状については、民事訴訟法上、「当事者及び法定代理人」「請求の趣旨及び原因」を必ず記載することになっています(民事訴訟法133条2項)。これらを必要的記載事項といいます。

「当事者及び法定代理人」については、特定が要求され、氏名(会社名)・住所(本店所在地)、会社などの法人の場合には、代表者の氏名を記載し、原告または代理人の郵便番号、電話番号、ファックス番号も記載することが必要です(民事訴訟規則53条4項)。

それ以外にも、民事訴訟規則53条1項において、「請求を理由づける事実」「立証を要する事由ごとに当該事実に関連する事実で重要なもの及び証拠」を記載しなければならないと規定されていますが、不備があっても訴状が却下されるわけではないことから、任意的記載事項といわれます。

裁判所の訴状チェック

事件受付というところで、訴状の記載事項に漏れがないか、訴状に貼る印紙代などの計算に間違いはないか、裁判所に管轄があるかなどの形式面がチェックされる。
訴状が受理されると受付印が押されて事件番号が決まる。事件番号は裁判所に問合せをする場合に使用するので、必ず控えておく必要がある。
受理された訴状は担当裁判長のところに回され、最終的に審査される。事件受付で事前に審査されているので、裁判長の段階で訴状の不備が見つかることは少ない。もし不備があれば、一定の期間内での補正が裁判長によって命じられる。

■ 被告は答弁書を作成・提出する

原告が訴状を提出するのに対応して、被告は答弁書と呼ばれる書面を裁判所に提出します。答弁書とは、原告が訴状で示した請求やその根拠である法律関係や事実関係を被告が認めるか否かを記載する他、被告が裁判所に対してどのような判決を求めるかなどを記載する書面です。

答弁書は、必ず提出期限までに裁判所に提出しなければなりません。もし被告が答弁書もその他の準備書面も裁判所に提出

答弁書サンプル

令和○○年（ワ）第○○○○号　貸金請求事件
原　　告　　○　○　○　○
被　　告　　○　○　○　○

答　弁　書

令和○○年○月○日

○○地方裁判所民事第○部○係　御中

〒○○○－○○○○　　東京都○区○町○丁目○番○号
○○法律事務所（送達場所）
被告訴訟代理人弁護士　　○　○　○　○　㊞
電話　０３－○○○○－○○○○
FAX　０３－○○○○－○○○○

第１　請求の趣旨に対する答弁
　１　原告の請求を棄却する。
　２　訴訟費用は原告の負担とする。
第２　請求の原因に対する認否
　１　請求原因第１は認める。
　２　請求原因第２は否認ないし争う。
　３　請求原因第３は否認ないし争う。
第３　被告の主張
　　　追って主張する。

附属書類

　１　訴訟委任状　　　　１通

せずに口頭弁論期日に欠席した場合、被告は原告の主張を認めたものとみなされます。このとき、原告の訴状の記載だけで判決を言い渡せると裁判所が判断すれば、被告欠席のまま原告勝訴の判決がなされてしまいます。したがって、原告の請求について争いたいのであれば、必ず答弁書を指定された期日までに裁判所に提出しなければならないのです。

PART1
11

訴訟要件・二重起訴の禁止

訴訟要件を充たさないと本案判決には進めない

■ 訴訟要件の内容

原告は裁判所に訴えを起こして、訴訟上の請求（請求の趣旨）の当否について判決を求めます。裁判所が審理した結果、訴訟上の請求を正当と認める判決を請求認容判決といい、反対に、訴訟上の請求を不当として退ける判決を請求棄却判決といいます。この2つの判決をまとめて、事件の本来の案件に対する判決という意味で本案判決といいます。ただ、当事者が本案判決を手に入れるまでには、1つのハードルがあります。原告の希望どおりの判決がでるかどうかは別にして、このハードルをクリアして初めて裁判所は本案判決ができるのです。

本案判決をするために必要な要件を訴訟要件といいます。

訴訟要件が備わっていない場合、裁判所は、原告の訴えの提起に対する本案判決ができないという意味で、主文で「本件訴えを却下する」と表示した判決を行います。この判決を訴訟判決（＝訴え却下判決）といいます。訴訟判決は、当事者の請求に関する判断を含まないので、訴訟要件を備えれば、また同様の訴えを起こすことができます。

訴訟要件については、裁判所は被告からの申立てを待たなくても、自ら職権で調査することになっています。ただ、訴訟要件の審理と本案の審理は同時に並行してなされるので、訴訟の進行によっては、裁判所からなされる判決は本案判決ではなく、訴訟判決である場合があります。この場合には、事件の本来の案件に対する裁判所の判断は得られなかったわけで、いわば「門前払い」の判決となるのです。

おもな訴訟要件

何が訴訟要件であるかについては、法律に統一的な規定はない。おもな訴訟要件は以下のとおり。

①裁判所に関するもの
- 被告が日本の裁判権に服すること
- その裁判所が管轄権をもっていること

②当事者に関するもの
- 当事者が実在すること
- 当事者が当事者能力を有すること
- 当事者が訴訟能力を有すること
- 当事者が当事者適格を有すること
- 訴訟代理を受ける場合は、訴訟代理人が代理権を有すること

③訴訟物に関するもの
- 二重起訴の禁止にふれないこと
- 訴えの利益があること

訴訟要件

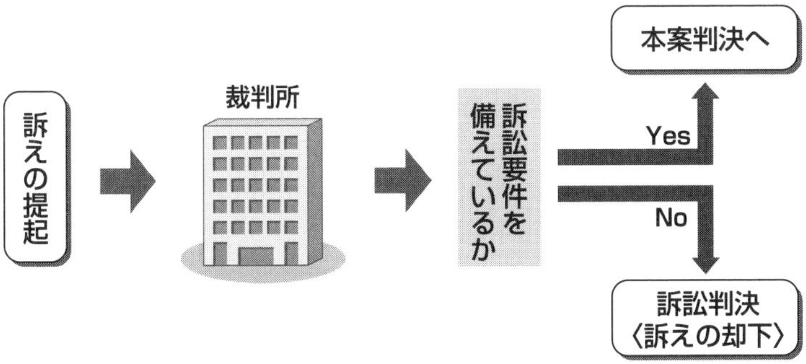

■ 二重起訴の禁止

ある事件について裁判所に訴訟係属が生じている場合には、たとえ異なる裁判所に対してであっても、当事者が同一の事件について重ねて訴えを提起することはできません。つまり、Xという事件がA裁判所に係属している場合、後から同一の事件であるYという訴えを提起することは、A裁判所に対してであっても、別の裁判所に対してであっても許されません。これを二重起訴の禁止といいます。

二重の訴訟を強いられては、被告は迷惑ですし、訴訟制度としても、重複して審判することは不経済で無益です。しかも同じ事件について、異なる裁判所で矛盾した判決が言い渡されてしまう危険性もないとはいえないからです。

禁止される二重起訴に該当するかどうかは、事件の同一性の有無から判断されます。そして、事件が同一であるかどうかは、当事者が同じ場合であるか、請求（訴訟物）が同一の場合であるかが、その基準になります。

再訴の禁止と既判力

二重起訴の禁止と似た概念として、再訴禁止効や既判力がある。これらも、後で同様の訴訟を行うことを封じる役目を果たすものだが、二重起訴の禁止が訴えの提起時に働く効力であるのに対し、再訴禁止効や既判力は、訴訟が終了した後に働く効力である。

二重起訴と一部請求後の残部請求

債権の一部を請求した後に、同じ債権の残部について請求ができるかどうかについては争いがある。判例は、債権の一部であることを明示して一部請求をした場合には、残部請求は認められるとする。

PART1
12

民事訴訟法のしくみ

当事者

原則として双方が互いに主張をし合う二当事者対立構造の下で行われる

当事者の呼び方

当事者は、それが関与する訴訟手続きの種類に応じていろいろな呼び名がある。判決手続きにおける第一審では原告・被告、第二審では控訴人・被控訴人、上告審では上告人・被上告人と呼ばれる。督促手続きや強制執行手続きでは債権者・債務者と呼ばれる。

訴訟行為

訴えの提起、口頭弁論における攻撃防御方法の提出など、当事者は訴訟手続きにおいてさまざまな行為を行う。こうした当事者の訴訟上の行為を総称して訴訟行為という。

■ 当事者は判決の名宛人になる者

訴訟の当事者は、ある訴訟事件について、自己の名において裁判所に裁判権の行使を求める者とその相手方のことです。民事訴訟の主役、つまり、原告と被告がその代表です。当事者とは、訴えるか訴えられることによって判決の名宛人になる者です。ただ、訴訟には代理が認められていますから、実際に訴訟行為をしている者が当事者とは限りません。

■ 二当事者対立の原則

訴訟手続きにおいては、裁判が公正に行われ、その結果を当事者が納得できるようにするために、対立する利害関係人を当事者として手続きに関与させ、双方が自らの利益の主張を尽くし合うことができる地位と機会を対等に与えています。この点から、訴訟には当事者が対立し合って存在することが必要になってきます。これを二当事者対立の原則といいます。

「二当事者」といっても、厳密に１人対１人の２人である必要はありません。原告・被告双方に数人の当事者があってもよく（共同訴訟）、また、例外的に３人以上の当事者が相互に対峙しあう形態の訴訟（多面訴訟）であってもかまいません。

ただ、対立し合う当事者が存在しなくなった場合には、訴えは却下されます。たとえば、実在しない者（死者や架空の人物）を相手にした訴訟や、被告が原告の唯一の相続人である場合など、対立し合う当事者が存在しなくなった場合には、訴訟は原則として終了します。

二当事者対立の原則

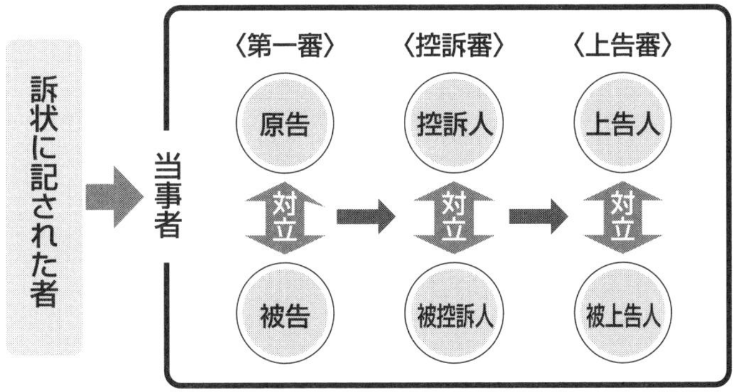

■ 訴え、訴えられるための資格

民事訴訟の当事者となることのできる一般的な能力を当事者能力といいます。民法では、権利義務の主体となり得る資格を権利能力といっています。これは、市民社会に独立の取引の主体として立ち現れるための資格、いわば、市民社会のメンバーシップといえます。当事者能力とは、訴訟という世界における権利能力のようなものです。訴訟という世界で、独立に当事者となり、訴える、もしくは訴えられるための資格をいいます。

■ 当事者能力を欠く場合の処置

当事者能力が存在することは訴訟要件のひとつなので、裁判所は職権で当事者能力の有無を調査し、これを欠くことがわかれば訴え却下の判決をしなければなりません。当事者能力がないことに気づかずに本案判決がなされた場合には、判決確定前であれば上訴によって取り消すことができます。

ただ、判決が確定してしまえば、もはや取り消すことはできません。

当事者能力

民事訴訟法28条の規定により、権利能力が「人」（生身の人間および法人）に与えられることから、当事者能力も「人」に与えられるのが原則となる。

組合の当事者能力

民法上の組合は法人ではない。そのため、民事訴訟法28条の規定によっては、組合に当事者能力を認めることはできない。
では、民事訴訟法29条の「法人でない社団」にあたるものとして、当事者能力を認めることはできるだろうか。この問題は、かつて裁判でも争われたことがある。最高裁は、このような民法上の組合にも当事者能力があることを認めた。

PART1
13

訴訟能力

訴訟能力をもたない者に関する訴訟行為は当然に無効

■ 訴訟能力はなぜ必要なのか

訴訟能力とは、訴訟の当事者が自分だけの力で訴訟を遂行する能力のことです。未成年者や成年被後見人は、訴訟能力をもたないとされており、被保佐人や被補助人（審判がある場合）は、保護者の同意（被保佐人は保佐人の同意、被補助人は補助人の同意）を得なければ訴訟能力をもたないとされています。

このように、当事者が訴訟能力をもたないとされる場合、その当事者が行った訴訟行為や、その当事者が受けた訴訟行為は無効となります。では、訴訟能力をもたない者に関する訴訟行為は、なぜ無効となるのでしょうか。

たとえば、５歳の幼児が両親を鉄道事故で失い、鉄道会社に損害賠償を求める訴えを起こしたとします。幼児も自然人（生身の人間）である以上、当事者能力が認められ、訴訟の当事者となること自体は全く問題ないはずです。しかし、幼児に満足な訴訟を行うことは期待できず、敗訴するだけであることは誰の目にも明らかです。そこで、訴訟能力をもたないことが明らかな者を類型化して、その者に関する訴訟行為は無効とすることで、その保護を図ったわけです。これが訴訟能力の制度の目的です。その結果、訴訟能力をもたない者が訴訟を起こす場合には、その法定代理人が助けたりすることになります。

■ 訴訟能力をもたない場合の処理

訴訟能力をもたない者に関する訴訟行為（訴訟能力をもたない者が行ったり受けたりした訴訟行為）は当然に無効です。た

訴訟能力者であるか否か

民法上の行為能力の有無を基準として判断するのが原則である（民事訴訟法28条）。したがって、行為能力者はすべて訴訟能力を有する（訴訟行為者）。これに対し、制限行為能力者は訴訟行為について制限を受ける。
成年被後見人や未成年者は、法定代理人によらなければ訴訟行為ができない（これらを訴訟無能力者という）。また、被保佐人は、保佐人の同意を得なければ訴訟行為ができず、被補助人は、訴訟行為をするのに補助人の同意を要する旨の審判を受けている場合に、補助人の同意を得なければ訴訟行為ができない（これらを制限的訴訟能力者という）。

弁論能力

裁判所において弁論を行うための能力。具体的には、訴訟関係を明瞭にするために必要な陳述をする能力（民事訴訟法155条１項）。訴訟においては主張を述べることが重要なので、当事者の弁論能力が欠けている場合は、当事者に代わって弁護士が訴訟活動を行うことになる。

訴訟能力

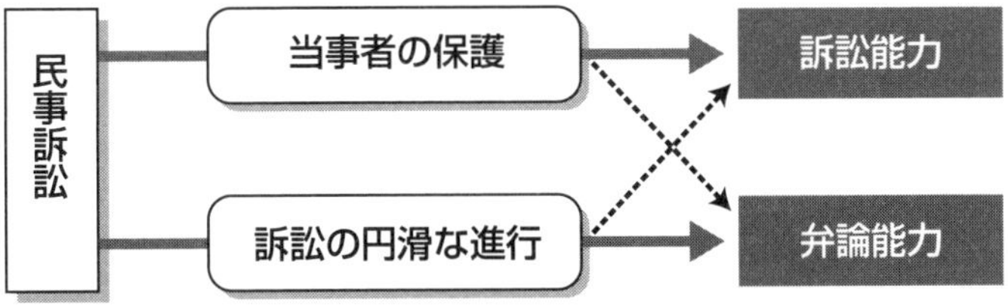

だし、その訴訟行為は不存在ということではないため、訴訟能力をもたない者の法定代理人などが、後からその訴訟行為を認める（追認する）ことによって有効とすることができます。

■ 訴訟上の代理人（訴訟代理人）

民法に代理人の制度が設けられたのは、法律行為を行う能力が十分にない人や、たとえあったとしても自分で行うことが難しい人が、代理人を使うことによって、自己の不十分なところを補い、目的とする法律上の効果を享受するためです。

訴訟上の代理人の制度も、民法上の代理人と同様の目的の下に設けられています。訴訟を遂行するためには、法律行為を行う以上に専門的な知識や経験が求められます。そこで、前述した訴訟無能力をもたない者はもとより、訴訟能力者であっても訴訟を遂行する知識や経験をもつ代理人を選任する必要性が高いといえます。

この観点から、民事訴訟法は、代理人について詳細な規定を設けています。民事訴訟法が定めている代理人のことを「訴訟上の代理人」（訴訟代理人）といいます。

訴訟上の代理人の行った訴訟行為の法律上の効果は、民法と同様に本人に帰属します。つまり、訴訟上の代理人の行ったことは、本人が行ったこととみなされるのです。

被保佐人や被補助人が同意を要しない場合

被保佐人や被補助人が相手方の提起した訴えまたは上訴について訴訟行為をするには、保佐人や補助人の同意を要しない（民事訴訟法32条1項）。
つまり、被保佐人や被補助人が相手方による訴えの提起に巻き込まれる形になるときは、保佐人や補助人の同意を要せず自力で訴訟行為ができる。

訴訟代理人の種類

訴訟代理人には法定代理人と任意代理人がある。法定代理人とは、本人の意思に基づかずに就任した代理人のことで、訴訟無能力者には法定代理人が付される。任意代理人とは、当事者の意思に基づいて就任した代理人のことで、原則として弁護士が任意代理人となる。

PART1
14

訴えの利益

一般的な要件と各種の訴えに求められる特殊な要件がある

■ 訴えの利益がなければならないのはなぜか

民事訴訟制度の利用が認められるためには、それを利用する正当な利益や必要性がなければなりません。これを広い意味における訴えの利益といいます。訴えの利益がある訴訟だけをとりあげることで、裁判所は本当に本案判決をする必要がある事件に集中することができ、また、不必要な訴訟に対応しなければならない相手方の不利益を除くことができます。

訴え提起の要件
訴えの提起が適法となるためには、さまざまな要件を満たす必要がある。なお、確認の訴えや形成の訴えは、給付の訴えに比べて訴えが適法となるための要件が厳しくなっている。

■ 各種の訴えに共通する一般的な要件

訴えの利益の一般的要件には、次のものが挙げられます。

①　請求が具体的な権利関係の存否の主張であること

民事訴訟は、被告に対する原告の主張の当否を法律的に判断することによって紛争を解決するものですから、その主張の当否を法律に基づき判断ができるものでなければなりません。たとえば、ある事実があったか否か、というような事実の存否の争いは、原則として民事訴訟の対象にはなりません。

②　起訴が禁止されていないこと

原告の訴えが二重起訴の禁止や再訴の禁止などにあたらないものでなければなりません。

二重起訴の禁止
35ページ参照。

③　訴訟による解決を抑制する事由のないこと

当事者間に訴訟を利用しないとの特約（不起訴の合意）がある場合や、破産手続などの訴え以外の法律上の手段だけによるという趣旨が明らかな場合などは、この要件を満たさないとされています。

訴えの利益

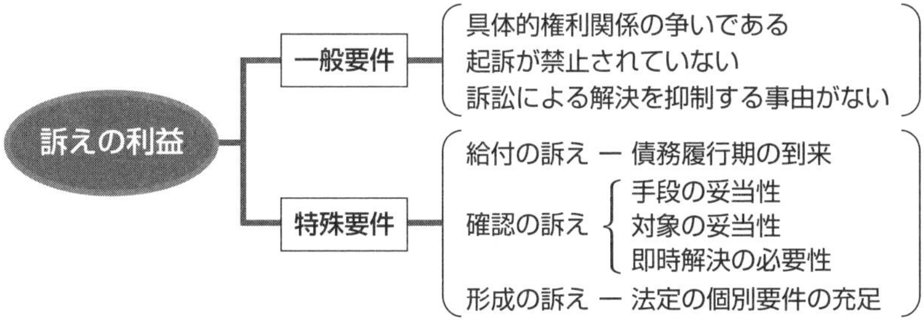

■ 各種の訴えに求められる特殊な要件

① 給付の訴え

原則として、債務の履行期が到来していれば、訴えの利益があるとされています。この場合、債務を履行せよとの給付判決を裁判所が下せば紛争の解決が期待できるからです。

将来の給付の訴え

将来の給付義務について給付判決を求める訴え。給付の訴えは、原則として、履行期が到来し給付義務が現存することを主張するものだが、例外的に、履行期到来後、すぐに執行ができるように準備しておく必要がある場合に限り、将来の給付の訴えが許される。

② 確認の訴え

ⓐ確認の対象として選んだものが妥当かどうか、ⓑ他の法的手段ではなく確認訴訟を選択したことが適切かどうか、ⓒ即時に確定する必要性があるかどうか、を考慮して訴えの利益があるかどうかが判断されます。たとえば、給付の訴えが可能ならば、まず給付の訴えを起こすべきです（ⓑがない）。また、理事が辞任している場合に、その理事を選出した選挙の無効の確認を求めても原則として意味はありません（ⓐがない）。

③ 形成の訴え

通常は法律が個別に訴えを提起するための要件を定めているため、その要件を満たす限り訴えの利益が認められます。ただし、事情の変化によって形成判決をする必要性がなくなることがあり、その場合は訴えの利益が否定されることもあります。たとえば、会社設立無効の訴えは、会社の解散によって訴えの利益が失われるとされています。

当事者適格・第三者の訴訟担当

当事者適格は個々の訴訟ごとにその有無が判断される

■ 当事者適格と当事者能力

原告と被告が当事者能力を有していても、それだけでは不十分です。さらに、当事者適格を有する（訴訟の当事者として適切である）ことが必要です。当事者能力は、一般的に民事訴訟の当事者となり得る資格のことで、事件の性質や訴訟において問題となっている権利とは無関係に決まります。しかし、当事者適格は、個々の訴訟ごとにその有無を具体的に検討します。

■ 第三者の訴訟担当の内容

他人の紛争を解決するために、当事者として訴訟を行い、判決を受けることが認められる場合があります。これを第三者の訴訟担当といいます。

たとえば、株式会社で取締役が違法な行為を行い、会社に損害を与えた場合を考えてみましょう。損害を受けた会社は、違法行為を行った取締役に対して、損害賠償を求めることができます。しかし、実際には、会社が取締役を相手に訴訟を起こすということは、あまり期待できません。そこで、その会社の株主が会社に代わって、違法行為を行った取締役に損害賠償を求める訴えを起こすことが認められています。これを株主代表訴訟（責任追及等の訴え）といいます。

この場合、本来ならば損害を受けた会社が当事者となって訴訟を行うべきなのですが、第三者である株主が当事者となって訴訟を担当することが認められているのです。なお、第三者の訴訟担当には、法定訴訟担当と任意的訴訟担当があります。

当事者能力と当事者適格の違い

当事者能力がなければ、すべての訴訟について訴えが却下される。反対に、当事者適格は、あくまでも個別の訴訟ごとにその有無が判断され、当事者適格がなかった場合には、その訴訟についてだけ訴えが却下される。

当事者適格の要件

請求認容判決を得ることによって自らの法的利益が保護される者が原告となる。一方、その者を被告とする訴訟で請求認容判決を得た場合に原告の法的利益が保護される、という関係にある者が被告となる。

訴訟担当者の受けた判決の効力

第三者の訴訟担当の場合、訴訟担当者（当事者として訴訟を行った者）の受けた判決の効力は、本来の利益が帰属する主体に対しても効力を及ぼす。

当事者適格

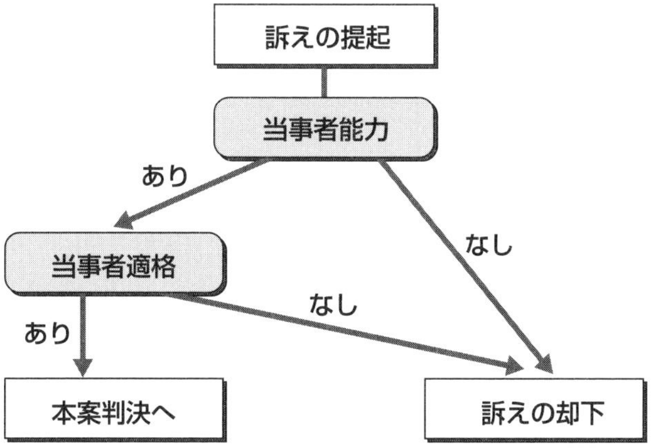

・法定訴訟担当

本人の意思によることなく、法律の規定によって第三者が当然に訴訟を行う権限をもつ場合を法定訴訟担当といいます。

法定訴訟担当には、①自己の権利の実現や保全のために、義務者などの権利関係について認められる場合（たとえば、債権者代位権に基づいて債務者の権利を代位行使する債権者、株主代表訴訟を行う株主）、②財産の管理処分権を与えられた財産管理人（たとえば、破産管財人や相続財産清算人）、③職務上の当事者（たとえば、婚姻や養子縁組などの身分関係事件において本人に代わって当事者となる検察官）があります。

・任意的訴訟担当

本来当事者となるべき者が権限を授けることによって訴訟を行えるようになる場合を任意的訴訟担当といいます。ただ、係争中の権利関係に無縁な素人が訴訟に関与して訴訟手続きが混乱したり、あるいは事件屋などの関与を招いたりするおそれがあるため、任意的訴訟担当は無制限には認められていません。

相続財産清算人

従来の相続財産管理人のこと。令和5年(2023年）4月施行の民法改正により、その名称が「相続財産清算人」に変更された。

任意的訴訟担当が許容される場合

任意的訴訟担当を許容する法律の規定がある場合は、任意的訴訟担当が認められる。また、法律の規定がなくても、弁護士代理の原則や訴訟信託の禁止の趣旨に反せず、かつ、任意的訴訟担当を認める合理的な必要性がある場合は、任意的訴訟担当が認められるとされている。

PART1
16

訴訟物・処分権主義

当事者は自らの意思によって、審判の対象を決定したり、訴訟を終了させたりすることができる

■ 訴訟物の内容

訴訟において審理の対象となるものを訴訟物といいます。具体的には、「売買契約に基づく代金支払請求権」「所有権に基づく土地明渡請求権」というように、訴訟で当事者によってなされている請求のことです。このため、訴訟物は請求あるいは訴訟上の権利とも呼ばれています。

訴訟では、訴訟物をめぐって原告・被告が争い、そして、裁判所は訴訟物について判決をすることになります。裁判所は、両者の言い分と提出された証拠を吟味した上で、原告の訴えを認めるのか、認めないのかを判断するわけです。

訴訟の主体である当事者、裁判所の関心は言うまでもなく、原告の請求である訴訟物に集中します。このため、訴訟物は訴えが提起された時点で明らかでなければなりません。訴訟物の特定は、具体的には、原告が提出する訴状に記載した請求の趣旨と請求の原因によってなされることになります。

■ 当事者の意思決定に委ねるということ

処分権主義とは、訴訟をどのようなものにしていくのかを、裁判所ではなく当事者にまかせようという考え方です。具体的には、まず、訴えをいつ提起するのか、そもそも訴えを提起するのか否かが当事者の意思に委ねられていることが挙げられます。さらに、訴訟を判決という形で終わらせるのか、それとも別の形で終わらせるのか（たとえば、両者の和解によって終わらせるのか）ということも当事者が決定できるようになってい

訴訟物をめぐる考え方

訴訟物を特定するための基準として2つの考え方がある。１つは旧訴訟物理論という考え方で、実体法上の権利の発生・変更・消滅の各原因を基準として訴訟物を特定しようとする立場である。もう１つは新訴訟物理論という考え方で、実体法上の権利の発生・変更・消滅の各原因から訴訟物を切り離し、訴訟で原告がどのような要求をしているのかに絞って訴訟物を特定しようという立場である。

訴訟上の和解

訴訟係属中に、当事者双方が請求についての主張をお互いに譲歩し合って、訴訟を終了させる旨の合意を訴訟上の和解という。

訴訟物がはっきりしないとどうなるのか

もし訴訟物がはっきりしなければ、当事者はどんな主張や反論をすればよいのか戸惑うことになり、裁判所もどんな判決をしたらよいのかわからなくなる。

処分権主義

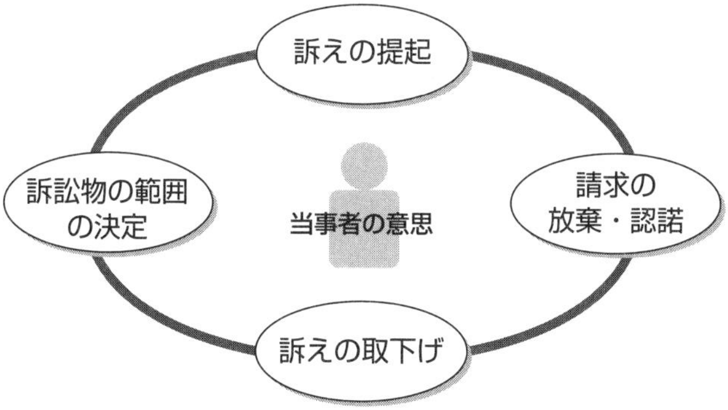

るのです。このような処分権主義の一環として、訴訟物の特定も当事者にまかせられています。

■ 処分権主義の具体的内容

処分権主義の内容は、おおまかに次の４つに分けられます。

① 民事訴訟は原告の訴えの提起によって開始されます。上訴や再審も裁判所の職権で開始されることはありません。

② 当事者が審判の対象（訴訟物）とその範囲を決定し、裁判所はそれに拘束されます。つまり、裁判所は、当事者の申し立てていない事項について判決をすることはできません。

③ 当事者は訴えを撤回することによって、訴訟を終了させることができます（訴えの取下げ）。また、訴えを提起しないという合意（不起訴の合意）や訴えの取下げの合意が認められるのも、処分権主義のあらわれと見ることができます。

④ 原告は訴訟物たる請求を放棄して、被告は原告の主張を認めて（認諾）、あるいは原告と被告が和解をして、判決によらないで訴訟を終結させることもできます。

弁論主義と処分権主義

弁論主義とは、訴訟資料（判決の基礎をなす事実の確定に必要な資料）の収集について当事者の支配を認める原則である。判決は事件の解決基準であり、弁論主義はその判決の基礎を形成することに当事者の支配を認めるものである。
他方、処分権主義は、何を裁判所に判断してもらうか、さらには裁判所に判断してもらうか否かについて、当事者が自由に決定できるとする考え方である。

PART1
17

申立事項と一部請求

処分権主義の考え方から一部請求が許される

■ 申立事項と判決事項

原告が訴えで求める判決の内容を申立事項といい、裁判所が言い渡す判決の内容を判決事項といいます。判決事項は、原則として申立事項の範囲内にとどまっていなければなりません。つまり、申立事項に含まれていない内容の判決を裁判所は下すことができないわけです。

たとえば、原告が確認判決を求めているのに対して、裁判所が勝手に給付判決を行うことはできません。また、原告が被告に対して100万円の支払いを求めているのに対して、裁判所がそれに上乗せして、150万円の支払いを命じる判決を下すこともできません。これは原告が自らの責任で、訴えの対象を特定した以上、それを裁判所が勝手に変えてしまうようなことはすべきではないという考え方（処分権主義）に基づいています。

これに対して被告は、原告の申立事項に対して、反論を行ったり、その反論を裏付ける証拠を提出します。ですから、申立事項をきちんと把握できなければ、被告はそれに応じた適切な防御活動を展開できなくなってしまいます。

このように被告の防御権を確保するためにも申立事項の範囲を確定することが必要です。

処分権主義

原告が訴訟で何についての判断を求めるのかなどを自ら決定できることを処分権主義という。処分権主義の考え方が採用されているので、一部請求が許され、裁判所は原告が申立てをした範囲内で判決をすることになる。

一部請求

自分の債権額の一部のみを訴訟で請求するなどのことを一部請求という。原告は、何について訴訟で判断してもらうのか自由に決定できるので（処分権主義）、一部請求が認められる。

■ 一部請求

訴訟をするには、勝ち負けにかかわらず費用がかかります。敗訴すれば、1円も回収できない上に訴訟費用を負担しなければなりません。訴訟費用は請求額に比例して大きくなります。

申立事項と一部請求

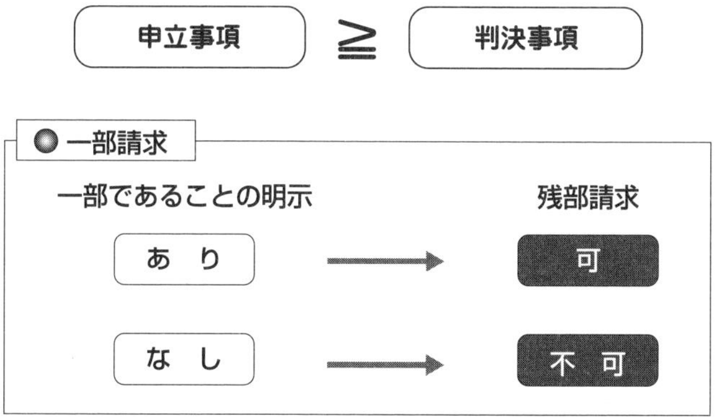

そこで、全損害1000万円のうち、さしあたり100万円の支払いを求めて訴えを提起し、訴訟の進行状況を見て残りの900万円の請求（残部請求）をしよう、といった方法がとられることがあります。このように、本来請求できる金額のうち、さしあたり一部だけを請求することを一部請求といいます。

ただし、一部請求を無制限に認めると不都合がでてきます。たとえば、前の例で最初の100万円の支払いを請求する訴訟で原告の主張が認められた場合、被告は敗訴したとはいえ、それ以上の金額を請求されることはないと考えるのが普通でしょう。このような場合に900万円の残部請求を認めると、被告にとってあまりにも酷な状況となります。

判例は、原告が「これは一部請求である。これに勝てば残部請求をする（残りの部分を請求する）つもりだ」ということを、事前にはっきりと被告に示した場合にだけ、残部請求を認める方針をとっています。これにより、被告としても、後でさらに請求されることを覚悟した上で、訴訟に対処できることになります。

一部請求と二重起訴の禁止

一部であることを明示しない一部請求を内容とする訴えを提起した後に、残部請求を内容とする訴えを提起することは、同じ訴訟で二重に訴えを起こしたことになり（二重起訴の禁止に抵触する）、後で提起した訴えは却下されることになる。

一部認容判決

申立事項を判決事項が下回ることは何ら問題ない。
たとえば、100万円の支払いを求めているのに対して、50万円の支払いを命じる場合である。このような判決を一部認容判決という。

口頭弁論のしくみ

口頭弁論には基本原則がある

口頭弁論の実際

民事訴訟における通常の法廷のやりとりは、わずか数分で終わることもある。それは、準備書面等で主張や反論をやりとりしているためである。原告・被告の代理人である双方の弁護士によって、それぞれ準備書面等が交換され、次回の口頭弁論の期日が決められることになる。

■ 口頭弁論の基本原則

口頭弁論とは、裁判の場において、原告と被告が口頭で訴えについての主張や反論を行うことです（口頭弁論のオンライン実施も可能となりました、20ページ）。民事訴訟法は、裁判所が判決を行う不可欠の条件として、口頭弁論を実施して審理を進めることを求めています。そして、民事訴訟には、以下のような口頭弁論の基本原則があります。

① **公開主義**

公正な裁判が行われるようにするためには、不正な裁判が行われないように広く一般の人々に監視の機会を与える、つまり法廷は原則として公開される必要があります。

② **双方審尋主義**

裁判では、当事者の一方だけでなく、双方に等しく自己の権利について主張し、あるいは相手に反論する機会を与えなければなりません。これを双方審尋主義といいます。

③ **口頭主義**

裁判官が真実に近づくためには、当事者が裁判官の目前において口頭で活発に議論されたものを、判決の基礎とするのが望ましいとされています。このように、審理の際の当事者や裁判所の訴訟行為を口頭で行うことを口頭主義といいます。

④ **直接主義**

当事者が口頭で述べる主張は、判決を行う裁判官が自らの耳で直接聞くべきである、という原則を直接主義といいます。直接主義により、裁判官が自らの経験に基づいて事実関係を把握

口頭弁論の審理方式

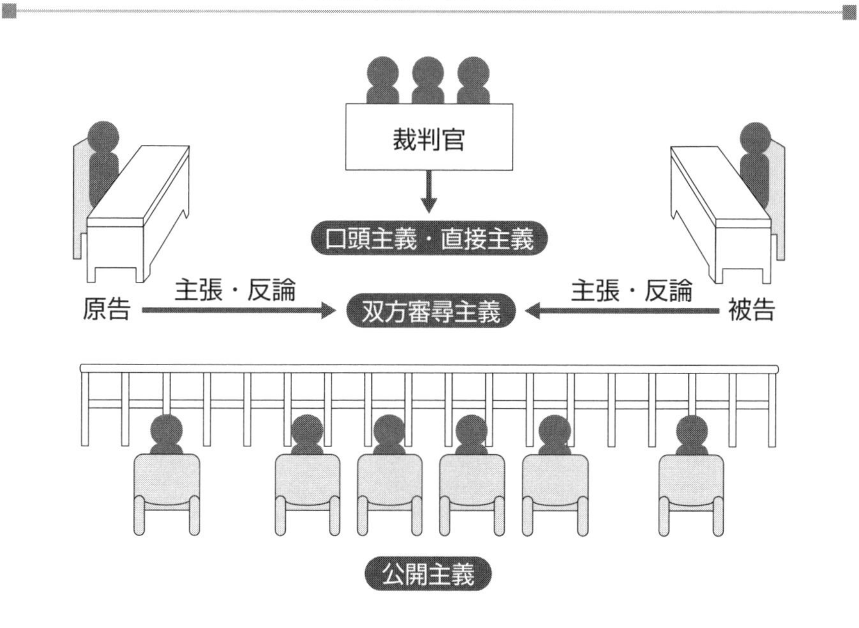

し、心証を形成することが可能となります。

これら４つの基本原則が裁判で具体化されることで、判決が公正で真実に近づいたものとなります。そして、当事者が裁判官の面前において口頭で主張を行う口頭弁論は、４つの基本原則を実現するために不可欠なものとされています。

■ 適時提出主義

適時提出主義とは、当事者は、それぞれの主張や反論を、訴訟の進行状況に応じて適切な時機に提出しなければならないという原則です。民事訴訟法では、この原則を受けて、当事者が「故意または重大な過失」により適切な時機になされなかった主張・反論は、「訴訟の完結を遅延させる」と裁判所が認めたときに、それらを却下できる旨を規定しています。

故意または重大な過失

「故意」は「わざと」ということ。「重大な過失」は「重大な不注意がある」ということ。

■ 口頭弁論の制限・分離・併合

訴訟の状況に応じて、訴えを最も効率よく処理できるよう、審理の形を改めたり、整理したりする権限が裁判所に認められています。まず、口頭弁論に複数の争点が現れた場合、そのうちの一つに審理を制限し、集中して審理を行うことを弁論の制限といいます。次に、請求が複数ある訴訟を審理する場合に、それらの請求を別々に分離して、それぞれ別個の手続で審理することを弁論の分離といいます。また、別々の裁判所で審理されている訴訟を、一つにまとめて1つの裁判所で審理することを弁論の併合といいます。

これらの権限は、すべて裁判所が裁量で行使できます。訴訟の状況に応じて、訴えを最も効率よく処理できるよう、審理の形を改める権限を裁判所に認めることにより、訴訟の迅速化・合理化が図られているわけです。

■ 裁判所と当事者の役割

民事訴訟では、当事者が主導して訴訟が開始され（処分権主義）、また、判決の資料となる事実や証拠も当事者の提出したものに限られる（弁論主義）など、一見すると、裁判所よりも当事者の役割がはるかに大きいように見えます。

しかし、いったん開始された訴訟をどのように進行していくかを決定する権限（訴訟指揮権）は、当事者ではなく裁判所に委ねられています。たとえば、口頭弁論を開く期日を決める権限や、前述した口頭弁論の制限・併合・分離をする権限は、裁判所に与えられています。

訴訟を進行する権限が裁判所に与えられているのは、利害の激しく対立する当事者に、訴訟の進行まで委ねてしまうと、訴訟手続きの全体が大きく停滞するおそれがあるためです。このように、裁判所が職権で訴訟の進行をコントロールするという考え方を職権進行主義といいます。

訴訟指揮権

訴訟指揮権とは、裁判所や裁判長が、訴訟手続において当事者間の調整を図り、審理を適切に進行させる権限である。民事訴訟法では、たとえば、以下のような権限が定められている。

（裁判長の権限）
- 口頭弁論の指揮
- 釈明権
- 期日の指定・変更

（裁判所の権限）
- 釈明処分
- 口頭弁論の制限・分離・併合
- 時機に後れた攻撃防御方法の却下

口頭弁論を効率的に行うための制度

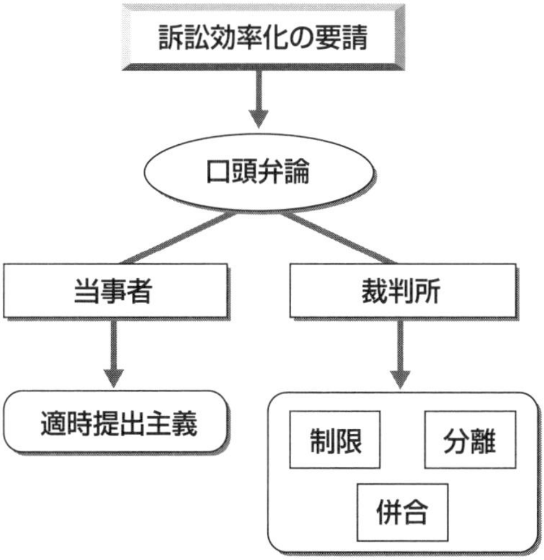

■ 責問権の喪失

裁判所が訴訟を進行していく中で、民事訴訟法などの法令に違反した訴訟運営を行うことも起こります。その場合、当事者が裁判所に対して誤りを指摘し、是正を求めることが権利として認められています。この当事者の権利を責問権といいます。

ただし、当事者に責問権を無制限に認めると不都合なことも生じます。たとえば、第１回口頭弁論期日で裁判所が民事訴訟法に違反する訴訟運営を行ったとします。当事者が、それをすぐに指摘できたはずなのに、わざと判決直前になって、その是正を求め、第１回口頭弁論期日をやり直せ、などと言い出したらどうでしょう。そのような当事者による不合理な責問権の行使を封じるために、遅滞した責問権は喪失することになっています。これを責問権の喪失といいます。

PART1
19

攻撃防御方法

原告・被告の主張や証拠の申出のこと

■ 攻撃防御方法の内容

原告の訴えに対して、被告が「はい、そのとおりです」と認めてしまえば、訴訟を続ける必要はなくなります。この場合には、それ以降の口頭弁論は行われません。この被告が原告の請求を認めた状態を請求の認諾といいます。

請求の認諾

請求の認諾があった場合、その旨が調書（認諾調書）に記載されることによって訴訟が終了する。認諾調書には確定判決と同じ効力が認められる。

原告の主張を被告が認めない限り、原告は自分の主張が正しいことを事実によって証明する必要があります。たとえば、請求が「貸したお金を返せ」という内容のものであれば、「被告にお金を貸したのは○年○月○日である」「被告は必ず１か月後には返すといっていた」など、被告が原告からお金を借りたことを示す事実を裁判の場で示さなければなりません。

他方、被告は、「お金は借りたものではなくもらったものだ」などと、原告の主張に対して反論していくことになります。

裁判上の自白

被告が原告の主張する主要事実（権利の発生・変更・消滅に直接当てはまる具体的事実）を認めた場合には、裁判上の自白が成立する。この結果について、原告はその事実を証明する必要がなくなる。

このような、原告・被告の主張や証拠の申出をあわせて、攻撃防御方法といいます。口頭弁論は、原告・被告の攻撃防御方法の提出の積み重ねによって進行していくのです。

■ 否認と自白

擬制自白

被告が、原告の主張を認めなくても、争わないままでいれば擬制自白が成立する。擬制自白は、自白と同様に扱われるため、この場合も原告は、その事実を証明する必要がなくなる。

原告が主張した事実を被告が認めないことを、否認といいます。被告が否認した事実については、原告は証拠によって裏付ける必要があります。被告がその事実は知らないと陳述した場合も否認と同様に扱われます。

他方、原告が主張した事実を被告が認めることを裁判上の自白といいます。さらに、被告が原告の主張する事実を認めない

訴訟における原告と被告の攻撃・防御

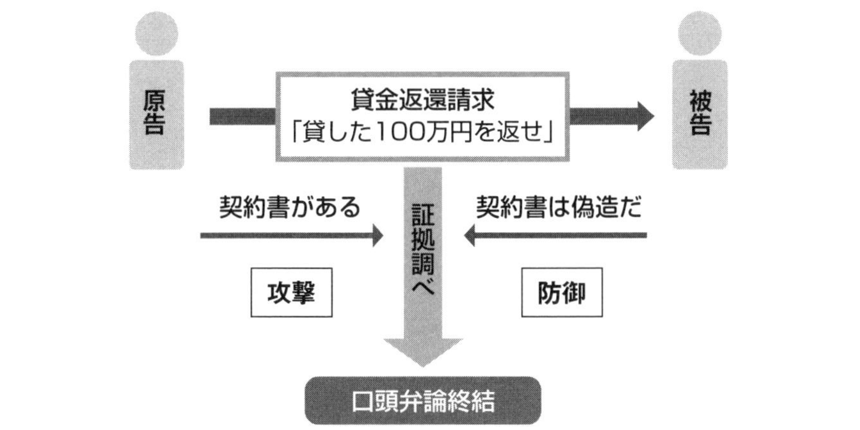

までも、とくに争わないで裁判が終わるまで沈黙していれば自白とみなされます。これを擬制自白といいます。

■ 否認と抗弁の違い

否認と同様に、原告の攻撃に対する被告の防御方法として抗弁があります。否認の場合は、単に原告の主張を否定すればすむのに対して、抗弁の場合は、そこで示した事実を証拠によって裏付けなければなりません。

たとえば、「お金を貸した」という主張に対して、「借りた覚えはない」といえば、それは否認です。この場合は、原告の方が、「お金を貸した」という事実を証拠によって裏付けなければなりません。これに対して、「借りはしたが、時効によって返す必要はなくなった」と反論した場合は抗弁です。この場合は、貸し借りがあったことは、お互いに認めたのですから、今度は被告の方で時効に関する事実を証拠によって裏付けなければなりません。

否認と抗弁

原告の主張を被告が争った場合には、否認か抗弁のいずれかが成立する。
相手方が証明責任を負う事実を否定した場合が否認であるのに対し、自分が証明責任を負う事実を積極的に主張して相手方の主張する法律効果を争うのが抗弁である。そのため、否認の場合、被告は否定するだけでよいのに対し、抗弁の場合、被告は自分が主張した事実を証明しなければならない。
また、被告の主張のうち、原告の主張と両立しないものが否認、原告の主張と両立するものが抗弁、というように否認と抗弁を区別することもできる。

PART1
20

民事訴訟法のしくみ

争点整理手続き

充実した訴訟審理を行うためのもの

■ 準備手続きの重要性

口頭弁論は訴訟手続きの中核をなすものです。限られた機会と時間で十分な成果を得るには事前の準備が不可欠です。充実した審理を迅速に行うには、訴訟で何が争われているのか（争点）が明らかにされる必要があり、また、争点に集中した効率的な証拠調べを実施できるようにしなければなりません。

しかし、以前の準備手続きに関しては、非常に貧弱な制度しか用意されていませんでした。そこで、平成８年（1996年）の民事訴訟法の改正で、口頭弁論を行うための準備手続き（争点整理手続き）に大きなメスが入れられたのです。その結果、「争点及び証拠の整理手続き」という標題の下に、以下のような３つの準備手続きが整備されることになりました。

争点整理手続き

争点整理手続きが法定化される前は、争点整理と和解を適宜行う「弁論兼和解」という手続きが裁判実務で採用されていた。しかし、弁論兼和解には法律の根拠がないなどの問題点があったことから、平成8年（1996年）の民事訴訟法の改正で、争点整理手続きが法定化された。

■ 争点整理手続き

① 準備的口頭弁論

これは、本来の口頭弁論の前に行う争点および証拠の整理を目的とする口頭弁論のことです。その名が示すように、準備手続きではあるものの、口頭弁論の一種であるため、準備的口頭弁論は公開され、両当事者対席の下、口頭で行われるなど、口頭弁論に適用される諸原則が、準備的口頭弁論にも適用されます。

② 弁論準備手続き

法廷ではなく、裁判所の建物内の一室で、裁判官と両当事者が争点および証拠の整理を行う手続きで、争点整理手続の中核をなすものです。口頭弁論ではないので、口頭弁論の諸原則は

準備的口頭弁論と弁論準備手続き

争点整理手続きは、充実した審理を行うために、非常に重要なものである。準備的口頭弁論は、準備的とはいえ口頭弁論であることから、口頭弁論にあてはまる諸原則が適用される。これに対し、弁論準備手続きは、口頭弁論ではない。弁論準備手続きにおいては、法廷ではない裁判所の建物内の一室で、当事者と裁判官が争点や証拠の整理を行う。

争点整理手続きの特徴

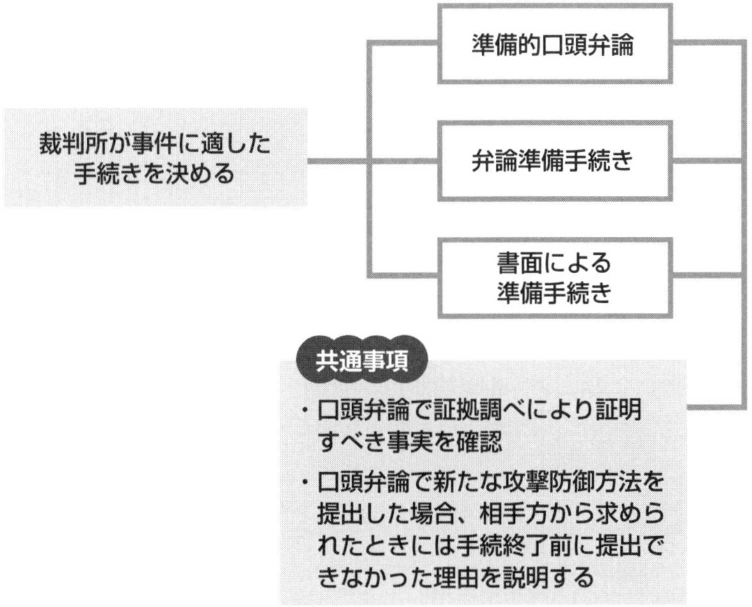

適用されません。

③　**書面による準備手続き**

当事者が裁判所に出頭せず、争点や証拠の整理を、準備書面などの書面の交換によって行う手続きです。準備書面とは、口頭弁論でどのような主張を行うかなどを記載して、裁判所に提出する書面です。民事訴訟法では、口頭弁論は書面で準備しなければならないと規定しています。この「書面」が準備書面です。必要があれば、裁判官は、補助的にWeb会議または電話会議を利用して当事者双方と協議することもできます。

弁論準備手続きのIT化

令和4年（2022年）成立の民事訴訟法改正で、弁論準備手続きについて、両当事者ともWeb会議または電話会議での出席が可能になった（20ページ）。なお、従来は当事者の一方が裁判所に出頭している場合に、他方の当事者がWeb会議または電話会議で出席することが可能であった。

当事者の欠席

一方が欠席した場合と双方が欠席した場合で扱いが違う

■ 当事者の欠席

訴えを起こす者（原告）、訴えを起こされる者（被告）が、普通の人間である以上、病気や事故などのため、訴訟に出られなくなることも当然起こり得ます（ただし、弁護士などの訴訟上の代理人が出席する場合には、訴訟の当事者本人が裁判に出席しなくても問題ありません）。このような当事者の欠席の場合、口頭弁論はどのように処理されるのでしょうか。

この点について、民事訴訟法は、当事者の一方が欠席した場合と双方が欠席した場合とで取扱いを異にするなど、きめ細かい規定を置いています。

■ 当事者の一方が欠席するとどうなる

当事者の一方が第１回口頭弁論期日に欠席した場合には、欠席した者が提出した訴状・答弁書その他の準備書面に記載した事項を、その欠席者が陳述したものとみなして（陳述擬制といいます）、出廷した当事者に弁論させることができます。

この場合、出廷した当事者が準備書面等で予告してあった事実に対する欠席者の認否は、欠席者の準備書面等をもとに決められます。欠席者が準備書面等において明らかに争っていない場合、欠席者はその事実を自白したものとみなされます（擬制自白）。欠席者の準備書面等の記載によって争っているものと認められる場合には、状況によっては証拠調べも行うことができます。

裁判における「期日」

期日とは、裁判所、当事者その他の訴訟関係者が集まり、訴訟行為をするために設定される日時をいう。たとえば、口頭弁論期日は、法廷で裁判長が事件を呼び上げることで始まり、予定された訴訟行為が終了したとき、または裁判長による弁論の終結・延期・続行などの宣言によって終了する。

被告の欠席

とくに第１回口頭弁論期日に被告が準備書面等（答弁書など）を提出しないで欠席すると、原告の主張した事実を自白したものとみなされる結果、そのまま被告に不利な内容の判決（原告の勝訴判決など）が言い渡される可能性がある。

当事者の一方の欠席・双方の欠席

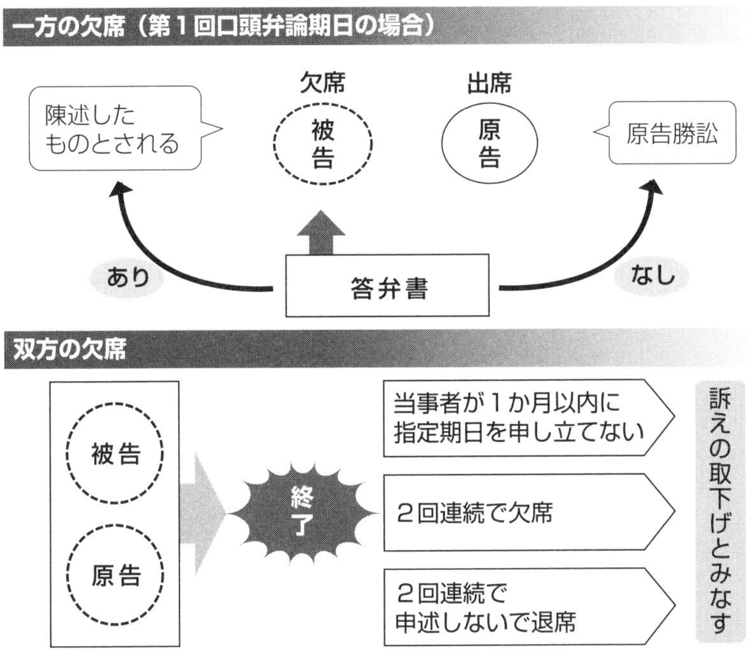

■ 当事者双方が欠席したらどうなる

当事者双方が欠席した場合には、１か月以内に期日指定申立てをしないと訴えを取り下げたものとみなされます。さらに、２回連続して期日に欠席し、または出席しても申述しないで退廷した場合も、訴えが取り下げられたものとみなされます。

このような規定が設けられているのは、訴訟の展開が自己に不利だと判断した当事者の中には、延々と欠席を繰り返すことによって訴訟を引き延ばそうとする者がいるためです。そのような者を相手方にして訴訟を続けても、時間と費用の浪費になるだけです。つまり「やる気がないのならやめてしまえ」ということなのです。

当事者欠席の場合の措置

第１回口頭弁論期日に当事者双方が欠席した場合には、陳述擬制は生じない。また、第２回以降の口頭弁論期日（続行期日という）に当事者の一方または双方が欠席した場合にも、陳述擬制は生じない。もっとも、第２回以降の口頭弁論期日に当事者の一方が欠席したに過ぎない場合には、出廷した当事者によって口頭弁論が行われる。

PART1
22

民事訴訟法のしくみ

弁論主義と釈明権

行きすぎた釈明権の行使は弁論主義の原則に反するので認められない

■ 弁論主義の内容

民事訴訟では、事実の主張や証拠の収集は当事者において行われるべきであり、裁判所の判断で勝手に行うことはできません。このような原則を弁論主義といいます。

この弁論主義の内容として、通常、以下の３つがあります。この３つの内容を総称して弁論主義の３つのテーゼということがあります。

■ テーゼ１：主張責任の原則

裁判所は、当事者が主張した事実だけを判決の基礎とすることができるという原則を、主張責任の原則といいます。

事実というのは、証拠調べの場面においても、証人尋問や証拠として提出された文書の中などから、弁論で当事者が主張していなかった新しい事実が判明することがあります。

しかし、その事実を弁論で当事者が主張していなかったのですから、裁判所は、その事実を認定して判決の基礎とすることはできません。

主張責任と証明責任

主張責任と似たような言葉として、証明責任（立証責任、挙証責任とも呼ばれる）という概念がある。主張責任が「事実」を主張する段階で問題になる（事実を主張していないことによる不利益を負う）のに対し、証明責任は「証拠」を提出する段階で問題になる（証拠を提出していないことによる不利益を負う）概念である。

主張共通の原則

当事者のいずれかが主張した事実であれば、裁判所はその者に有利であるか不利であるかにかかわらず、裁判の基礎とすることができるという原則。

■ テーゼ２：自白の拘束力

裁判所は、自白があったことによって、当事者間に争いのない事実は、そのまま判決の基礎として採用しなければならないという原則を、自白の拘束力といいます。

民事訴訟における自白とは、当事者の一方が主張した事実を相手方が認めること、もしくは当事者が主張した事実を相手方

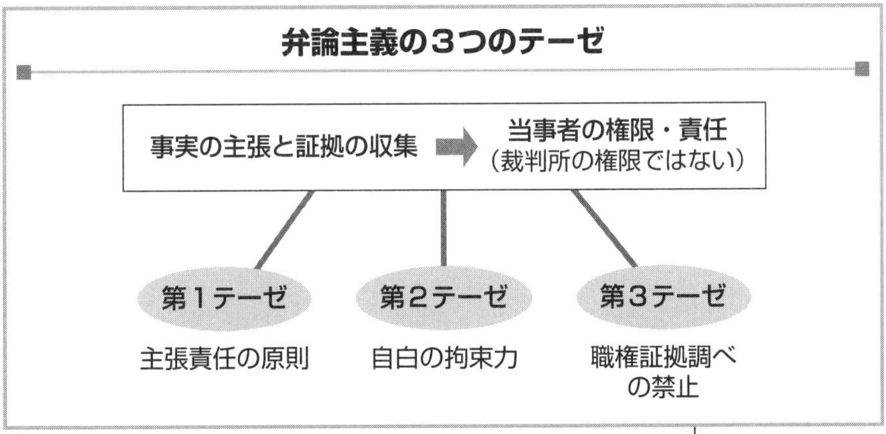

が争わないことをいいます（後者は擬制自白のことです）。自白の拘束力も、当事者が判決の基礎となるべき事実の内容を決定できる、という弁論主義の考え方を具体化したものです。

■ テーゼ３：職権証拠調べの禁止

当事者間に争いのある事実を裁判所が証拠によって認定する際には、当事者が申し出た証拠によらなければならないという原則を、職権証拠調べの禁止といいます。当事者が判決の基礎となる証拠の範囲を決定できるという形で、弁論主義を具体化したものといえます。

■ 弁論主義における事実とは何か

訴訟上、当事者によって主張される事実には、①主要事実、②間接事実、③補助事実の３種類があります。ＡがＢに貸した100万円の返済を求める訴訟を具体例に、考えてみましょう。

①　主要事実

Ａは、まず「Ｂに100万円を貸した」という事実、つまりＡＢ間で100万円の金銭消費貸借契約（お金の貸し借り）が存在するという事実を証明しなければなりません。金銭消費貸借契

訴訟資料と証拠資料の峻別

当事者が弁論で主張した事実は訴訟資料とも呼ばれ、裁判所が証拠調べで得た証拠資料とは厳格に分けて考えなければならない。ある事実を判決の基礎とするには、訴訟資料と証拠資料の両方が必要となる。
たとえば、ある事実について証拠資料があるとしても、裁判所は、その事実を当事者が主張していなければ（訴訟資料がない）、判決の基礎とすることができない（主張責任の原則）。

約の成立には、ⓐ金銭の授受（貸主から借主に対して金銭を授受した）、ⓑ金銭の返還の約束（借主が貸主に対して金銭を返還する旨を約束した）、という２つの事実の証明が必要です。これらは、権利が発生していたかどうかという法律効果そのものに直接関わる事実です。これを主要事実といいます。

②　間接事実

たとえば、貸主Ａが「金銭消費貸借契約に基づいてＢに金銭を貸与した」と主張している日時以降に、借主Ｂの金遣いが急に荒くなったという事実があったらどうでしょうか。この事実は、「ＡがＢに対して金銭を授受したではないか」ということを推測させます。このように、金銭の授受といった主要事実を推測させる事実を間接事実といいます。

③　補助事実

補助事実とは、証拠の証拠能力や証拠力に関する事実のことです。たとえば、「金銭消費貸借契約書に偽造の形跡がある」という事実は、その契約書の証拠力を著しく低下させる事実となるため、補助事実にあたります。

■ 弁論主義と間接事実・補助事実

判例および多くの学説は、弁論主義の適用があるのは主要事実に対してだけであって、間接事実や補助事実に対しては弁論主義の適用はなく、裁判官が自由心証に基づいて合理的に判断できるとしています。間接事実や補助事実にまで弁論主義を適用すると、間接事実や補助事実についても当事者の主張を要することになって審理が硬直化し、その結果、裁判官が主要事実の存否を判断することすら困難になるからです。

■ 釈明権の内容

釈明権とは、事件の内容をなす事実関係や法律関係を明らかにするために、当事者に対して、事実上や法律上の事項につい

主要事実

法律効果（権利の発生・変更・消滅）を生じさせる要件（実体法上の構成要件）を判断するのに必要な事実が主要事実である。主要事実については、おおむね民法や会社法などの実体法の条文にあらわれている。
一般的なのは、「ＡならばＢである」という形であらわされていることの多い法律の「Ａならば」に該当するか否かを判断するのに必要な事実が主要事実にあたる。

証拠能力と証拠力

証拠能力とは、証拠となる資格があることを意味する。民事訴訟においては、原則として、あらゆるものが証拠となる資格を有する。
これに対し、証拠力とは、証拠が裁判所の判断に影響を与える力のことを意味する。証拠力が高い証拠であるほど、裁判所の判断に与える影響は大きい。

弁論主義が適用される事実

弁論主義が適用されるのは主要事実のみ

補助事実

証拠の証拠能力や証拠力を明らかにする事実

ex)
- 文書に偽造の形跡がある
- 証人の目や耳が悪い

間接事実

主要事実を推認させる事実

ex)
- 債務者の金遣いが急に荒くなった
- 債務者が事業の資金繰りに困っていた

主要事実

法律効果（権利の発生・変更・消滅）を生じさせる要件を判断するのに必要な事実

ex)
- 金銭の授受と返還約束
- 弁済の事実

て質問したり、証拠を提出するよう促したりすることができる裁判所の権限のことです。

具体的には、裁判所が、当事者の主張した事実について、「もっとわかりやすく説明するように」「その事実を証明するのにこういう証拠はないのか」「この点についての事実はどうなっているのか」などと当事者自身に質問できるというものです。

釈明権の行使によって、裁判所は、適正かつ妥当な判決をするために、弾力的な審理を行うことができます。

もっとも、行きすぎた釈明権の行使は「当事者にまかせる」という弁論主義の原則をねじ曲げてしまうため、釈明権は慎重に行使されなければならないと考えられています。具体的には、当事者の主張の中で不明瞭な点を明らかにするためになされる釈明権の行使は許されます。しかし、当事者に対して積極的に新たな主張や立証を行うよう促すためになされる釈明権の行使は原則として許されません。

釈明義務違反

本文では「釈明権の行使の限界」について説明したが、これとは反対に釈明権の行使が義務付けられる場合もある。たとえば、金銭の支払いを求める訴訟において「売買契約」の成否について当事者の主張と反論がされたのに、裁判所が「請負契約」の成立を認めて金銭（報酬）の支払いを認める判決を言い渡したとする。
この場合、裁判所は、訴訟手続きにおいて請負契約の成立の可能性を指摘して主張と反論の機会を与えなければ、釈明義務違反となる可能性が高い。

PART1
23

証拠調べと証拠能力・証拠価値

証拠は裁判官が事実認定をする際に必要になる

■ 事実認定と証拠

裁判では、当事者が得たいと思っている判決の基礎となる事実が存在することを、裁判官に納得させる必要があります。このことは、裁判官の立場からいえば、「この事実は存在する」と納得できなければ、その事実に基づいた判決を言い渡すことができないことを意味します。この「事実が存在するか否か」を判断する裁判官の行為を事実認定といいます。

そして、裁判官が事実認定をする際に用いる資料（材料）のことを証拠といいます。たとえば、AがBに対して100万円の貸金返済を求める訴え（給付の訴え。28ページ参照）を提起した場合、BがAから借金をする際に作成した借用書や証人が証拠にあたります。裁判官としては、借用書や証人の証言といった証拠をもとに、「BがAに対して100万円の借金を負っている」という事実を認定するわけです。

当事者は、自分の主張する事実を裁判官に認めてもらうために、さまざまな証拠を提出します。この提出された証拠を裁判所が法定の手続きによって調べることを証拠調べといいます。

証拠の存在意義

証拠は、裁判官が事実認定をする際の材料となるものである。訴訟の当事者は、証拠を提出することにより、ある事実の存在や不存在を裁判所に示していくことになる。

■ 証拠能力がないと証拠調べができない

証拠能力とは、ある証拠が証拠となり得る一般的な資格のことをいいます。たとえば、ある訴訟において、Aという証人やBという文書などの証拠を、そもそも証拠調べの対象とすることができるのかどうかを判断する際に、「証拠能力があるのかないのか」が検討されるわけです。証拠能力がない人や物を証

証拠方法

証拠調べの対象となる人や物（裁判官がその五官で取り調べることのできる有形物）を証拠方法という。証拠方法は、文書・検証物といった物証、当事者・証人・鑑定人といった人証に分けられる。

証拠収集のポイント

民事訴訟ではありとあらゆる物が証拠になり得る

↓ だが

以下の点に気をつけると効果的である

- **できるだけ質のよい証拠を集める**
- **証人よりも文書の形になっている証拠がよい**

（契約書、借用書などを探し出す
貸金の返済を求める場合は電話でなく内容証明郵便で催促）

拠調べの対象とすることはできません。

もっとも、民事訴訟では、原則としてあらゆる人や物に証拠能力が認められており、それらが証拠方法として証拠調べの対象となります。わずかに存在する例外として証拠能力が否定されるものとしては、忌避された鑑定人（原告や被告の申立てにより鑑定人となることを認めない決定がなされた者のこと）は鑑定能力を欠くことと、手形訴訟・小切手訴訟では書証以外は証拠能力がないとされることなどが挙げられます。

■ 証拠調べ後の証拠力（証拠価値）

証拠力（証拠価値）とは、証拠調べの結果得られた証拠資料（証拠方法の証拠調べをした結果、そこから得られた具体的な情報のこと）が裁判所に影響を与える力（もっている価値）のことです。証拠能力が証拠調べの前に問題になるのに対し、証拠力は証拠調べの後に問題になります。証拠力をどのように評価するのかは、裁判官の自由な心証に委ねられています（自由心証主義）。

証拠資料／証拠原因

証拠資料とは、証拠方法を証拠調べした結果、そこから得られた具体的な情報のことを指す。文書や記載内容、証人の証言などがこれにあたる。証拠原因とは、証拠資料のうち、裁判所の事実認定に用いられたものを指す。証言ＡからＸという事実が認定されたような場合には、証言Ａは証拠原因として使われたことになる。

忌避

除斥原因以外に裁判官が不公正な裁判をするおそれがある場合に、当事者の申立てによって、その裁判官を職務執行から排除すること。

PART1
24

証明が必要な事実

有利な判決を得るには事実を証明しなければならない

■証明と疎明

当事者は、判決の基礎となる事実が存在することを、裁判官に納得させる必要があります。裁判官が「十中八九間違いないだろう」と納得した状態を証明といい、そのような状態に裁判官をおくことを証明するといいます。一方、裁判官が「まあ間違いないだろう」程度に思っている状態を疎明といい、そのような状態に裁判官をおくことを疎明するといいます。

訴訟ではさまざまな事実が提出されます。その中には、判決に大きな影響を与えるような重要な事実もあれば、単に手続上求められるような事実もあります。このように提出されるすべての事実について、一律に裁判官の確信を要求するのは合理的とはいえません。

そこで、判決に大きな影響を与えるような事実については、慎重を期して証明が必要であるのに対し、それ以外の事実については疎明で足りるとされています。

■証明が必要な事実

自己に有利な判決を得るためには、その基礎となる事実を証明しなければなりません。この「事実」には、主要事実、間接事実、補助事実の３種類があることはすでに説明しました。

このうち、証明の対象となるのは主要事実です。具体的には、当事者が主張した主要事実のうち、相手方が争った事実について証明する必要があります。

さらに、間接事実や補助事実も、それが主要事実を証明する

要証事実

要証事実（証明を必要とする事実）は、突き詰めて言えば、当事者間で争われている権利義務を定めた法律の要件に該当する事実である。法律の定めがあればその要件をすべて証明する必要があるわけではなく、当事者間で主張されていない場合や争いとなっていない場合は、証明の対象にはならない。
間接事実も、主要事実を証明しようとする必要性から証明の対象となるものである。補助事実も、主要事実や間接事実など、要証事実を証明する証拠の証拠力を明確にする必要がある限度において証明の対象となる。

証明を必要としない事実

証明を必要としない事実

＊ 当事者の間で争いのない事実（裁判上の自白）

➡ 相手方の主張する自己に不利な事実を認める陳述については証明不要

＊ 顕著な事実（公知の事実および職務上顕著な事実）

➡ 有名な事件・事故・天災や自ら下した判決などについては証明不要

＊ 法律上の推定のある事実

➡ 法律上「A事実があればB事実があると推定する」と指定されている場合、B事実の存否については証明不要

ために利用される場合は、証明の対象となります。

■ 証明を要しない事実

たとえ判決の基礎となる事実であっても、その確実性が客観的に明らかであるために、証明は不要とされている事実があります。それは、顕著な事実と裁判上の自白の２つです。

顕著な事実とは、公知の事実と職務上顕著な事実（職務上知り得た事実）の総称です。公知の事実とは、広く世に知られている事実のことで、歴史的に有名な事件・事故・天災などが挙げられます。職務上顕著な事実とは、裁判官がその職務過程で知り得た事実のことで、他の事件で自分が下した判決や破産手続開始決定の公告などが挙げられます。

なお、「A事実があればB事実があると推定する」という規定については、A事実の証明は必要であるのに対し、A事実を証明すればB事実の証明が不要となります（法律上の推定）。

裁判上の自白

相手方の主張する自己に不利益な事実を認める陳述のこと。自白が成立すると、自白によって得られた事実は、証明が不要となり（民事訴訟法179条）、裁判所は、その事実をそのまま判決の基礎とすることになる。
また、相手方の陳述に対する沈黙は、弁論の全趣旨によりその事実を争ったと認められない限り擬制自白が成立し（民事訴訟法159条１項）、証明が不要となる。

PART1
25

裁判上の自白

自白が成立した事実は証明が不要

■ 自白の意義・効果

自白とは、当事者が口頭弁論または争点整理手続において、相手方が主張する自己に不利益な事実を認める陳述です。たとえば、ＡがＢに貸した100万円の返済を求める訴訟で、Ａの「Ｂに100万円を渡した」という主張に対して、Ｂが「そのとおりです」と陳述すれば、それは自白をしたことになります。

自白が成立すると、裁判所は、自白をした事実を判決の基礎としなければならなくなります。つまり、自白によって得られた事実は証明不要となるわけです。

自白は裁判所だけでなく当事者も拘束します。つまり、自白を行った当事者は、自白の内容と矛盾する事実を主張することができなくなります。相手方当事者は、自白を前提として自己の訴訟行為を行うわけですから、そのような矛盾した行為を認めることは、相手方の信頼を害することになるためです。

同様の見地から、自白の撤回についても、原則として認められていません（認められるケースについては、欄外参照）。

自白の撤回が認められる場合

相手方は、自白を前提として自己の訴訟行為を積み上げていくため、自白の自由な撤回を許すことは相手方の信頼を害するので、原則として自白の撤回は許されない。しかし、以下の①～③の場合は、例外的に自白の撤回が許される。
①刑事上罰すべき他人の行為（詐欺や強迫など）により自白がなされた場合
②相手方の同意がある場合
③自白が真実に反しかつ錯誤に基づく場合（自白が真実に反することの証明があれば、錯誤に基づき自白をしたことが推定される）

■ 自白の対象

主要事実が自白の対象となることは明らかですが、間接事実や補助事実などについても自白が成立するかどうかは議論があります。判例や多くの学説では、間接事実や補助事実については自白を認めていません。

自白の対象に関する議論において、大きな論点となっているのが「権利自白」についての問題です。権利自白とは、訴訟の

自白と権利自白

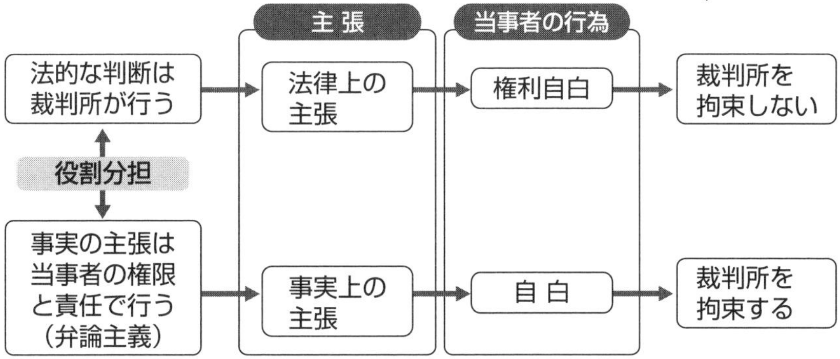

直接的な目的である権利や法律関係の前提となっている権利や法律関係について、相手方の主張を認めることです。

たとえば、AがBに対して、所有権に基づくX土地の返還請求訴訟を提起した場合、訴訟の直接の目的となっている権利は「AのBに対するX土地の返還請求権」です。この場合、Bが「X土地の所有権がAにあることを認める」という陳述をしたとしたら、権利自白が成立することになります。

AがX土地の所有権をもっていることは、AのBに対するX土地の返還請求権の前提であり、それをBが認めることは、訴訟の直接の目的である権利の前提となっている権利について、相手方の主張を認めることになるからです。

通常の自白が、あくまで具体的事実を陳述するものであるのに対し、権利自白は、法的な意味合いを含んだ陳述となっています。法律の解釈と適用は裁判所の職責であるところ、権利自白に裁判所が拘束されるとすれば、その職責を侵害することになりかねません。そこで、権利自白については、通常の自白のような裁判所への拘束力を認めないとする見解が有力です。

擬制自白

当事者の一方が口頭弁論または争点整理手続において相手方の主張した事実を明らかに争わない場合、その当事者が争う意思がないものと理解されて、相手方の主張した事実を自白したものとみなされる。これを擬制自白といい、口頭弁論の最後の段階でその成否が判断される。

PART1
26

自由心証主義と証拠共通の原則

証拠共通の原則は自由心証主義から必然的に導き出される

■ 自由心証主義の内容

自由心証主義とは、判決の基礎となる事実の認定を、審理に現れたすべての証拠、状況などに基づいて、裁判官が自由に形成する心証に委ねる建前のことです。

自由心証主義

「こういう証拠があるなら、当事者の主張しているこの事実を認定してもよい」というように、訴訟に現れた証拠などをどのように判断するかは、すべて裁判官にまかせようというのが自由心証主義である。

自由心証主義は、①特定の事実を認定するための証拠方法が限定されず、あらゆる人や物が証拠方法になること（証拠方法の無制限）、②証拠をどの程度考慮して事実を認定するか（証拠の取捨選択）については、経験則に基づいた裁判官の自由な判断に委ねられること（証拠力の自由評価）を内容とします。

①　証拠方法の無制限

証拠方法の無制限とは、裁判官が事実認定を行うために用いる証拠方法には制限がなく、原則として、どんなものでも証拠能力がある（証拠に用いることができる）ということです。

②　証拠力の自由評価

証拠力の自由評価とは、「この証拠からは、この事実を認定してもよいだろう」という証拠のもっている証明力の評価については裁判官にすべてまかせるということです。若干の例外を除いて、認められています。

自由心証主義の例外

証拠方法の無制限については、手続きの明確化や画一化、迅速な処理の要請から、訴訟代理権を与えるかどうかは書面に、口頭弁論の方式の遵守については弁論調書に、それぞれの取扱いが限定されている。つまり、これらの例外の場合には、法定の証拠しか用いることができなくなる。
また、証拠力の自由評価についても、文書の形式的証拠力についての推定規定や、証明妨害についての規定などによって制限を受ける場合がある。

■ 証拠共通の原則

自由心証主義の下では、いったん裁判所に提出された証拠については、それを提出した者に有利な形で用いようと、不利な形で用いようと、すべて裁判官に委ねられます。これを証拠共通の原則といいます。証拠共通の原則により、証拠を提出した

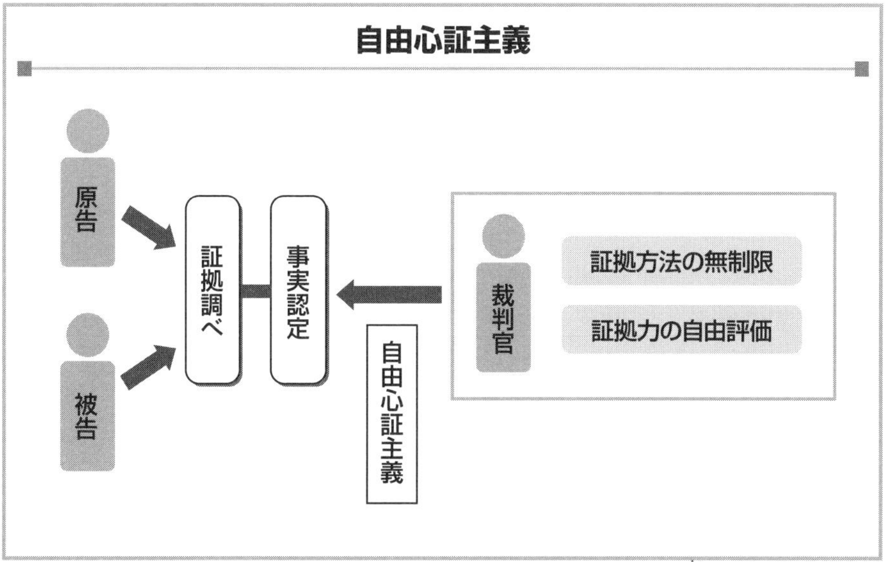

者に不利な事実認定がなされても、それはやむを得ないことになります。その意味で、証拠共通の原則は自由心証主義から必然的に導き出される原則なのです。したがって、裁判所に提出した証拠は、相手方の同意がなければ撤回できません。

■ 弁論の全趣旨

民事訴訟法では、裁判官が証拠調べの結果の他に、弁論の全趣旨も検討材料にいれて、事実認定を行うことができる旨を規定しています。

訴訟手続きでは、当事者が事実を主張し、証拠が提出されますが、裁判官の関心の対象となるのは、それらの事実や証拠にとどまりません。事実や証拠を提出する際の当事者もしくは代理人の態度、声色なども、裁判官の耳目をとらえるのです。

弁論の全趣旨とは、このように口頭弁論に現れた一切の状況を意味します。

弁論の全趣旨

たとえば、原告が提出した証拠に対して、被告が異様な動揺を示した場合、証拠の内容自体だけでは原告の主張する事実を認めることができなくても、被告の態度を考慮して、原告に有利な事実認定をすることもできる。

法定証拠主義

自由心証主義に対立する考え方。いかなる証拠に基づいていかなる事実を認定すべきかについて、あらかじめ法で定めておこうという考え方。

PART1
27

証明責任

証明に失敗することで不利益を被っても仕方がないという考え方

■ 証明責任の内容

当事者間で争いのある事実は、証拠によってその事実の存在が証明されなければなりませんが、証拠調べによっても、問題となっている事実が本当にあるのかないのかということについて、裁判官が判断できないケースも考えられます。

自由心証主義が採用されているとはいえ、真偽不明のままとなっている事実をそのまま放置するわけにはいきません。とりわけ、その事実が重要な意味をもつ事実であれば、判決を行うためにもその事実の存否を明らかにする必要があります。このような場合に機能するのが、証明責任の考え方です。

証明責任とは、証拠調べをしても主要事実があるのかないのかわからないときに、当事者の一方に課される不利益のことをいいます。たとえば、ＡがＸ土地を占拠しているＢに対して、「Ｘ土地が自分のものである」ことを理由に明渡しを求める訴えを提起したものの、裁判官としては証拠を判断してもＸ土地が「Ａのものである」という確信も「Ａのものではない」という確信も得られなかったとします。この場合、証明責任について最も妥当な解決方法は、次のものではないでしょうか。

「そもそもＸ土地にはＢが住んでいたものだ。そこに、Ａがやってきて、自分の土地だから返せと言いだした。とすれば、Ａには、Ｘ土地が自分の所有物であることを証明する責任があるといえる。それができない以上、Ａが主張するような事実はなかった、つまりＸ土地はＡの所有物ではなかった、と認定されてもやむを得ない」

証明責任

ある事実が真偽不明となったときには、その事実はないものとして扱われる。その結果、証明責任を負っている者が、その事実が存在しないとされることで不利益を被る。
特定の事実が真偽不明であるとしても、裁判所は何らかの判決をしないといけないので、証明責任の考え方が用いられている。

法律上の推定

証明が困難なＡ事実を証明する代わりに、証明の容易なＢ事実を証明すれば、Ａ事実を要件事実とする法律効果が認められるものと推定して、立証責任を負う者の負担を軽減する法律上のテクニックのこと。たとえば、法文で「Ｂ事実があればＡ事実があると推定する」と規定しているものが当てはまる。

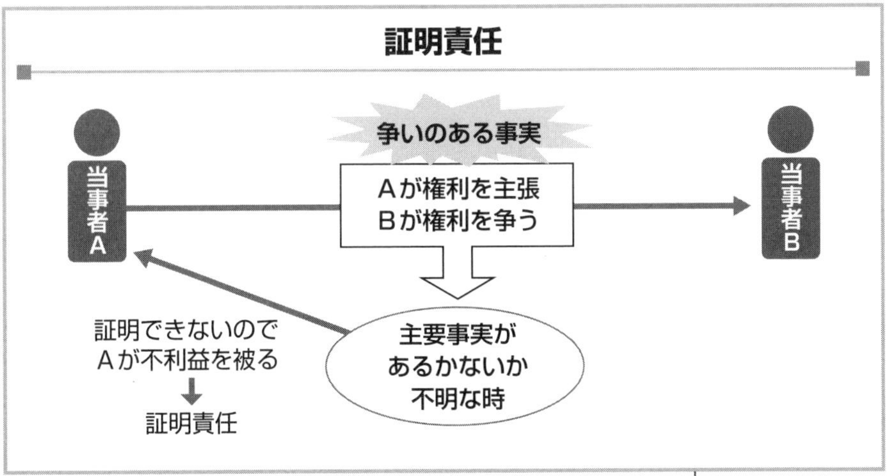

このように、証明活動を行う責任をもっている者が、その証明に失敗することによって不利益を被っても仕方がないというのが証明責任の考え方なのです。

■ 証明責任の分配とその基準

訴訟の当事者のどちらに証明責任があるのかについては、どのように判断されるのでしょうか。これが証明責任の分配の問題です。これについては、民法などの条文が規定する要件を基準に分配されると考えられています（法律要件分類説）。

つまり、民法などの条文が、①権利が発生する要件を定めている場合は、権利の発生を主張する者、②権利の発生を阻害する（妨げる）要件を定めている場合は、権利発生の阻害を主張する者、③権利が消滅する要件を定めている場合は、権利の消滅を主張する者が、それぞれ証明責任を負います。

この証明責任の分配の基準を理解するには、民法などの理解が不可欠になります。ですから、民法などの知識があまりない段階では、とりあえず証明責任というもののイメージをつかんでもらえれば十分でしょう。

法律要件分類説

本文記載の証明責任の分配の基準のうち、①は権利根拠規定、②は権利障害規定、③は権利消滅規定についての証明責任である。その他、④権利阻止規定（条文が権利行使を一時的に阻止する要件を定めていること）の場合は、権利阻止を主張する者が証明責任を負う。

疫学的証明

疫病の予防を目的とする疫学において、疾病の原因を推認するためにも用いられる方法を応用した訴訟上の証明をいう。
複数の類似の現象に共通した因子を抽出し、その中から合理的な説明が不可能なものを消去していくことによって、その現象の原因を推定する方法で、おもに公害訴訟などで利用されている。

PART1
28

証拠調べの種類と文書提出命令

証拠には人証と物証がある

■ 5種類の証拠調べ

証拠調べは、取り調べる対象に応じて5種類用意されています。人的証拠（人証）を取り調べる証人尋問・当事者尋問・鑑定と、物的証拠（物証）を取り調べる検証・書証です。

人証に対する証拠調べには以下の方法があります。

証人

証人とは、過去に知った事実を訴訟において供述することを命じられた第三者である。意見や判断でなく、過去の事実を供述する点で、鑑定人と異なる。証人には、法廷に出頭することや、法廷で宣誓することなど、証人義務が課せられる。

① 証人尋問

証人尋問とは、証人を証拠方法として、その者に口頭で質問し、証明の対象となる事実について、その者が経験した事実を供述させて、その証言を証拠資料とするための証拠調べです。

証人と当事者本人への尋問

証人と当事者の尋問を行うとするのが適当と認めるときは、当事者の意見を聴いた上で、第一に当事者本人を尋問することができるようになっている。

② 当事者尋問

当事者尋問とは、当事者を証拠方法として、その経験した事実について尋問し、争われている事実についての証拠資料を得ようとする証拠調べです。

③ 鑑定

鑑定とは、裁判官の判断を補充するために、学識経験のある第三者（鑑定人）を証拠方法として、その専門知識や意見を報告させる証拠調べです（意見や報告が証拠資料となる）。

鑑定

鑑定そのものは当事者の申出によって行われる。
鑑定人は裁判所の指定によって学識経験者の中から選ばれる。

■ 物証に対する証拠調べ

検証とは、事物の形状・性質につき裁判官が直接にその五官により事実判断を行う証拠調べです。裁判官が、公害訴訟で騒音の状況を耳で確かめたり、工場の廃棄物の臭いを鼻で確かめたりすることなどが当てはまります。

書証とは、文書に記載された意味内容を証拠資料とする証拠

文書提出義務を負う者

①当事者が訴訟において引用した文書を自ら所持する場合
②証明する者が文書の所持者に対し引渡しや閲覧を求めることができる場合
③文書が証明する者のために作られたか、証明する者と所持者との間の法律関係について作られた場合

---

④上記①～③以外の場合で、次のいずれにもあたらない場合
ⓐ文書の所持者や文書の所持者の親族などが刑事訴追や有罪判決を受けたり、名誉を害されたりするおそれがあるとき
ⓑ提出すると公共の利益を害したり、職務の遂行に著しい障害が生じたりするような公務員の職務上の秘密に関する文書
ⓒ医師や弁護士などが職務上知り得た事実で黙秘しなければならないものや、技術・職業の秘密に関する事項が記載されている文書
ⓓ外部に公開されることが予定されていない、もっぱら文書の所持者の利用のための文書（自己利用文書）
ⓔ刑事訴訟に関する書類や少年保護事件の記録、またはこれらの事件で押収されている文書

調べです。書証は文書の意味内容を対象としたものであり、文書を記した紙自体の質や形を調べる場合は検証となります。

■ 文書提出命令

書証では文書を証拠として提出しますが、裁判所に調べてもらいたい文書が自分の手もとになく、相手方や第三者がもっている場合も多いです。その場合に、裁判所から、その相手方や第三者に対して「文書を提出しなさい」との命令を出してもらう制度があります。これを文書提出命令といいます。

文書提出命令は、当事者の申立てに基づき、民事訴訟法に定められた文書提出義務を負う者に対して発せられます。具体的には、上図に該当する場合に、文書を提出する義務を負うことになります。

文書提出命令に従わない場合

提出されなかった文書に記載されていることについて、その提出を求めた当事者の主張したことが、裁判所によって事実と認定されるなどの不利益を受けることになる。

インカメラ手続き

インカメラ手続きとは、裁判所が、文書提出命令の申立てに係る文書が上図の④に該当するかどうかを判断するため必要があるときに、文書の所持者にその文書を提示させ、当事者や傍聴人にも公開しないで判断することである。

PART1
29

訴えの取下げ、請求の放棄・認諾、和解

判決によらずに当事者の意思で訴訟を終わらせる

■ 当事者対立構造の消滅

原告の訴え提起によって開始された民事訴訟の手続きは、原則として裁判所の判決により終了します。しかし、民事訴訟のすべてが判決によって終わるわけではありません。

たとえば、A会社がB会社に対して損害賠償請求訴訟を起こしている最中に、両社が合併してしまった場合には、民事訴訟の前提というべき二当事者の対立する形が消滅するので、訴訟は判決に至ることなく終了してしまいます。

このように、民事訴訟の手続きは、判決以外にもさまざまな形によって終了します。その中で最も重要なのが、当事者の意思によって終了する場合です。当事者の意思によって訴訟が終了する場合としては、①訴えの取下げ、②請求の放棄・認諾、③和解があります。これらは、当事者のイニシアチブによって訴訟を終わらせることができる点で共通しています。処分権主義の具体的なあらわれといえるでしょう。

処分権主義

当事者が、訴訟の開始、審判対象の特定、訴訟の終結などを自らの意思で決定できることを処分権主義という。処分権主義が採用されていることから、債権の一部についてのみ支払いを請求する訴訟（一部請求訴訟）が許され、裁判所は、原告が申立てをした範囲内で判決をすることになる。

① 訴えの取下げ

訴えの取下げとは、「訴えを取り下げます。これ以上の審理と判決はしてもらわなくてけっこうです」という旨の裁判所に対する原告の意思表示です。訴えの取下げがあった場合は、はじめから訴えがなかったことになるため、後述するように本案の終局判決があった後に訴えを取り下げた場合を除き、原告は同じ紛争について再度訴えを提起することもできます。

② 請求の放棄・認諾

請求の放棄とは、原告が、裁判所に対して「自分の請求には理

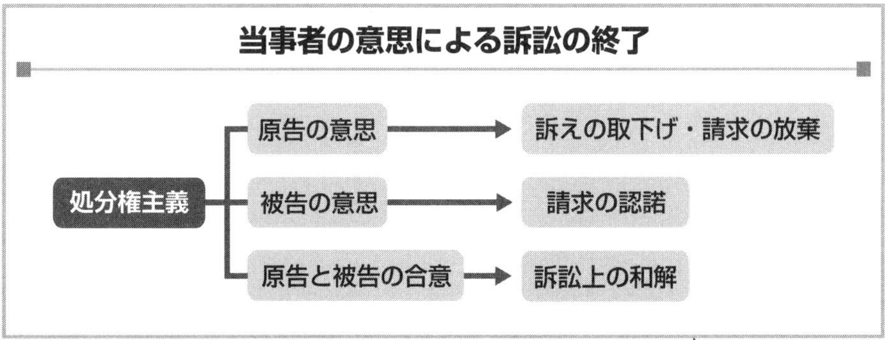

由がない」と認める旨の意思を表示することです。つまり、原告自らが請求棄却であることを認めて、訴訟を終了させる行為です。

一方、請求の認諾とは、被告が、裁判所に対して「原告の請求には理由がある」と認める旨の意思を表示することです。つまり、被告自らが請求認容であることを認めて、訴訟を終了させる行為です。

③　訴訟上の和解

訴訟上の和解は、原告と被告が、訴訟の途中に、裁判所で「訴訟を終わらせよう」と、一定の解決方法を両者で定めて合意し、裁判所にその意思を表示することをいいます。

■ 訴えの取下げについて再訴禁止効が認められる場合

いったん取り下げた訴えを、再び訴えることができなくなる場合があります。たとえば、Aが提起した訴えにつき、第一審で請求棄却判決が下された後、Aは控訴したが、控訴審で被告と裁判外で和解が成立し、訴えを取り下げたとします。この場合、Aは同じ紛争につき再度訴えを提起できません（民事訴訟法262条２項）。第一審で紛争について本案の終局判決が下されているからです。このように、本案の終局判決後に訴えの取下げをした場合、同一の紛争について再度訴えを提起できなくなる効果を再訴禁止効といいます。

請求の放棄・認諾や和解の効果

請求の放棄・認諾や和解は、それが調書（放棄調書・認諾調書・和解調書）に記載されることによって、確定判決と同一の効力をもつ。したがって、当事者は、原則として、請求の放棄・認諾や和解をしたものと同じ紛争につき、再度訴えを提起できなくなる。

再訴禁止効の目的

いったん下された本案の終局判決（次ページ参照）をムダにさせないようにするためであり、トラブルを蒸し返すのを防止することを目的とする。

PART1
30

終局判決による訴訟の終了・判決の効力

判決にはさまざまな種類がある

■ 判決の意義

訴訟終了の基本型は、やはり何といっても判決ということになります。判決とは、当事者の申立てのうち重要な事項に対する裁判所の最終的な判断のことです。まさに判決こそが、当事者および裁判所の民事訴訟における最終到達目標だといえます。一口に判決といっても、それが下される局面や、その内容によってさまざまに分類することができます。

① 終局判決と中間判決

ある審級での審理を完結するかどうかによる区別です。終局判決は、事件の全部または一部をその審級につき完結させる判決のことです。中間判決は、民事訴訟法が定める一定の対象について、訴訟の進行過程で判決を行うものです。訴訟が複雑な場合に、それを整理して終局判決につなげるための判決です。

② 全部判決と一部判決

終局判決のうち、同一の訴訟手続きによって審判される事件の全部を同時に完結させる判決を全部判決といいます。これに対し、1つの訴訟手続きで審理されている事件の一部に対してだけなされる終局判決が一部判決です。

③ 訴訟判決と本案判決

終局判決は内容面から、請求の当否を判断する本案判決と、訴訟要件があるかないかを判断する訴訟判決に分類されます。本案判決には、原告の請求を裁判所が認める認容判決と、原告の請求を裁判所が認めない棄却判決との2種類があります。

判決が成立するまで

判決の成立過程は、裁判所が、まずどのような内容の判決をするかを確定し、次に、確定した内容を表示する判決書（判決原本）を作成した上で、これに基づいて言渡しを行う。言渡しによって判決はその効力を生じ、判決の正本が当事者に送達されることになる。

訴訟要件

本案に関する判決（28ページ参照）を出すための要件。具体的には、裁判所が管轄違いでないこと、当事者適格があること、二重起訴の禁止に反しないことなどがある。訴訟要件を欠くと、訴え自体不適法として却下される。本案を審理した結果、理由なしとして退ける棄却判決とは区別される。

既判力・執行力・形成力

既判力	以後「その事件については判断済み」とされる効力。当事者は、その事件を蒸し返すような訴訟はできなくなり、また裁判所も、同じ当事者間で同一の事件が再び別の訴訟で争われた場合には、前の判決と矛盾する判決ができなくなる。
執行力	強制執行ができるようになる効力。判決によって、支払うことを命じられた金銭や、引き渡すことを命じられた物を、国の機関が強制的に被告から取り上げて、原告に渡す手続きが強制執行である。執行力は給付判決が確定したときに生じる。
形成力	形成の訴えにおいて形成判決が出た場合に生じる。形成判決で宣言された法律関係の変動を引き起こす効力のこと。

④　給付判決、確認判決、形成判決

訴えには、給付の訴え、確認の訴え、形成の訴えがあります。このような訴えの類型との関連で、判決の内容を、給付判決、確認判決、形成判決の３種類に区別できます。

給付判決は、「原告が訴えで請求したものを給付せよ」という命令をおもな内容としています。確認判決は、原告が確認を求めた権利や法律関係の積極的または消極的な確認を内容とするものです。形成判決は、判決の確定と共に法律関係を直接変動させる効力をもっています。

終局判決には、自己拘束力と呼ばれる効力が生じます。自己拘束力とは、「ひとたび言い渡された判決は、言い渡した裁判所によって変更したり撤回することができなくなる」という効力です。いったん成立した判決については、軽々しく変更・撤回すべきでないのです。終局判決といっても、確定したもの（確定判決）とそうでないものがあり、その効力には違いがあります。確定判決には既判力や執行力といった効力があります。また、形成判決には形成力が認められます（上図参照）。

形成力の例

たとえば、離婚を請求する離婚訴訟で、離婚を認める形成判決が言い渡され、これが確定した場合には、婚姻関係の解消という法律関係の変動が引き起こされる。

控訴・上告

上訴には控訴・上告・抗告の３種類がある

■ 上訴の内容

上訴とは、裁判が確定していない間に、上級裁判所へ原裁判の取消しまたは変更を求める不服申立てのことです。具体的には、「この判決は間違っている」と考えるときに、上級裁判所に対し、もう一度審判し直してほしいと訴えるのが上訴です。

上訴の制度が置かれた目的は、何よりも誤った裁判を是正するという点にあります。裁判官は法律の専門家であり、その判断は正しいと考えるのが普通でしょう。しかし、裁判官の判断がすべて正しいとは限りません。そこで、当事者が裁判に不服を抱いた場合に、それを救済する手段として上訴という制度が設けられたのです。

上訴は、大きく分けて、控訴・上告・抗告の３種類があります。これ以外に、特別な上訴の制度（特別上訴）として、特別上告・特別抗告があります。

特別上訴とは

同じ上訴でも控訴や上告、抗告とは区別して考える必要がある。特別上訴は、特別上告と特別抗告の２つに分けられる。
① 特別上告
高等裁判所が上告審として行った終局判決に対し、憲法解釈の誤りがある場合や、憲法に違反する場合について認められる。
② 特別抗告
不服申立てのできない決定・命令に対し、憲法違反を理由として最高裁判所に対して行う抗告のこと。

■ 上訴提起の要件と効果

上訴を提起するには、法定の方式に従って行うことや、法定の期間が過ぎる前に行うことなど、さまざまな要件が設けられています。その中でも重要なのは、上訴人が原裁判に対して不服の利益を有していなければならないとの要件です。これを上訴の利益といいます。どのような場合に上訴の利益があるとみなされるのかですが、判例は、原裁判が当事者の申立てよりも質的・量的に少ない場合に、上訴の利益があるとしています。

上訴が認められると、まず、裁判の確定が遮断されます。つ

上訴の利益

たとえば、全部認容判決が出た場合の原告や、全部棄却判決が出た場合の被告には、上訴の利益がないことになる。これらの場合、原判決が当事者の申立てと質的・量的に同じだからである。

上訴の流れ

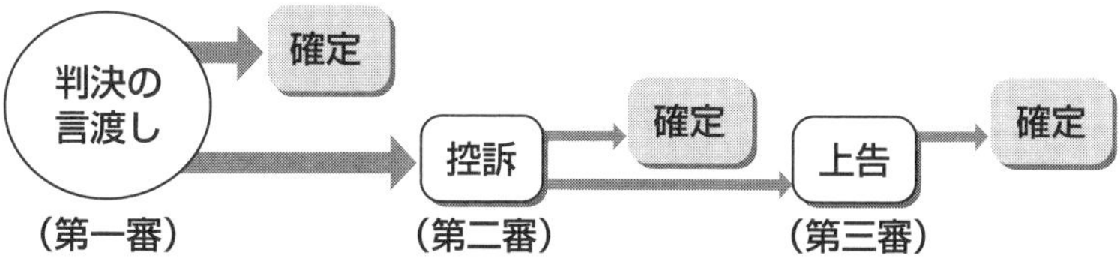

まり、訴訟は終わらず継続されることが決まります。これを確定遮断の効力といいます。続いて、審判の場が上訴を受けた裁判所へと移ります。上訴を受けた裁判所が高等裁判所であれば高等裁判所へ、最高裁判所であれば最高裁判所へと、争いの場が移るわけです。これを移審の効力といいます。

■ 控訴審（第二審）の審理

控訴は、簡易裁判所または地方裁判所がした第一審の終局判決に対して、直近の上級裁判所に対して行う不服申立てのことです。民事訴訟の場合は、簡易裁判所の第一審判決に対する地方裁判所への上訴、地方裁判所の第一審判決に対する高等裁判所への上訴が控訴となるわけです。原則として、第一審の終局判決日から２週間以内に上級裁判所に申し立てなければなりません。控訴審では、第一審で提出された事実や証拠に、新たに控訴審で提出される事実、証拠を加えて、審理が行われます。口頭弁論は第一審と同様の形で展開されます。そして、控訴審も第一審と同様に、原則として判決により終了します。

なお、控訴審では、口頭弁論終結までに、被控訴人（控訴された者）が控訴人（控訴した者）の申し立てた審判の対象を広げて、自己に有利な判決を求めることもできます。このような被控訴人の申立てを附帯控訴といいます。

三審制

上訴制度は審級制度を前提としている。審級制度とは、審判を第一審、第二審（控訴審）、第三審（上告審）と重ねることにより、誤りのない正しい裁判をすることを目的とした制度である。
とくに審判の機会を第三審まで設けることを三審制といい、わが国の訴訟法はこれを採用している。
現行の民事訴訟法では、第一審、第二審は事実審、第三審は法律審として定められている。

事実審と法律審

事実審とは、事実認定や証拠などもっぱら事実関係について審理する裁判所のことである。それに対し法律審とは、法令の解釈適用上の誤りなどもっぱら法律問題について審理する裁判所のことである。最高裁判所は、法律審の役割だけを負うことが法律によって規定されている。

■ 上告の提起と上告理由

上告

控訴審の判決に対して法律の解釈や適用に対して不服がある場合などには、上告裁判所に上訴をすることができる。これを上告という。事実認定についての判断に不服があるとしても、上告をすることはできない。

控訴審の判決に対して、憲法違反や民事訴訟法に定められた重大な訴訟手続きの違反事由のあることを理由に、その破棄を上告裁判所に求める不服申立てが上告の提起です。控訴審が地方裁判所であれば高等裁判所に、高等裁判所であれば最高裁判所に、上告を提起することができます。控訴が原審の事実認定に不満がある場合でもできるのに対し、上告の提起は憲法違反や重大な訴訟手続きの違反事由を理由としてしか行うことができません。これらの理由を上告理由といいます。

なお、控訴審の判決について、上告理由はないものの、判例違反その他の法令の解釈に関する重要な事項を含む（法令違反がある場合など）には、それを理由に上告裁判所に対し、上告を受理するように申立てをすることができます。これを上告受理申立てといいます。

■ 上告審（第三審）の審理と判決

上告受理申立て

上告受理申立てが認められると、上告を提起したとみなされるので、この場合の上告審の審理は、上告の提起をした場合と同様となる。しかし、上告受理申立てが認められなかったとしても、それに対しての不服申立てはできず、この場合は控訴審の判決が確定する。
なお、上告理由と法令違反があるような場合に、上告理由について上告の提起を行い、法令違反について上告受理申立てを行うことができる。
つまり、上告の提起と上告受理申立ての双方を行うことが認められている。

上告裁判所では、まず上告人が提訴した上告状、上告理由書などの書類に基づいた書面審理が行われます。その結果、上告が不適法で、かつ不適法な部分が当事者によって補正されない場合には、決定により上告は却下されます。

上告が適法であった場合には、上告理由の存否を判断することになります。上告状、上告理由書などから、上告に理由がないと認められた時は、口頭弁論を開かずに判決によって上告が棄却されます。書面審理だけでは、上告理由の存否が明らかでない場合には、口頭弁論を開いて審理・判決をすることになります。口頭弁論の結果、上告の理由がないことがわかれば、上告棄却の判決が行われます。

これに対し、上告に理由がある場合には、原判決は取り消されます。これを破棄といいます。破棄の結果、事件は原裁判所に差し戻されるか、もしくは、それと同等の他の裁判所に移さ

上告の基本的な流れ

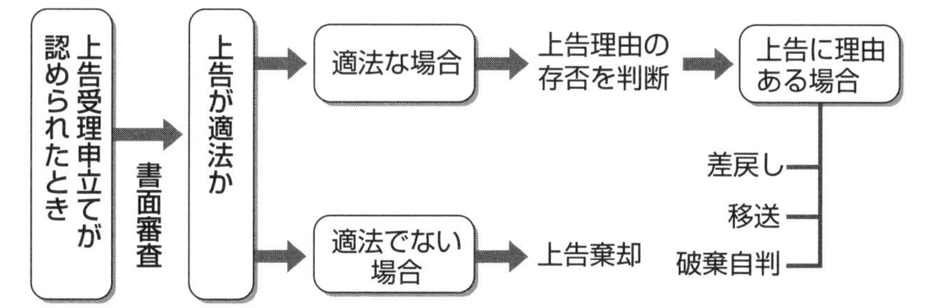

れることになります。これは、原裁判所に事実認定をやり直させるためで、差戻し（移送）といいます。

差戻しを受けた裁判所は、改めて口頭弁論を開いて審理をやり直さなければなりません。その際には、上告裁判所が破棄を理由とした事実上および法律上の判断に拘束されます。

なお、上告に理由があり原判決を取り消した場合に、上告裁判所は差戻しをせず、自ら判決を行うこともできます。これを破棄自判といいます。原判決の確定した事実だけで裁判を行うことができる場合などに、破棄自判することができます。

■ 決定・命令に対する不服申立て

判決に対する不服申立てとして控訴・上告があるように、決定・命令に対しての不服申立てが抗告です。抗告には、大きく分けて、通常抗告と即時抗告の２種類があります。

通常抗告は抗告のうち、抗告を提起すべき期間が限定されていないもののことです。これに対し、即時抗告は、裁判が告知された日から１週間以内に抗告を提起することが求められています。どのような場合が即時抗告になるかについては、法律が個別に規定しています。

再抗告

抗告審の終局決定に対する法律審への再度の抗告のこと。再抗告を行えるのは、抗告審の決定に憲法違反や明らかな法令違反があることを理由とする場合に限られる。
なお、最高裁判所への抗告が特別抗告または許可抗告のみ認められることから、抗告審が高等裁判所である場合は再抗告ができない。

許可抗告

最高裁判所に対して抗告ができるものとして、憲法違反を理由とする特別抗告と、法令解釈に関する重要な事項を含むとして高等裁判所が許可する許可抗告の2つが認められている。許可抗告の制度は、決定・命令における法令解釈の統一を目的とするものである。

PART1
32

複数請求訴訟

民事訴訟法のしくみ

当初から複数の場合と途中から複数になる場合がある

■ 複数請求訴訟の種類

複数請求訴訟には、訴えの当初から複数の請求がある場合と、訴訟の途中から請求が複数になる場合とがあります。前者を請求の原始的複数といい、後者を請求の後発的複数といいます。

このうち請求の後発的複数は、原告が訴訟の途中で請求を追加したり、被告が原告を逆に訴えたりすることで生じるもので、その発生原因によって、①訴えの変更、②反訴、③中間確認の訴えに分けることができます。複数請求訴訟により、共通する事柄について審理を一体的に行うことで、内容の矛盾した判決を防ぐことができます。

■ 請求の原始的複数の要件

原告が複数の訴訟上の請求を併合して訴えを提起するためには、通常、以下の３つの要件が充たされる必要があると考えられています。

① 複数の請求は、すべて同種の訴訟手続きで審理されるものであること

② 各請求について受訴裁判所（訴えの提起を受けて審理する裁判所）が管轄権を有すること

③ 法律上個別に複数請求訴訟が禁じられていないこと

■ 請求の原始的複数の種類

まず請求の原始的複数から見ていくことにしましょう。請求の原始的複数は、①単純併合、②選択的併合、③予備的併合の

複数請求を行うケース

原告が被告に対して、１個の手続きで複数の訴訟上の請求を行うものを複数請求訴訟という。たとえば、アパートの貸主が、家賃が滞っていることを理由として賃貸借契約を解除したときに、家屋の明渡請求と共に、家賃の支払請求を行う場合である。

複数請求訴訟の種類

訴訟上の請求が複数になる形態としては、単純併合、選択的併合、予備的併合、訴えの変更、反訴、中間確認の訴えがある。これらの制度は、複数の請求について同一の審理の中で判断することが望ましい場合に用いられる。

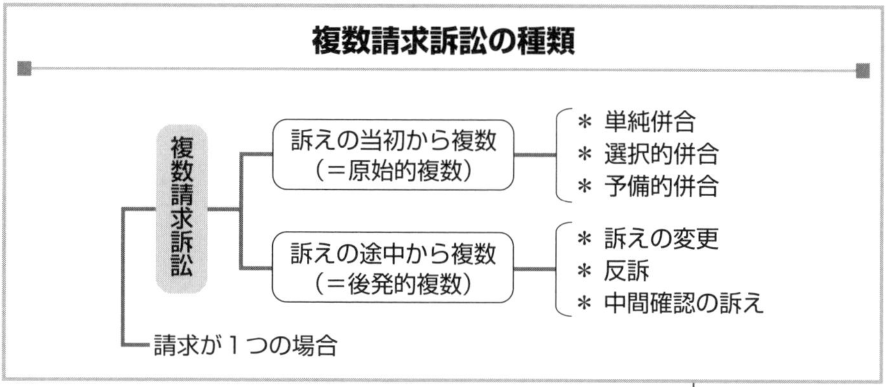

３種類に分類されます。

単純併合は、複数請求訴訟の原則型であり、複数の請求のすべてについて無条件に判決を求める併合形態です。たとえば、同一当事者に対して、それぞれ別の理由で生じた売買代金の支払と貸金の返還を請求するような場合です。

選択的併合は、複数の請求が同一の目的をもっているために、そのうちどれか１つが認容されればよい、という意図で行われる併合形態です。たとえば、貸していた家の明渡しを求める場合には、「賃貸借契約を解除したから貸していた家を返せ」という形で請求することもできますし、「その家は私の所有物だから返せ」という形で請求することもできます。貸主としては、家を明け渡してもらえさえすればよいわけですから、どちらの請求が認められようがかまわないわけです。

予備的併合は、複数の請求に順位をつけて、「できればこちらの請求を認容してもらいたい」と原告が考えて第一順位をつけた請求（先順位請求）が認容されなかった場合に、初めて「それがダメならこちらを認容してもらいたい」と第二順位をつけた請求（後順位請求）の審理を求める併合形態です。

たとえば、売主が買主に対して、「売買代金を払ってくれ（先順位請求）」「それがムリなら、せめて引き渡した家を返し

代償請求

「XはYに対して、A会社の株式5000株を引き渡せ」「もしXが株式の引渡しをしないときは金1000万円を支払え」というような代償請求は予備的併合ではない。これは、現在の給付請求（株式）に将来の給付請求（金銭）をあらかじめ併合したもので、単純併合にあたる。

法律が併合を許している場合

同種の訴訟手続きによる請求でなくても、法律がとくに併合請求を許している場合がある。たとえば、婚姻の取消しまたは離婚の請求に、親権者の指定・子の監護・財産分与の請求の併合を許す場合などがある。
婚姻の取消し・離婚は家庭裁判所の人事訴訟手続きによるべき事項であるが、親権者の指定などは家庭裁判所の審判手続きによるべき事項であり、両者は異なる訴訟手続きによるが、関連するので併合が認められている。

てくれ（後順位請求）」として訴訟を起こすような場合です。

■ 訴えの変更が認められる理由

訴えの変更とは、原告が、訴訟手続きの途中で、当初の請求を変更することです。もっとも、訴えの変更は原告の自由には行えません。訴えの変更を原告が自由に行って、訴訟対象がめまぐるしく変われば、被告はどんな反論をすればよいのかわからなくなります。また、訴えの変更によって訴訟が著しく遅延するおそれもあります。そこで、民事訴訟法は、請求の併合の一般的要件の他、訴えの変更には以下の要件を課しました。

① 請求の基礎が同一であること

この要件は、新しい請求の訴訟資料や証拠資料が旧請求のそれと全く異なると、被告が防御活動をすることが困難になるので、被告を保護するために要求されるものです。この点から、被告の同意がある場合、被告が異議なく応訴した場合、被告が陳述した事実を新請求の原因とする場合、のいずれかに当てはまるときには、請求の基礎の同一性がなくても訴えの変更が許されると考えられています。

② 著しく訴訟手続きを遅滞させないこと

新しい請求の審理のために長時間を要し、初めから訴訟を審理するのと変わらないような訴えの変更を制限して、訴訟手続きの効率を高めるための要件です。

以上の要件が充たされる限り、事実審の口頭弁論終結前であれば、訴えの変更を行うことができます。事実審の口頭弁論終結前とは、通常、控訴審の口頭弁論終結前を意味します。

訴えの変更が認められると、旧請求（訴えの変更前の請求）の訴訟資料や証拠資料のすべてを、新請求（訴えの変更後の請求）に流用することができます。

訴え変更が行われる場合

たとえば、当初の請求のままだと訴訟を続ける意味がなくなってしまった場合に、訴えの変更が行われる。

訴えの変更の態様

土地所有権確認請求に、さらに所有権に基づく土地引渡請求を加える場合のように、旧請求を維持しつつ、新請求を加える場合を追加的変更という。旧請求と新請求との関連性によって、単純併合・選択的併合・予備的併合のいずれかになる。また、旧請求と交換して新請求を提起する場合を交換的変更という。

訴えの変更の例

たとえば、当初はA建物の所有権確認を請求していたのに、途中でA建物の賃借権の確認請求に変えるような場合である。また、当初は500万円の貸金返還を請求していたのに、途中で返還を請求する金額を250万円に減らす場合も含まれる。

事実審

事実認定や証拠などもっぱら事実関係について審理する裁判所のこと。民事訴訟では第一審と控訴審が事実審となる。

反訴

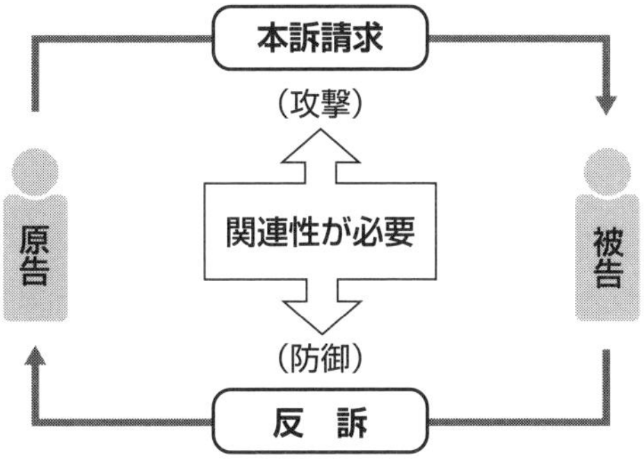

■ 反訴と中間確認の訴え

反訴とは、訴訟係属中に被告が、その訴訟手続きを利用して原告に対して提起する訴えのことです。

たとえば、ＸがＹに対してＡという訴えを提起したのに対して、ＹがＢという訴えを起こして逆襲するのが反訴です。

これまで見てきたように、原告には、請求の併合や訴えの変更など、相互に関連しあった複数の請求を一度に処理することが認められています。ですから、被告にも、同様の制度を認めるのが公平の見地から望ましいといえるのです。

中間確認の訴えとは、判決を求めようとしている請求の前提となる権利・法律関係について、その訴訟の中で裁判所に確認してもらうことを求める訴えです。

中間確認の訴えが認められるためには、①本来の請求に関する訴訟が事実審に係属し、口頭弁論終結前であること、②本来の請求の当否の判断について先決関係にある権利または法律関係の存否について争いがあること、の２つの要件が必要です。

中間確認の訴えの例

たとえば、ＡがＢに対して、所有権に基づくＺ土地明渡請求訴訟を起こした場合に、Ｚ土地明渡請求訴訟と同じ訴訟手続きの中で、Ｚ土地の所有権確認も求めるのが中間確認の訴えである。これは、ＢがＺ土地明渡請求訴訟に敗訴したときに、「Ｚ土地の所有権がＡにないことの確認を求める」という形で、ＢがＺ土地をめぐる紛争を蒸し返すことを防止するものである。

PART1
33

民事訴訟法のしくみ

多数当事者訴訟

どんな場合に認められるのか（要件）をしっかりおさえておく

■ 多数当事者訴訟にもいろいろある

現代社会では、１つの社会的紛争に多数の人々が巻き込まれることがよくあります。原告が１人、被告が１人という形とは異なり、原告・被告のいずれか、あるいはその双方が複数いるような訴訟形態を多数当事者訴訟といいます。民事訴訟法では、多数当事者訴訟について、①共同訴訟、②補助参加、③独立当事者参加、④訴訟承継という４つの制度を用意しています。

多数当事者訴訟が認められる趣旨は、紛争の実態に合わせ、複数の関係人が訴訟に参加する機会を与えることにあります。

共同訴訟によるメリット

複数の当事者が巻き込まれた紛争を1回の訴訟で審理・判決することができ、当事者と裁判所の時間・労力・費用の節減を図ると共に、判決の矛盾を回避できる。

共同訴訟の要件

①権利義務が共通であること
②権利義務が同一の事実上および法律上の原因に基づくこと
③権利義務が同種で、事実上および法律上同種の原因に基づくこと
①～③のうち1つでも条件が充たされれば、当事者が共同で訴訟を行う意義があるといえ、しかも訴訟を統一的に処理することができる。

■ ２つの共同訴訟

１個の訴訟手続きにおいて、複数の原告または被告が関わる訴訟形態を共同訴訟といいます。共同訴訟の要件は図（次ページ）のとおりです。訴訟自体が煩雑にならないよう、図に示された３つのうちいずれかの要件が充たされることが必要とされています。共同訴訟は、その要件の違いから、通常共同訴訟と必要的共同訴訟に分けられます。

①　通常共同訴訟のケース

D・EがFに対して訴訟を提起した理由が、両者がFによって同時に傷害を負わされ、その治療費等を請求するためのものだったとしましょう。この場合の判決は、「FはDに対して500万円の治療費を払え」「FはEに対して300万円の治療費を払え」というように内容がバラバラでもかまいません。これは、Fから負わされた傷害の程度が、D、Eそれぞれで当然違うこ

共同訴訟の要件

共同訴訟の要件

- 権利義務が共通であること
- 権利義務が同一の事実上および法律上の原因に基づくこと
- 権利義務が同種で、事実上および法律上同種の原因に基づくこと

※３つのうちのいずれかの要件を充たせばよい

とがあり得るからです。このように、判決を合一的に行う必要がないものを通常共同訴訟といいます。

② 必要的共同訴訟のケース

Ｇ・ＨがＩに対して訴訟を提起した理由が、３人で共有していたＸ土地の共有物分割請求に基づくようなケースを考えてみましょう。この場合には、「ＧのＩに対する共有物分割請求を認める」「ＨのＩに対する共有物分割請求を認めない」という内容がバラバラの判決を下すことはできません。なぜなら、この２つの判決にそのまま従えば、Ｘ土地を分割することが「許される＝許されない」という矛盾した状態になってしまうからです。そこで、このような場合には、Ｇ・Ｈ両者の請求を認めて分割を肯定するか、否定するしかありません。このように、判決を合一的に行う必要があるものは必要的共同訴訟と呼ばれています。

■ 訴訟参加

訴訟の途中から、新たな当事者が参加して当事者が複数になる場合があります。これを訴訟参加といいます。

訴訟参加には、当事者として参加する独立当事者参加と、当事者に準ずる形で参加する補助参加があります。

必要的共同訴訟の２つの類型

原告あるいは被告が全員そろわなければ、訴えたり、訴えられたりしない必要的共同訴訟を、固有必要的共同訴訟という。また、本来は共同訴訟の形態をとる必然性はなかったのに、複数の原告あるいは被告が共同して訴えたり、訴えられたことによって共同訴訟となった結果、内容がバラバラの判決を下すことができなくなった必要的共同訴訟を、類似必要的共同訴訟という。

独立当事者参加

関連する紛争を一挙にかつ矛盾なく、１個の判決で解決できる点がメリットである。他人間の訴訟に第三者が当事者として参加することで独立当事者参加がなされる。
訴訟の結果により自分の権利が侵害される第三者や、訴訟で争いとなっている権利が自分の権利であることを主張する第三者が、他人の訴訟に独立当事者参加をすることができる。

①　独立当事者参加の要件

独立当事者参加とは、AとBが原告・被告となって争っている訴訟がある場合に、それまでその訴訟に関与していなかったCが、A・Bの双方、あるいはA・Bのいずれか一方を相手方として、その訴訟に参加することをいいます。

独立当事者参加が他人間の訴訟に参加するものであるため、他人間に訴訟が係属中であることが要件となります。これに加えて、独立当事者参加をするだけの理由、つまり参加の理由が存在することも要件として必要とされます。

②　補助参加とは

補助参加とは、他人間の訴訟の結果に関して利害関係をもつ第三者が、当事者の一方を勝訴させることによって、間接的に自己の利益を守るためにその訴訟に参加することです。

補助参加をする者（参加人）は、あくまで原告・被告のいずれかを助けるための第三者として訴訟に参加します。AとBが原告・被告となって訴訟を行っている場合に、その訴訟の結果によっては何らかの不利益をCが被るとしても、両者の争いをCがただ傍観するしかないというのはいかにも不合理です。

そこで、当事者という形ではなくても、一定の要件を充たせば参加人として訴訟に参加できるように、補助参加の制度が設けられました。そして、補助参加が許されるのは、ⓐ他人間に訴訟が係属中であって、ⓑ参加人が訴訟の結果につき法律上の利害関係を有すること（補助参加の利益）が必要です。

独立当事者参加の当事者間の関係

二当事者間でなした訴訟上の行為は、残った1人に不利益を生じさせる場合には、効力をもたない。不利益を生じさせないのであれば、残りの1人にも効力が及ぶことになる。さらに、当事者の1人について訴訟を中断あるいは中止する事情が発生すれば、全部の訴訟が停止されることになる。判決については、三者間の各請求について相互に矛盾のないものとなることが要求される。

補助参加の利益

単なる感情的な理由や、事実上の利害関係では足りないと考えられている。

■ 当事者の変更

訴訟の途中で、当事者が、それまで訴訟を行っていた者（旧当事者）から、訴訟の外部にいた第三者（新当事者）へと変わることがあります。このような場合を、一般に当事者の変更といいます。当事者の変更を行う方法として、民事訴訟法は、訴訟承継という制度を用意しています。訴訟承継は、当然承継と

補助参加

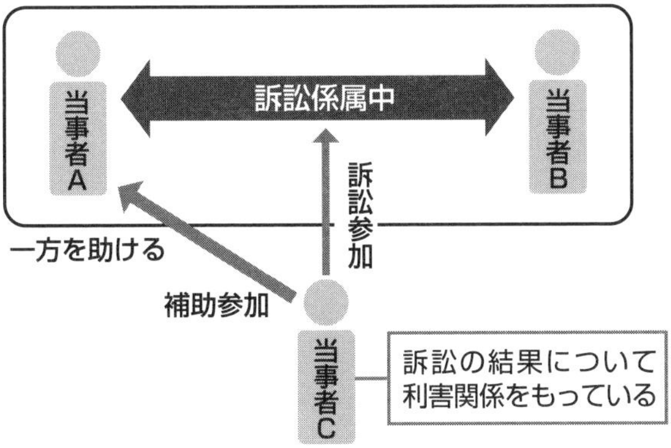

参加・引受承継とに分かれます。

①　当然承継

訴訟の途中で一方の当事者が死亡した場合、訴訟を続けるならば、亡くなった当事者の一切の権利を相続という形で承継する者 が必要です。承継人が引き継ぐ権利の中には、訴訟で争われて いた権利も含まれますので、その承継人を新たに訴訟の当事者の地位につかせる必要が生じます。このように、それまでの 当事者の権利を包括的に引き継いだ者を、新たな当事者として当然に訴訟につかせることを当然承継といいます。

②　参加・引受承継

参加・引受承継とは、紛争主体としての地位を承継した第三者の参加申立て、または第三者に対する引受申立てにより、当事者が変更する場合をいいます。たとえば、家屋明渡訴訟の係属中、家屋が第三者に譲渡（特定承継）された場合などに行われます。

補助参加人に対する判決の効力

補助参加人は当事者ではないため、判決の直接の名宛人となるわけではない。しかし、当事者そのものではないとはいっても、訴訟に参加して積極的な役割を演じた者である以上、参加した訴訟で下された判決から一定の効力が及ぼされるのが妥当である。
そこで民事訴訟法は、補助参加に係る訴訟の裁判（判決）は、補助参加人に対してもその効力を及ぼすことを規定している。ただ、補助参加人は当事者ではないため、その効力は通常の判決のもつ効力とは異なるので注意が必要である（参加的効力）。

Column

なぜ再審制度が設けられたのか

再審とは、確定判決（争うことができないものとして確定した判決）に対して、訴訟手続きに重大な誤りがあったこと（重大な手続き上の瑕疵）や、判決に影響を及ぼすような重要な事項について判断が抜け落ちていたこと（重要事項の判断遺脱）などを理由に、確定判決の取消しと、事件について再度審理することを、判決を行った裁判所に対して求める非常の不服申立て手続きです。

本来、確定判決の取消しを求めることは、法的安定性を害するため原則として許されていません。しかし、判決に重大な欠陥があったような場合に一切救済を認めないのはどうでしょうか。この場合に「判決が確定した以上、もう取り消すことはできない」として、誤りのある判決をそのままにしておいたのでは、訴訟制度への不信をもたらすことになってしまいます。

そこで、例外的に法律が定める再審事由に該当する場合に限り、確定判決の取消しと事件の再審理を認める再審制度が設けられているのです。

再審の訴訟手続きには、その性質に反しない限り、各審級における訴訟手続きに関する規定が適用されます。

再審の申立てがあった場合、裁判所は、再審事由が認められると判断したときは、再審開始を決定します。再審開始の決定が確定すれば、裁判所は不服申立ての限度で、本案の審理および裁判を行います。

裁判所は、本案の審理の結果、原判決と同一の結論になった場合は、再審の請求を棄却することになります。これとは反対に、原判決を不当と認めたときは、原判決を取り消して、新たに判決を行うことになります。

PART 2

日常トラブルを解決するさまざまな訴訟

少額訴訟のしくみ

利用回数や不服申立てが制限されている

■ 原則１回の期日で判決まで行く

民事訴訟の手続きは、一般に時間と費用がかかるといわれています。そのため、知人間の貸し借りなど少額の債権を、裁判所を利用して回収することは躊躇せざるを得ないとも思われます。しかし、このような場合に活用できるのが少額訴訟です。少額訴訟で扱われるのは、60万円以下の金銭の支払請求権に限られています。たとえば、動産の引渡しを請求する訴えなどの場合には、少額訴訟の手続きは利用できません。

また、通常訴訟（通常の民事訴訟）の場合、審理手続きは複数回の口頭弁論の積み重ねの下に行われ、判決が下されるまでに多くの日数がかかります。これに対して少額訴訟では、原則として１回の口頭弁論期日で双方の言い分を聞き、証拠調べを行い、直ちに判決が下されます。この点は、迅速な解決を望む場合には歓迎すべきことですが、他方で、事前準備を十分に行わなければ敗訴するおそれが高いともいえます。

もっとも、特別な事情がある場合は、１回の審理で終わることなく口頭弁論期日が続行となる場合があります。たとえば、重要な証人が病気などで出頭できなくなった場合や、和解の試みなどにより審理の時間が足りなくなった場合です。

通常訴訟では、提出が認められている証拠についてとくに制限はありませんが、少額訴訟では、証拠調べは即時に（すぐに）取り調べることができるものに限られます。少額訴訟が原則１回の口頭弁論期日で審理を終わらせることを前提としているからです。少額訴訟で提出できる証拠としては、出頭してい

少額訴訟の活用

少額訴訟は煩雑な訴訟手続きを簡略化・迅速化させた当事者本人にも利用しやすい訴訟ということができる。裁判官は審理中に釈明権を行使し、当事者に対して質問を行ったり立証を積極的に促すことがある。これによって、法的素養のない当事者（原告・被告双方）の立証や主張が不十分に終わることを防ぐことができる。
話し合いだけでは解決できないトラブルに見舞われた場合には、難しそうだからといって尻込みせずに積極的に少額訴訟を利用するとよい。

一期日審理の例外

少額訴訟は一期日審理が原則だが、「特別の事情」がある場合には、口頭弁論期日が続行されることもある（民事訴訟法370条）。

少額訴訟の対象

対象となるおもな金銭債権

●売掛金　●少額の貸付金　●ホテルなどの宿泊代金　●飲食料金
●サービスメンテナンス料金　●軽い物損事故などの賠償金　●賃金
●慰謝料　●敷金・保証金　●修繕などの請負代金

少額訴訟のポイント

1. **60万円以下の金銭債権であること**
   申立時に訴額60万円で6000円の収入印紙が必要
2. **利用回数が制限されている**
   同じ簡易裁判所への申立ては年間10回までに制限される
3. **審理は原則として1回**
   証拠調べは即時に取り調べることができるものに限られ、審理は第1回口頭弁論期日で終了
4. **不服申立ても制限される**
   控訴・上告は用意されていない。異議申立てだけ

る当事者本人、当事者が連れてきた証人、当事者が持参した書証や検証物などを挙げることができます。

不服申立てについても少額訴訟は大きく異なります。通常訴訟では、判決に不服がある者は、上級裁判所に上訴（控訴・上告）することができます。しかし、少額訴訟は一審限りで、判決に対する控訴は認められていません。その代わり、不服がある場合には、判決をした簡易裁判所に異議申立てができるしくみになっています。異議申立てが認められると、通常訴訟と同等の手続きにより審理されます。

通常訴訟への移行

被告は、第１回口頭弁論期日で弁論をする前もしくは第１回口頭弁論期日の終了前であれば、少額訴訟に同意せず、通常訴訟への移行を申述することができる。この申述により通常訴訟へと移行するので、少額訴訟の手続きが行われなくなる。

異議申立ての手続き

異議申立ては原告・被告どちらでも行うことができる。異議申立てには期限があり、判決書または判決書に代わる調書の送達を受けた日から2週間以内に行わなければならない。異議申立てが受理された後で行われる再審理は、少額訴訟に対する異議であっても即日判決ではなく、通常訴訟と同等の手続きで進められる。
ただし、異議申立てによる再審理で出された判決に対しては、原則としてそれ以上に異議申立てや控訴をすることができないので、注意する必要がある。

Web会議や電話会議による証人尋問

訴訟手続きでは、事実関係を明らかにするために証拠調べが行われる。証拠には、借用書や売買契約書などの物的証拠（物証）の他、証人による証言などの人的証拠（人証）があるが、証人の証言は、原則として証人が裁判所に出廷して行う。
ただし、裁判所が相当と認めるときは、裁判所や当事者双方と証人とが音声の送受信により同時に通話できる方法（Web会議もしくは電話会議）によって証人尋問ができる。

なお、少額訴訟の判決について異議申立てがなされた場合、その後の審理は、判決を出した簡易裁判所で行われます。

■ 利用回数の制限について

少額訴訟は、特定の者による大量の利用を阻止するため、利用回数が制限されています。具体的には、同一の原告が同一の簡易裁判所に行える少額訴訟の申立回数は、年間10回までに限定されています。年間とは、その年の1月1日から12月31日までのことです。被告が裁判に欠席して、いわゆる欠席判決が得られることが強く予想されるケースであれば、通常訴訟を利用しても不便はないでしょう。こうして、少額訴訟の利用回数を減らさず、それを利用するチャンスを温存しておくのも1つの方法です。

なお、利用回数の制限を実効的なものとするため、少額訴訟を提起するときに、その簡易裁判所でその年に少額訴訟を何回提起したかを申告することになります。虚偽の申告をした場合には、10万円以下の過料に処せられます。

■ 支払猶予や分割払いなどの判決

少額訴訟で原告の請求を認容する判決をする場合、裁判所が被告に対して支払猶予や分割払いを認めることがあります。具体的には、裁判所は、被告の資力やその他の事情を考慮してとくに必要があると認めるときに、判決言渡しの日から3年を超えない範囲内において、支払を猶予する定めや分割払いとする定めをすることができます。

■ 訴える相手の所在が明らかでなければならない

通常訴訟では、被告の所在が不明のときは、公示送達という制度により、被告への訴状の送達があったとみなすことができます。これに対し、少額訴訟においては、公示送達の制度を利

少額訴訟手続きの流れ

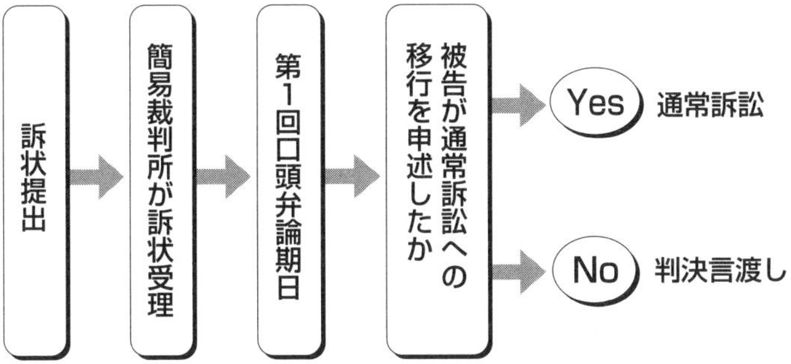

用することができません。簡易で迅速な紛争の解決をめざした少額訴訟では、時間と手間のかかる公示送達の制度は採用されていないのです。つまり、被告としたい者の所在がわからなければ、少額訴訟を利用することができません。そのため、少額訴訟を提起する場合には、被告に直接訴状を送達することができるように、その所在を調べておく必要があります。

公示送達

当事者の所在が不明な場合などにおいて、申出があればいつでも訴状等を送達する旨を裁判所の掲示板に掲示してから一定期間の経過により、その当事者に送達したものとみなす制度。

■ 反訴が禁止されている

通常訴訟では、反訴という制度が認められています。反訴とは、原告が訴えを起こした場合に、被告が、その訴訟手続きを利用し、原告の請求に関連する請求について、原告に対して訴えを起こすことです。しかし、少額訴訟では、この反訴の制度は認められていません。簡易で迅速な紛争の解決をめざす少額訴訟において、反訴を認めていたのでは、即時の解決を図ることができなくなるからです。

2 少額訴訟の審理

被告は通常訴訟への移行を申述することもできる

■ 訴状が受理された後は口頭弁論

原告が訴状を提出すると、口頭弁論期日が決められます。口頭弁論期日の決め方にはいろいろな方法がありますが、本書では、裁判所書記官が訴状を受理した後、裁判所で口頭弁論期日を決め、原告に口頭弁論期日呼出状を送る方式を前提に話を進めます。なお、口頭弁論期日が決まると、被告には訴状と共に口頭弁論期日呼出状と答弁書催告状が送られます。

少額訴訟では、当事者が第１回口頭弁論期日までに、すべての攻撃防御方法（52ページ）を提出しなければなりませんから、迅速に事実関係を整理し、証拠を収集する必要があります。この準備段階で、個々の事実について、裁判所書記官から説明を求められることの他、立証が促されることもあります。また、第１回口頭弁論期日の直前には、裁判所書記官が当事者に面会して、書証などの確認が行われることもあります。

こうして準備が整えられ、第１回口頭弁論期日が開かれたときに、裁判官は、次の事項を当事者に対して説明します。

① 証拠調べは、即時に（すぐに）取り調べることができる証拠に限り可能であること

② 被告は、少額訴訟を通常訴訟（通常の民事訴訟）の手続きに移行させることができるが、被告が第１回口頭弁論期日において弁論をし、または当該期日が終了した後は、通常訴訟への移行ができなくなること

③ 少額訴訟の終局判決に対しては、判決書または判決書に代わる調書の送達を受けた日から２週間以内に、その判決をし

窓口に訴状を出す

通常の場合、少額訴訟の訴状は窓口で説明を受けながら作成するので、素人でも間違いなく提出できる。いったん提出した時点で裁判所側が審査し、問題がなければ受理される。訴状の審査ポイントは、①事件がその裁判所の管轄であるか、②訴状の必要的記載事項がすべて書かれているか、③事件が少額訴訟を提起できる種類のものであるか、④必要額の収入印紙が貼付されているかなどである。

口頭弁論期日が決まるまで

訴状が被告に送達されるのは、訴状の受理後約２週間で、その際に「口頭弁論期日呼出状」が同封される。呼出状には口頭弁論の日時・場所などが記されている。

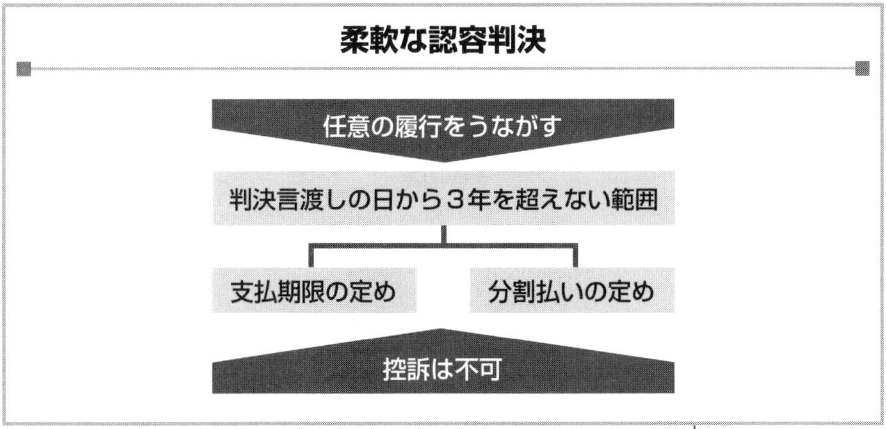

た簡易裁判所に異議を申し立てることができること

少額訴訟の手続きは、原告が一方的に選択するので、被告の防御の利益が害されるおそれがあります。そこで、被告の利益を保護するため、被告には第１回口頭弁論期日に通常訴訟の手続きに移行するように申述する権利が与えられています。ただし、被告が第１回口頭弁論期日に弁論をするか、または当該期日が終了した場合には、通常訴訟の手続きに移行させる旨の申述ができなくなります。

①～③の説明がなされた後は、通常訴訟と同様の手続きがとられ、当事者双方の主張を裁判官が聞き、争いがある事実について証拠調べが行われることになります。

そして、第１回口頭弁論が終わると、原則として直ちに判決が言い渡されます。その際、裁判所は、原告の請求を認容する判決を言い渡す場合には、被告の資力などを考慮して、３年以内の支払猶予（支払期限の定め）もしくは分割払いが定めることもあります。

言い渡された判決は、裁判所書記官によって口頭弁論期日調書に記載されます。判決に不服がある場合、当事者は、異議申立てを行うことはできますが、控訴はできません。

一期日審理の原則

1回の期日で終わらせるためには、事前に入念な証人・物証の確保が必要

■ 1回の期日で審理が終了して判決を下すのが原則

少額訴訟は1回の期日（口頭弁論期日）で審理が終わるのが原則ですが、これは一期日審理の原則と呼ばれています。少額訴訟は迅速な紛争の解決を主目的に置いています。1回の期日で審理を終わらせるためには、入念な準備を整える必要があります。そこで、しっかりとした準備をしておくために役に立つのが手続教示です。手続教示とは、少額訴訟の審理に関する必要な手続きおよび準備に関しての説明のことです。

手続教示

簡易裁判所では担当書記官が手続教示を行っているので、訴状を提出する時などに遠慮なく問い合わせてみるとよい。

■ 証拠書類はいつ提出するのか

通常訴訟（通常の民事訴訟）であれば、複数回の期日を経ることによって裁判官の心証が少しずつ積み重ねられていきますが、少額訴訟は「一期日審理」が原則ですから、審理当日にいかに証拠がそろっているかが、自らに有利な判決を得るための重要な決め手となります。少額訴訟の証拠調べは、すぐに取り調べることができる証拠に限られているからです。

証拠書類の提出

証拠のうち証拠書類の提出は、通常訴訟と同じで審理当日（口頭弁論期日）に行うが、訴状には証拠書類のコピーを添付することが必要である。

■ 証人尋問の手続き

少額訴訟でも証人尋問を行うことは可能ですが、証人尋問を行いたい場合には、裁判所に前もって申出をしておく必要があります。通常訴訟では、尋問の順番について「交互尋問制」というシステムがとられています。しかし、少額訴訟では、尋問の順番を裁判官の判断で変更することができます。

交互尋問制

通常訴訟では、①申請した当事者（主尋問）、②相手方当事者（反対尋問）、③裁判官（補充尋問）の順番で尋問を行うことになっている。

他に通常訴訟と少額訴訟で異なる点としては、尋問事項書の

１回の期日で審理を終わらせるための工夫

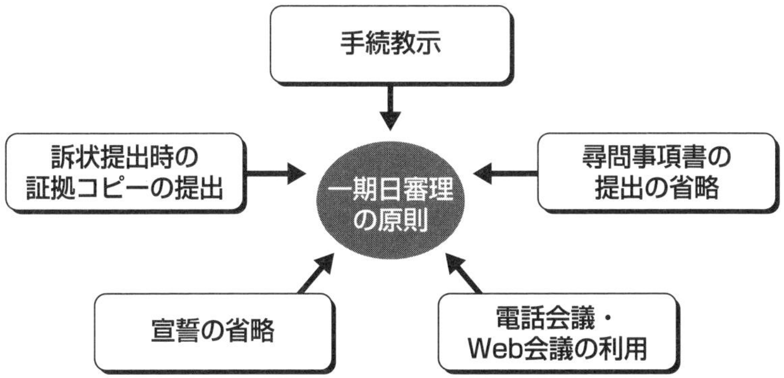

提出の省略が挙げられます。これらはすべて審理を迅速に終了させるための配慮です。したがって、専門家の厳密な鑑定が必要な物的証拠がある場合や、直接現場に行って検証を行わなければならない場合、証人が多数存在して審理が長引くことが最初からわかっている場合は、少額訴訟ではなく通常訴訟を提起するのが妥当といえます。

少額訴訟では実際の契約の場に同席した人などの証言が重要な証拠となりますが、１回の期日で審理が終わるのが原則ですから、勝訴するには当日の証人の確保が非常に大切です。証人が仕事や病気、遠隔地に住んでいるなどの理由で、期日に証人が出廷できない場合には、電話会議またはWeb会議（テレビ会議）を利用します。

証人尋問は、証人の言葉ばかりではなく、その態度などから信憑性を判断するものですが、どうしても証人の出廷が期日当日に不可能な場合には、期日を延期せず、電話会議またはWeb会議を利用することになるでしょう。これは少額訴訟の迅速性を保持するための特別な配慮といってよいでしょう。

偽証を防止するための宣誓

少額訴訟では「証人の尋問は、宣誓をさせないですることができる」（民事訴訟法372条１項）との規定があるので、証人の宣誓は省かれることが多い。

電話会議・Web会議の利用

通常訴訟では、証人尋問はWeb会議による実施のみ可能とされているが（20ページ）、少額訴訟では、電話会議・Web会議の双方の利用が可能とされている。電話会議・Web会議の利用に際しては、あらかじめ裁判所に利用を申し出ておく必要がある。

訴状提出から出頭まで

審理はラウンドテーブル型の法廷で行われる

■ 通常訴訟とは法廷のしくみが異なる

少額訴訟は通常訴訟の煩雑な手続きを簡略化し、誰でも簡単に利用できるようにという考慮の元に作られた制度です。このため、審理も心理的圧迫感の少ないラウンドテーブルの法廷で開かれるようになっています。通常訴訟では裁判官が一段高いところに座り、原告と被告がその左右に向かい合って座る厳粛な法廷で審理が開かれますが、少額訴訟では裁判官も当事者も高低なく座って審理が進められていきます。少額訴訟を起こす人は一般人が多いため、ラウンドテーブル型の法廷で審理を行うことによって、心理的に不必要なプレッシャーを受けずに陳述などを行うことができます。

事件番号を忘れずに

訴状が受理された時点で事件番号を記載した紙を交付されることがあるが、この事件番号は問い合わせや手続きの際に必要なものなので、紙を紛失しないように注意しなければならない。念のため、手元に事件番号を控えておくとよい。

■ 出廷当日の対応

裁判所には、口頭弁論期日呼出状に記載された日時に出廷します。少額訴訟は原則１回の期日（口頭弁論期日）で審理が終わりますので、証人がいる場合は当日の出席をしっかりと確認しておきます。当日は遅刻したりしないように、時間的余裕をもって裁判所に到着したいものです。

期日の当日は証拠書類や録音機など、証拠となるものはすべて忘れずに持参しなければなりません。訴状を提出する際に証拠書類のコピーも一緒に裁判所に出しているはずですが、必ずオリジナルのもの（原本）を持参するようにします。

そして、指定された番号の法廷に出廷し、裁判所書記官に呼出状を提示するなどして、当事者本人の確認を受けます。

どんな人が審理に立ち会うのか

威圧感のある法廷ではなく、同じ高さの目線でラウンドテーブルに座って行われるのが少額訴訟だが、審理に立ち会う人は通常訴訟とほぼ同じである。出廷するのは、①当事者双方（訴訟を提起した原告と訴訟を起こされた被告）、②裁判官、③書記官、④司法委員、⑤傍聴人など。

少額訴訟が行われる法廷

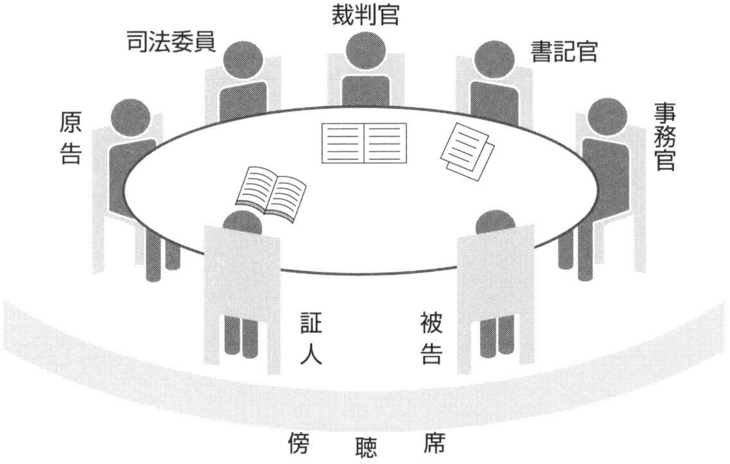

■ 口頭弁論が開かれるまでの手続き

大まかな流れは通常訴訟と同じですが、いくつかの点が簡略化されているのが少額訴訟の特徴です。審理はまず、当事者本人の確認を行うことから始まります。本人確認が終われば、法廷で裁判官の入廷（到着）を待ちます。

裁判官が入廷したところで起立・お辞儀をして迎え、続いて裁判官による手続きの説明が行われます。ここでは、通常訴訟では認められていない少額訴訟特有の手続きなどについての説明が行われます。それから、通常訴訟への移行を希望するか否かの確認が被告に対して行われます。これは、簡略化されていない通常訴訟で紛争を解決する意思が被告にある場合に、被告が通常訴訟を利用する権利を守るための手続きです。

そして、被告側に通常訴訟への移行の希望がないことが確認されれば、その時点で少額訴訟の審理が開始されます。

当日の様子

開廷時間に遅刻すると、無断欠席とみなされ、敗訴してしまう可能性があるので注意したい。当事者が間違いなく本人であるかの確認は裁判所書記官が行う。この際に証拠品や書類などを持ってきているかどうかの確認も行われる。

通常訴訟への移行の希望の有無

少額訴訟は複雑な取調べや本格的な証拠や証人が多数存在するような事件を裁くには不向きである。被告側に通常訴訟への移行の希望がないことが確認されれば、その時点でようやく審理が開始される。

PART2
5

口頭弁論を欠席した場合の取扱い

原告の欠席が請求棄却につながるおそれもある

■ 当事者が口頭弁論を欠席するとどうなる

少額訴訟の場合も、通常訴訟（通常の民事訴訟）と同様に、口頭弁論期日に当事者が欠席するという事態が生じることがあり得ます。一口に当事者の欠席といっても、誰が欠席するかによって状況は異なってきます。

①　原告が欠席した場合

原告Ａが被告Ｂに借用書をとって50万円を貸し、３年間に渡って再三返済を要求したが、Ｂは一向に返済に応じようとしないという事例で見てみましょう。Ａが欠席したために証拠が提出されず、しかも被告Ｂが50万円を借りた事実を一切認めない場合には、裁判官は請求棄却判決、つまり原告の主張する請求を認めない旨の判決を下さなければならなくなります。

一方、Ａが欠席してもＢが出席して50万円を借りたという事実を認め、「１か月後に返済する」と弁論するケースも考えられます。この場合には、裁判官が原告勝訴の判決を下すことがあります。

②　被告が欠席した場合

被告が欠席した場合は、被告が答弁書を提出しているか否かで状況が変わってきます。訴訟を迅速に解決するために、通常訴訟では、第１回口頭弁論期日において「陳述擬制」という制度が定められており、この制度の適用によって、Ｂが欠席しても答弁書を提出していれば、出席して答弁書の内容を法廷で弁論したのと同じ扱いになります。前述した例で、もしＢが「50万円を借りていない」と答弁書で主張していれば、ＡはＢに貸した事実を証明しなければなりません。

陳述擬制

当事者の一方が、第１回口頭弁論期日に欠席した場合に、すでに提出してある訴状や答弁書、その他の準備書面に記載されている事項が陳述されたものとみなされる制度（民事訴訟法158条）。

当事者が口頭弁論を欠席した場合

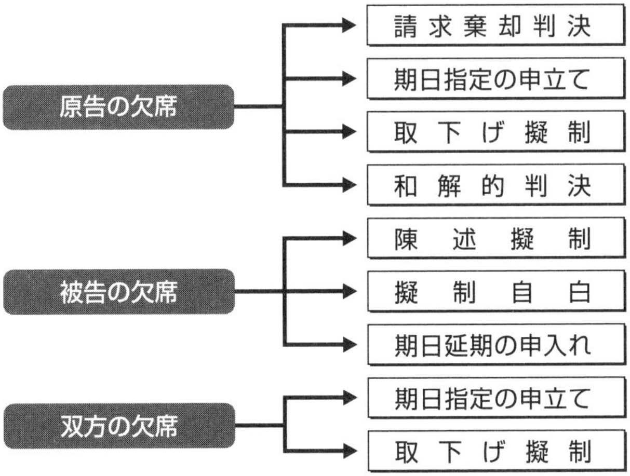

逆に、第１回口頭弁論期日に欠席したＢが答弁書を提出していない場合は、ＢがＡの請求をまったく争う気がないわけですから、擬制自白が成立するものとして、裁判所によって請求認容判決、つまり原告の主張する請求を認める判決が下される可能性が高くなります。

■ 少額訴訟と陳述擬制

通常訴訟の場合、陳述擬制は当事者の一方が第１回口頭弁論期日に欠席した場合にのみ認められる制度でした。しかし、少額訴訟などの簡易裁判所で行われる訴訟手続きについては、当事者の一方の続行期日における欠席についても陳述擬制の制度が適用されます（民事訴訟法277条）。

また、少額訴訟の場合、原則１回の期日で審理を終わらせることを前提としていますが、当事者が欠席したケースでは、口頭弁論が続行されることもあります。

擬制自白

民事訴訟法上、相手方の主張する事実を明らかに争わない場合、その事実を自白したものとみなされる（民事訴訟法159条）。これを擬制自白という。事実審の口頭弁論終結時においてその成否が判断される。

期日延期の申入れ

被告の欠席について事故、重病、身内の葬儀といった理由がある場合に限り、期日延期の申入れを被告が行えば、口頭弁論期日を後日に延ばすことが認められる場合がある。

即日判決

即日判決制度を採用することで紛争を迅速に解決する

■ 効果は通常の裁判と同じ

即日判決とは、原告・被告双方が裁判所に出向く口頭弁論期日のその日に（口頭弁論の終結後直ちに）判決を言い渡すことをいいます。

通常訴訟（通常の民事訴訟）の場合、何度かの口頭弁論期日を設けて主張の陳述や証拠調べなどが行われ、その後に判決が言い渡されますので、どうしても終結までに時間がかかります。このことを考えると、即日判決は相当の時間短縮が図れることになります。

即日判決とはいえ、裁判所が出す判決であることに変わりはありませんから、その効果は通常訴訟の判決と同じです。相手方が確定した判決に従わない場合は、強制執行によって判決内容を実現させることもできます。

口頭弁論期日に判決が言い渡される少額訴訟ですが、だからといって十分な審理もなく、無理に判決内容を決めることはできません。民事訴訟法374条では、「特別の事情がある場合」にはその日に判決を言い渡さないことを認めています。

■ 調書判決という形態もある

少額訴訟においては判決書を作成しなくても判決の言渡しができるとされています。

裁判官からの判決言渡しは口頭で行われますが、その内容は「調書」という文書にされ、当事者双方に送達されます。このような形態を調書判決といいます。

即日判決の問題点

早く判決が出る分、審理にかけられる時間が短いという特徴もある。このため、勝訴判決を得るためには、口頭弁論期日までにできるだけ自分の主張を裏付ける確実な証拠や証人を準備しなければならないということになる。

特別の事情

次のような事が考えられるが、とくに具体的な条件などが決まっているわけではなく、そのつど裁判官が判断する。

①１回の口頭弁論期日では十分な審理ができない分量の主張が陳述されたり証拠が提出された場合
②当事者や重要証人が事故等でやむを得ず出頭できなかった場合
③心証を左右する新たな証拠の申出がなされた場合

特別な事情のある場合

改めて別の期日が設定されるか、通常訴訟の手続きに移行することになるが、現実には相当の「特別の事情」がなければ別の日程をとるようなことはない。

少額訴訟の判決の特徴

■ 和解的判決は少額訴訟の特徴とも言える判決

民事訴訟法375条では、少額訴訟の場合、被告の資力などを考慮し、支払期日の猶予もしくは分割払いを認める判決を下すことができるとしています。もっとも、支払期日の猶予や分割払いの期間は判決言渡日から３年を超えない範囲内であり、分割払いを一度でも怠った場合は残金の一括支払を請求できる(期限の利益の喪失という）という特約が設けられます。

しかし、その期間内であれば強制執行を受ける心配がないわけですから、被告にとってもかなり安心できる判決といえます。このような判決を和解的判決と呼ぶこともあります。

■ 仮執行宣言がつけられている

少額訴訟において、原告の請求を認める内容の判決が出される場合には、裁判所の職権で仮執行宣言をつけることが義務付けられています（民事訴訟法376条)。通常、仮執行宣言を受けるためには原告が裁判所に申し立てる必要がありますが、少額訴訟の場合、とくに迅速な解決が求められるため、即日判決の時点で仮執行宣言がつけられることになっています。

判決書の省略

通常訴訟では、判決書には主文、事実、理由など判決の過程で明らかになったことや、判決に至る経緯といったことが書かれているが、判決書の内容は複雑になるため、その作成には日数がかかる。この手続きを行うのでは即日判決の利益が損なわれるため、判決書を作成しなくても判決の言渡しができるとされている。

仮執行宣言

本来なら強制執行は判決が確定するまで行うことができないが、それでは被告が控訴したり、異議を申し立てている間に被告の財産がなくなるなどして、原告が不利益を被ることにもなりかねない。仮執行宣言とは、このような状態を解消するため、判決が確定していなくても強制執行できるという許可を与えることをいう。

訴状と答弁書の書き方

訴状の中核は請求の趣旨と紛争の要点

■ 訴状を提出する

通常訴訟（通常の民事訴訟）と同様、訴状は同じものを３通作成する必要があります。裁判所に提出する正本、被告に送られる副本（コピー）、自分の下に置いておく控えです。訴状を提出する際には、郵券（郵便切手）を納める必要があります。郵便切手は、訴状の副本と呼出状を被告に送るためなどに使われます。訴状を提出し終えると、裁判所が扱う個々の事件を識別するための番号が決められます。これを事件番号といいます。

請求内容は「請求の趣旨」欄に記載します。請求の趣旨と関連して「請求の原因」（訴状中の「紛争の要点」の部分）を記載します。請求の原因とは、請求の趣旨がどのような法律関係に基づくのかを特定するための記載です。少額訴訟の場合、通常訴訟における訴状のように、法的に構成される必要はありません。わかりやすく書くことを心がけておけばよいでしょう。

■ 訴えられた側の答弁書の記載方法

簡易裁判所には、被告の答弁書についても、訴状と同様に簡略化された定型用紙が用意されています。法的知識を十分もたない人でも利用できるように配慮がなされているのです。答弁書は、原告の主張に対して、どのような反論がなされているのかということの趣旨が理解できればよく、詳細な記載までは必要ないとされています。なお、少額訴訟でなく通常の手続き（通常訴訟）による審理および裁判を求める場合は、答弁書の冒頭にあるチェック欄にチェックマークを入れます。

訴状や答弁書のオンライン提出

令和４年（2022年）成立の民事訴訟法改正で、訴状や答弁書のオンライン提出が可能になった（19ページ参照）。

事件番号

裁判所によって個々の事件を識別するためにつけられるもの。後で、訴訟に関して、裁判所に問い合わせをする場合に必要となるため、事件番号は、必ず確認して、訴状の控えに書きとめておくとよい。

訂正用の印鑑

裁判所の窓口は受理を拒むことができない決まりになっているが、訴状に不備がある場合には訂正を求められることがあるので、訂正用に印鑑だけは持参した方がよい。

訴状の書き方

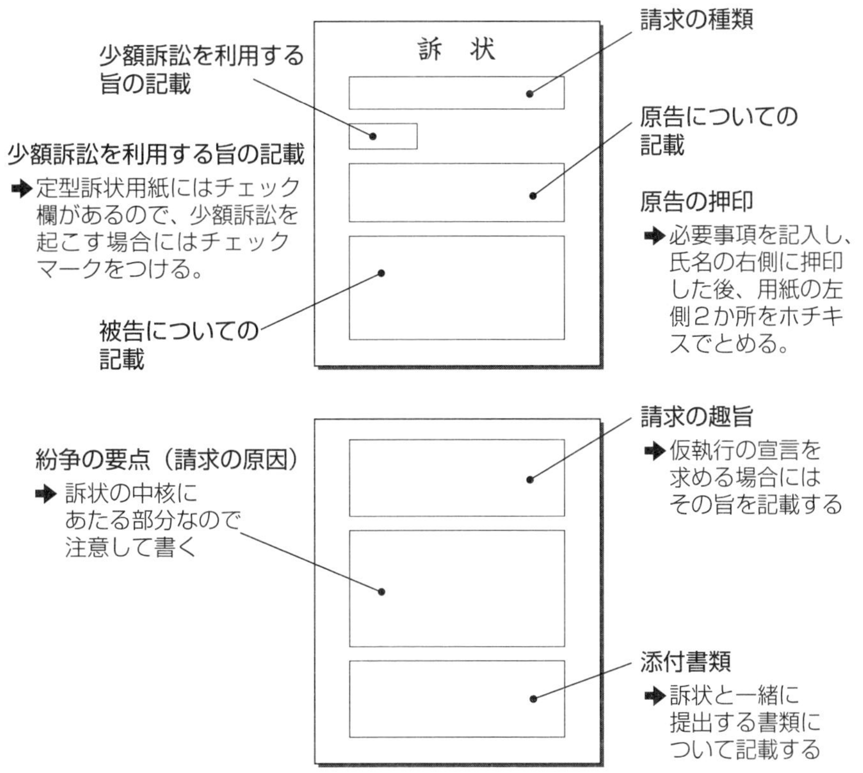

答弁書を提出することによって、訴えられた側は反撃を開始します。答弁書は、催告状に記載された答弁書提出期限までに裁判所に提出します。

少額訴訟の場合、答弁書には、①事件番号、②原告の氏名、③被告の住所・氏名・電話番号、④被告の押印、⑤答弁書の作成年月日、⑥裁判所名（部・係も書く）、⑦答弁書の表示、⑧請求の趣旨に対する答弁（答弁の趣旨）、⑨請求の原因に対する答弁（答弁の理由）、⑩添付書類、についての事項を書きます。

8 手形訴訟・小切手訴訟

証拠調べの対象は原則として手形などの書証に限られる

■ 簡易性・迅速性を重視した手続き

通常訴訟（通常の民事訴訟）では、原告が訴えを提起してから判決が下されるまでに早くても数か月、遅ければ数年かかります。しかし、それでは手形や小切手のように決済の簡易性かつ迅速性が強く要求される場合は不適当です。そこで、手形訴訟・小切手訴訟という特別の訴訟手続きが用意されています。

まず、口頭弁論期日が原則１回で終了します。次に、証拠調べの対象が書証（手形や小切手、契約書、領収書などの書面の内容が証拠になるもの）に限られます。また、本人尋問は許されますが、証人尋問などは許されず、反訴も認められません。

反訴
係属している訴訟の被告が、その訴訟手続を利用して原告に対して提起する訴えのこと。

このように証拠調べの範囲が限定されている、反訴が許されないといった制限があるため、訴訟手続きは短期間で終了します。さらに、手形訴訟・小切手訴訟では原告勝訴の判決が下されると、原則として無担保の仮執行宣言がつきます。仮執行宣言がつくと、判決確定前でも強制執行をすることができます。

被告が判決に付された仮執行宣言による強制執行の停止を求めるためには、その理由を疎明しなければならなくなり、しかも請求金額とほぼ同額の保証金を裁判所に提供しなければなりません。したがって、実際には、被告が強制執行の停止を求めることは非常に困難です。

疎明
裁判官が確信をもって納得していないまでも、一応確からしいと納得していること。判決に大きな影響を与えるような事実以外の事実については疎明で足りる。

このように、手形訴訟・小切手訴訟において原告勝訴の判決が下されると、たとえ被告が異議を申し立てて判決の確定を阻止しても、原告はすぐに強制執行の申立てができるのです。

手形・小切手訴訟の手続きの流れ

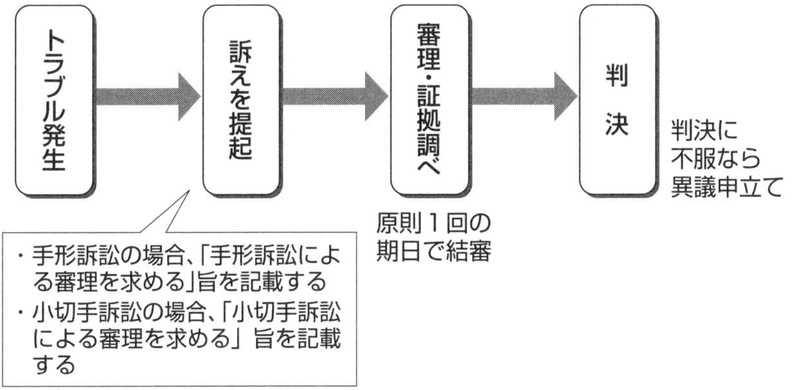

■ 手形訴訟・小切手訴訟の手続きの流れ

手形訴訟・小切手訴訟も、原告が訴状を裁判所に提出することから開始します。管轄裁判所については、通常訴訟と同様に考えてかまいません。

訴状には、手形訴訟・小切手訴訟による審理・裁判を求める旨の申述を記載し、手形・小切手の写しを提出しなければなりません。裁判所は、訴状を受理すると口頭弁論期日を定め、当事者を呼び出します。口頭弁論で行われることは、通常訴訟と同様ですが、前述のように、証拠調べの対象は原則として手形などの書証に限られます。

弁論終結後に下される判決に対しては、２週間以内に異議申立てをすることができ、異議申立てがあれば、改めて通常訴訟の手続きがとられます。これに対応して、原告も手形訴訟・小切手訴訟の途中で、通常訴訟への移行を申し立てることができます。なお、異議申立ての後、通常訴訟の手続きがとられた場合は、その判決に対して控訴を行うことも可能になります。

管轄裁判所

訴額が140万円を超える場合であれば地方裁判所、140万円以下であれば原則として、簡易裁判所へ訴えを提起する。また、被告の住所や本店所在地を管轄する裁判所の他、手形や小切手の支払地を管轄する裁判所に訴えることもできる。

支払督促

金額に関係なく利用することができる

■ 簡易裁判所の裁判所書記官に申し立てる

支払督促は、簡易裁判所の裁判所書記官を通じて、債務者である相手方に対して、金銭や有価証券などの給付をするように求める手続きです。

相手方との間で債権が存在することについて争いがない場合に支払督促の効果があります。ただし、相手方が支払督促に対して異議申立てを行うと、支払督促の内容そのものの争いとなるため、通常の民事訴訟手続へと移行します。したがって、相手方の対応次第で通常の民事訴訟手続へと移行してもかまわない場合に、支払督促を利用するのが一般的です。

支払督促の申立てを行う場合、債権の金額について制限はありません。また、140万円を区切りとした簡易裁判所と地方裁判所の管轄の違いもなく、必ず簡易裁判所の裁判所書記官に申し立てることになります。

支払督促の申立てを受けた裁判所の裁判所書記官は、申立ての内容について審査を行いません。申立ての内容が正しいかどうかを判断せずに手続きを進めるわけです。裁判所書記官は、申立てについて形式的な要件を充足しているかどうかを審査します。たとえば、同じ内容の申立てを二重に行うこと（二重申立て）は無意味であるため、形式的に判断された上で却下されます。審査は、申立て時に提出された書面を形式的に確認する方法で行われます。要件を充足していない場合、支払督促の申立ては却下されます。

支払督促の対象となる債権は、金銭や有価証券などの一定数

却下
申立ての内容を判断することなく申立てを退けること。

支払督促手続きの流れ

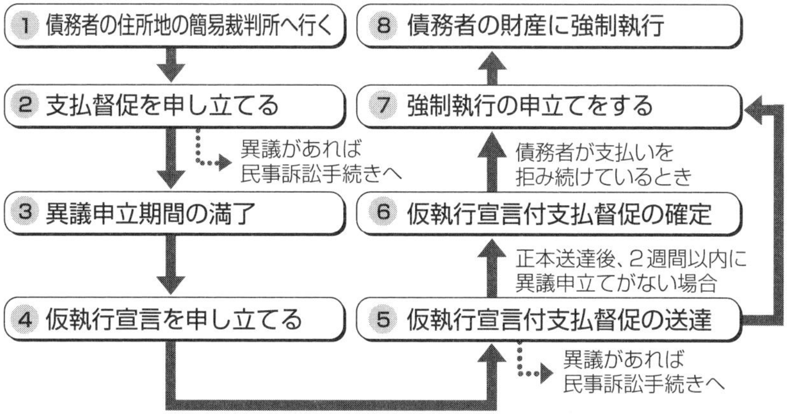

量の給付請求権ですが、その支払期限が到来していることが条件になります。支払期限が到来していなければ、原則として支払督促はできませんが、約束手形の支払督促でその振出人が破産した場合や、債務者が持っている期限の利益を喪失した場合など、一定の場合には支払期限の到来前の支払督促が認められることがあります。

期限の利益
支払期限が来るまで債務者に支払猶予が与えられるという利益のこと。

■ 支払督促の申立てを行う簡易裁判所はどこか

支払督促の申立ては、相手方が個人の場合には、相手方の住所地を管轄する簡易裁判所の裁判所書記官に対して行い、相手方が法人の場合には、事務所や営業所の所在地を管轄する簡易裁判所の裁判所書記官に対して行います。

管轄があっているかどうかの判断は、申立書に記載される債務者の住所地や法人の事務所・営業所の所在地から判断されます。記載された住所地や所在地が申立てを受けた裁判所の管轄ではない場合、支払督促の申立ては却下されます。相手方の住所地や所在地が申立書の記載内容とは異なっており、申立てを受けた裁判所の管轄ではなかった場合も、支払督促の申立てが却下されます。また、支払督促の請求に理由がないことが明らかな場合も、支払督促の申立てが却下されます。

■ 申立書の提出や費用

申立書や添付書類に不備があると補正処分を受けたり申立てが却下されたりするので、申立書や添付書類には正確な内容を記載しなければなりません。そして、債権者が支払督促を申し立てると裁判所書記官がその内容を審査し、形式的な要件に問題がないと判断すると債務者に支払督促（正本）が送達されます。送達方法は特別送達という発送方式がとられています。

また、支払督促を申し立てるには、申立手続費用が必要ですが、かかった費用は、最終的には相手方である債務者に負担させることができます。費用の内訳は、①申立手数料、②支払督促正本送達費用、③支払督促発付通知費用、④申立書作成および提出費用、⑤資格証明手数料に分けられます。なお、弁護士や司法書士に委任した場合にかかる費用については、申立手続費用に含めることはできません。

資格証明手数料
資格証明書の取得に要した費用のこと。

■ 仮執行宣言がつけられると効力が異なる

債権者の「金50万円を支払え」という内容の支払督促の申立てに対して、債務者が素直に50万円を支払えば事件は終了します。しかし、債務者が支払おうとせず放置している場合、債権者が債務者の財産に強制執行をするには、支払督促とは別に仮執行宣言の申立てをしなければなりません。

民事訴訟法では、支払督促に不服がある債務者は、支払督促を受け取った日から２週間以内に異議申立てができるとしています。債務者が異議申立てを行うと、通常訴訟（通常の民事訴訟手続）に移行します。その通常訴訟で債権者が勝訴判決を得

申立書と添付書類

申立書	① **申立書** 「表題部」「当事者目録」「請求の趣旨及び原因」によって構成されている。記載事項は、申立年月日、債権者の氏名・住所、債務者の氏名・住所、請求の趣旨、請求の原因など。
	② **目録などの数** 「当事者目録」「請求の趣旨及び原因」。申立人の分を含めて原則として、それぞれ3通提出する。
おもな添付書類	① **申立手数料（印紙）** 収入印紙を申立書に添付して納める。
	② **支払督促正本送達用の切手を貼った封筒** 裁判所から債務者に支払督促正本を送達（郵送）する際にかかる費用。特別送達といって、通常の郵送方法より高額。債務者１人につき、1000円程度。
	③ **支払督促発付通知用の切手を貼った封筒** 裁判所から債務者に支払督促正本の送達と同時もしくはその後に債権者に対して発付される通知に用いる。通知は普通郵便。
	④ **資格証明書** 法人の登記事項証明書や法定代理人が申し立てる場合の戸籍謄抄本などのこと（500円前後で取得できることが多い）。

て確定すれば、執行文の付与を受けて債務者の財産に強制執行をすることができます。

強制執行は、通常訴訟の場合だけでなく、仮執行宣言の付いた支払督促の場合も行うことができます。これらの支払督促に関する一連の手続きによって、債権者は、支払督促を申し立てた後、２か月程度で強制執行手続きによって金銭の回収を図ることが可能になります。なお、債権者が仮執行宣言の申立てができる時から30日以内にその申立てをしないと、支払督促が失効するので注意してください。

仮執行宣言の申立ては、支払督促の申立てをした裁判所に書面を提出する必要があります。内容としては、仮執行宣言を求める旨や手数料などを記載します。申立てが認められると、仮執行宣言付支払督促の正本が債権者と債務者の双方に送達されます。送達後２週間以内に債務者の督促異議があったときは通常訴訟に移行します。

督促異議

債務者には、仮執行宣言前の支払督促に対する督促異議の機会と、仮執行宣言後の支払督促に対する督促異議の機会がある。いずれの場合も、督促異議があったときは、通常訴訟に移行し、債務の存否について法廷で決着を図ることになる。

労働審判

原則3回以内の審理でトラブルを解決することができる

労働審判にする意味

訴訟となると、弁護士への依頼費用や時間もかかる。労働審判では、原則として3回以内で審理が終了するとされているため、迅速に解決を図ることが可能になる。審理は約1か月おきに行われるので、3回の審理で3～4か月あれば、通常は結論がでる。

個別労働関係紛争

労働審判法の対象となる個別労働関係紛争には、解雇、賃金カット、残業代未払、整理解雇代未払などがある。セクハラ被害については、加害者個人を相手方とした申立てはできないが、使用者にも責任があるとして、使用者を相手方として労働審判を申し立てることはできる。

労働審判の対象にならないもの

労働組合を通じて労働者全体として争うもの（労働組合と使用者との争い）は対象外である。使用者・労働者間の借金トラブルや労働者同士の紛争も対象外である。公務員の身分に関する争いも対象外になる。ただ、公務員もセクハラ被害については対象になる。

■ 訴訟よりもスピーディに解決できる

労働者と使用者との間の紛争の解決手段は、大きく分けて2つです。その1つは、都道府県労働局などの行政機関によるあっせんで、1つが、裁判所による労働審判や民事訴訟などです。労働審判は、労働審判法という法律に基づき、裁判官（労働審判官）1名と専門的知識をもつ労働審判員2名で組織する労働審判委員会が調停を試み、解決に至らない場合は実情に即した解決を図るために審判を行う制度です。労使間の紛争を迅速・適正に解決を図ろうとするのを趣旨としています。

労働審判の対象は個別労働関係紛争、つまり労働契約の存否その他の労働関係に関する事項について個々の労働者と事業主との間に生じた民事に関する紛争です（労働審判法では「個別労働関係民事紛争」といいます）。ただ、個別労働関係紛争であっても、労働審判に適しないケースがあります。労働審判は原則として3回以内の審理で終了します。そのため、3回以内の審理でトラブルが解決しそうにないケースの場合には、労働審判ではなく別の手続きを利用した方がよいでしょう。たとえば、賃金差別のトラブル、過労死による損害賠償請求、整理解雇のトラブルなどは、審理が長期化する傾向があるため、最初から通常の民事訴訟を検討した方がよいかもしれません。

■ 労働審判の手続き

労働審判の申立ては、相手方の事務所の所在地などを管轄する地方裁判所に対して書面によって行います。申立手数料は通

労働審判手続きにおける調停と審判

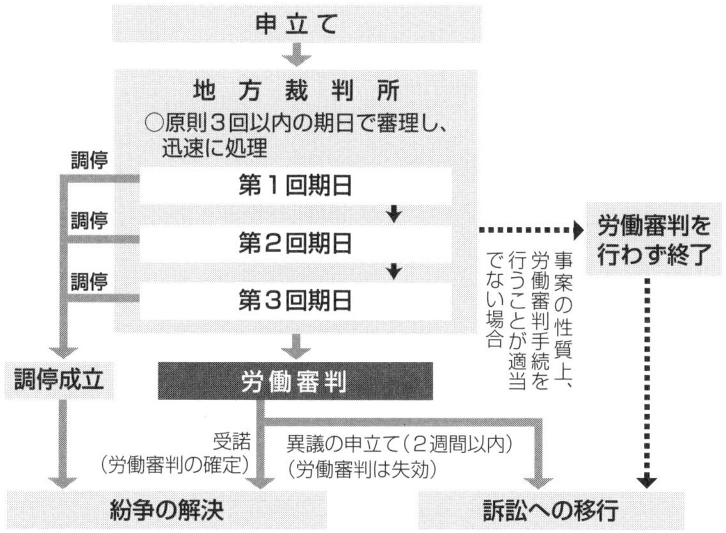

常の民事訴訟の半額です。たとえば、80万円の未払い賃金の支払いを求める場合には4000円の手数料が必要です。

その後、当事者の意見陳述の聴取や争点・証拠の整理は素早く行われ、原則3回以内の期日で審理が終了します。手続きは非公開で行われ、労働審判委員会が相当と認めた者だけが傍聴を許されます。原則として調停による解決をめざしますが、調停に至らないときは、一定の法的拘束力をもつ審判がなされます。

もっとも、審判に不服のある者は、2週間以内に異議申立てをすることができ、その場合は、民事訴訟の手続きに移行することになります。また、労働審判委員会は、事案の性質上、審判を行うことが紛争の迅速・適正な解決につながらないと考えるときは、審判手続きを終了させることができ、民事訴訟の手続きに移行することになります。

整理解雇
経営不振による合理化など、経営上の理由に伴う人員整理のこと。

代理人を立てる場合
手続きの適正を確保するため、弁護士を代理人としなければならない。

PART2
11

日常トラブルを解決するさまざまな訴訟

消費者団体訴訟

消費者被害の発生・拡大を防止するために制度化された

■ どんな制度なのか

消費者団体訴訟制度とは、適格消費者団体が、消費者への不当行為に対する差止請求権を、消費者に代わり事業者に対して行使することを認める制度です。さらに、特定適格消費者団体には、消費者に生じた被害の回復を求める被害回復請求権を、消費者に代わり事業者などに対して行使することも認められます。消費者団体訴訟制度は消費者契約法をめぐるトラブルだけでなく、特定商取引法や景品表示法、食品表示法をめぐるトラブルも対象に含まれます。したがって、適格消費者団体等は、消費者契約法だけでなく、特定商取引法や景品表示法、食品表示法上の不当行為についても差止請求等を行うことができます。

■ 適格消費者団体・特定適格消費者団体とは

消費者問題に取り組む団体は全国に数多くありますが、事業者に対して差止請求を行うことができる適格消費者団体は、令和５年８月末時点で25団体あります。適格消費者団体だけに差止請求権を認めているのは、差止請求が、本来は自由に行えるはずの事業活動を制限する性質があるからです。

つまり、真に消費者の権利を保護する目的で差止請求をしている団体であるかどうかを国が確認した上で、その団体だけに差止請求権を与えているのです。

さらに、適格消費者団体の中から、一定の要件を満たす団体として内閣総理大臣の認定を受けた団体のことを特定適格消費者団体といい、令和５年８月末時点で４団体あります。特定適

なぜ消費者団体訴訟制度が導入されたのか

消費者契約による被害は、事業者が不特定多数の消費者を対象として事業を展開しているため、同様の被害が多数発生するという性質を持っており、被害発生後に個々の消費者を救済するだけでは十分な対応をとることが難しい状況にあった。
そこで、消費者被害の発生または拡大を防止するため、そしてすでに発生した被害の回復を事業者に行わせるための手段として、消費者団体訴訟制度が導入された。

適格消費者団体の認定

適格消費者団体として認定されるためには、①差止請求関係業務を適正に遂行するための組織体制や業務規程が適切に整備されていること、②差止請求関係業務を適正に遂行する上で十分な経理的基礎があること、③差止請求関係業務以外の業務を行う場合に、その業務を行うことによって差止請求関係業務の適正な遂行に支障を及ぼすおそれがないこと、といった要件を満たした上で、内閣総理大臣の認定を受けなければならない（消費者契約法13条）。

消費者団体訴訟のしくみ

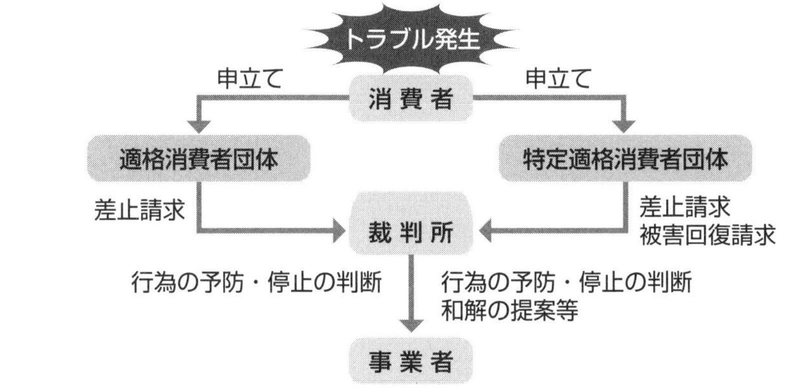

格消費者団体は、差止請求権と共に、被害回復請求権も行使することができます。

■ 差止請求の対象と差止請求を行う場合の手続

差止請求の対象となる不当行為は、事業者が真実でないことを述べて勧誘した場合や、消費者にとって不利益になる事実を伝えずに勧誘した場合などです。また、契約書に事業者の損害賠償責任を全額免除する条項や、消費者を一方的に害する条項など、消費者契約法に反する条項が置かれている場合も、差止請求の対象になります。

これらの不当行為が明らかとなった場合、適格消費者団体は、事業者に対し、ⓐ不当勧誘行為をやめるように求める（停止・予防）、ⓑ不当条項を規定した契約を締結しないように求める（停止・予防）、ⓒ事業者が作成した従業員向けの勧誘マニュアルなどの廃棄を求める（停止・予防に必要な措置）、といった内容の差止請求をすることができます。

ただし、当該適格消費者団体や第三者の不正な利益を図るこ

差止請求の判決の効力

差止請求に係る訴訟の判決の効力は、当事者である適格消費者団体と事業者の間にしか及ばない。しかし、適格消費者団体が勝訴すれば、事業者は差止めを命じられた不当勧誘行為や契約締結を停止しなければならず、実質的に消費者全体に対し判決の効力が及ぶのと同じ結果が得られる。

差止請求ができない場合

本文に記載された場合の他、適格消費者団体を当事者とする差止請求に係る訴訟などにつき、すでに確定判決など（訴え却下の確定判決などを除き、確定判決およびこれと同一の効力を有するもの）が存在する場合において、請求の内容および相手方が同一である場合も差止請求ができない（消費者契約法12条の2）。

とや、当該請求に係る相手方（事業者）に損害を加えること、つまり請求者に不正目的がある場合には差止請求が認められません。また、他の適格消費者団体と連携協力を図るなどして、差止請求権を適切に行使しなければなりません。さらに、適格消費者団体の従業員などは、差止請求関係業務を行うにあたって知ることができた消費者の秘密（個人情報など）を漏えいしてはいけません。

請求権者や要件

差止請求権が適正に行使されるようにするため、請求権者（原告となるべき者）は適格消費者団体に限定されている。また、相手方（被告となるべき者）が消費者契約法や景品表示法などに違反する行為を行っているか、または行うおそれがあることが必要である。その上で、訴えの提起前に、相手方に対し、本文に記載した「①書面による事前の請求」をしなければならない。

消費者団体訴訟制度を活用して裁判所に差止請求を提起したい場合、基本的には一般の民事訴訟と同様、民事訴訟法の規定に従って訴訟手続きを進めることになりますが、以下のような特別な取扱いも用意されています。

①　書面による事前の請求

適格消費者団体が、裁判所に対して差止請求に係る訴えを提起する場合、相手方（事業者）に対して、あらかじめ書面によって差止請求をすることが必要です。そして、書面の到達後１週間が経過して初めて、差止請求に係る訴えを提起することが認められます（消費者契約法41条）。これは紛争の早期解決を目的とした訴えの提起前の手続きです。

②　不当な行為が行われた地で訴えることができる

民事訴訟のルールでは、訴訟を担当する裁判所、つまり原告が訴えを提起する裁判所は、被告となる事業者の本店（本社）所在地を管轄する裁判所などです。被告はある日突然訴えられる可能性があるにもかかわらず、住居から遠いところの裁判所まで行かなければならないとすると、被告にとって多大な負担となるからです。

管轄

裁判所がその事件を担当すること。

しかし、消費者団体訴訟制度による差止請求に係る訴訟の場合には、事業者の行為（不当行為）があった地を管轄する裁判所に提起してもよいことになっています（消費者契約法43条）。差止請求に係る訴訟の被告となる事業者の中には、本店所在地をあちこちに移して、訴訟から逃れようとしていることがある

訴え提起前の書面による事前請求

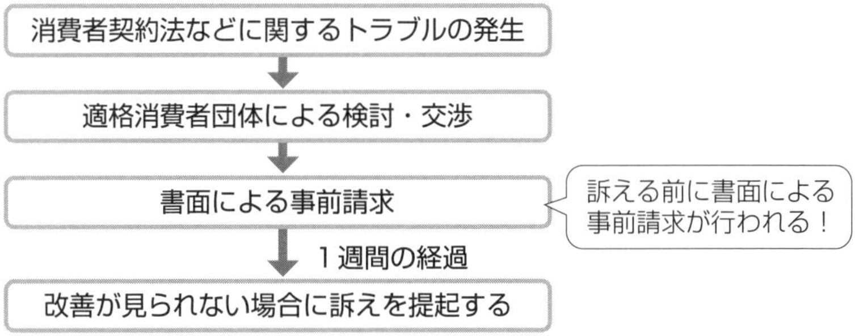

ため、不当行為が行われた場所でも訴えを提起できるようにしたのです。

■ 消費者団体訴訟の問題点の改善

消費者団体訴訟においては被害回復請求が認められています（請求権者は特定適格消費者団体に限ります）。悪質な事業者の活動に対する被害には、不当請求によって支払った金銭だけでなく、それに伴う精神的苦痛も生じ得るため、令和４年（2022年）に消費者裁判手続特例法が改正され、令和５年（2023年）10月から被害回復請求の対象となる損害に財産的損害に併せて慰謝料（精神的損害）が追加されました。

その他にも、従来は被害回復請求の相手方は事業者のみでしたが、悪質商法に関与した一定の個人（悪質商法関係者）も相手方に追加されました。さらに、消費者団体訴訟を行う特定適格消費者団体が、訴訟手続きの初期段階から、事業者などとの間で解決金支払の合意を含めた和解交渉を行えるようになりました。これにより今までより早期に紛争解決へと至ることが期待されています。

消費者裁判手続特例法

消費者の財産的被害（令和５年10月に精神的損害が追加された）の救済を図る制度として、消費者裁判手続特例法（正式名称は「消費者の財産的被害等の集団的な回復のための民事の裁判手続の特例に関する法律」である）に基づく手続きがある。具体的には、一定の金銭の支払を求める請求権につき、①共通義務確認の訴えの提起（第１段階の手続き、事業者の支払義務の有無を確定）、②簡易確定手続き（第２段階の手続き、①で勝訴した場合に消費者の債権を確定させ支払をする）という２段階の構造で消費者被害の回復を図っている。

発信者情報開示命令申立て

令和４年10月に施行された新たな裁判手続き

■ プロバイダ責任制限法の改正と新たな裁判手続き

スマートフォンやSNSなどの普及により、インターネット上の誹謗中傷や著作権侵害などによるトラブルが身近な問題となっています。インターネット上の誹謗中傷や著作権侵害などの被害者の救済を求める世論の高まりも相まって、令和３年にプロバイダ責任制限法改正が成立し、令和４年10月より施行されました。この改正で、従来より簡略化された裁判手続きでプロバイダに対し発信者情報開示請求ができるようになり、被害者救済の促進や誹謗中傷や著作権侵害などの抑止につながることが期待されます。

プロバイダ責任制限法改正の特色は、以下のとおりです。

① 発信者情報開示請求が１つの裁判手続き（非訟手続）で行えるようになった

ⓐコンテンツプロバイダに対する発信者情報開示命令の申立て、ⓑコンテンツプロバイダに対するアクセスプロバイダの名称などの提供命令の申立て、ⓒアクセスプロバイダに対する発信者情報開示命令の申立て、ⓓ消去禁止命令の申立て、のすべてを１つの裁判所で行うことができるようになりました。

② 「新たな裁判手続き」による発信者情報の開示の要件

新たな裁判手続きを利用して発信者情報の開示を受けるには、ⓐ有害な書き込みにより被害者の権利が侵害されたことが明らかであること、ⓑ損害賠償請求権の行使のために情報の開示が必要であること、の双方の理由を備えることが必要です。

ただし、ログイン時の情報（特定発信者情報）の開示を受け

コンテンツプロバイダ

検索サイト・SNS・ブログなどを運営する事業者のこと。

アクセスプロバイダ

携帯電話会社や通信会社などのインターネット接続サービスを提供する事業者のこと。

新たな裁判手続きは非訟手続き

非訟手続きとは、通常の訴訟より簡易な方法で進められる非公開の裁判手続きのこと。申立てから決定までが迅速にされるのが特徴である。決定に対する不服申立ても通常の訴訟より制限されており、「従来の制度」（２段階の裁判手続き）より迅速に発信者情報が開示される。なお、従来の制度も引き続き利用できる。

発信者情報

有害な投稿をした者（発信者）を特定するために必要な情報のこと。具体的には、発信者の氏名・住所・電話番号・メールアドレスなどのこと。

従来の制度（現在も利用可）と新たな裁判手続き

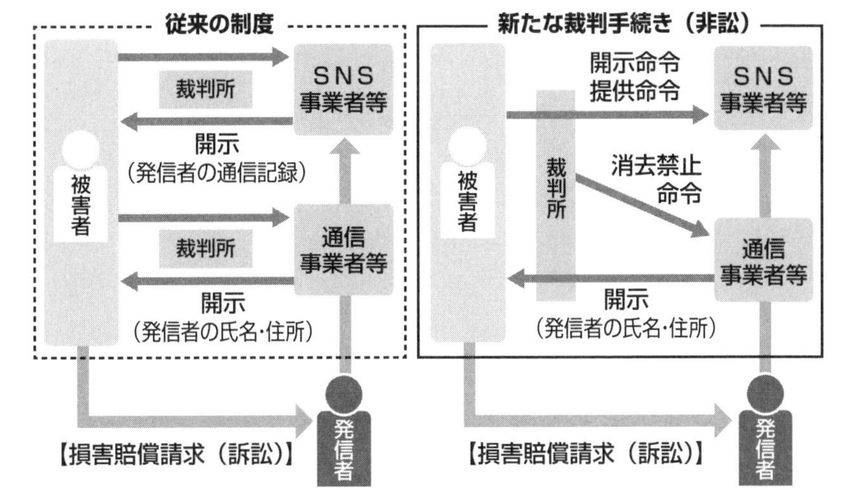

るには、ⓐⓑの理由に加えて、ⓒログイン時の情報の開示を受けなければ発信者を特定できないこと、ⓓコンテンツプロバイダがログイン時の情報以外の発信者情報を保有していないと認められること、のいずれか1つの理由も備えていることが求められています。

■ ログイン型投稿についても開示請求できるようになった

ログイン型投稿とは、利用者がSNSやブログなどを利用するためにアカウントを作成し、そのアカウントでログインした上で文章・写真・動画などを投稿（書き込み）する形のものです。法改正により、コンテンツプロバイダが保有するログイン時の情報それ自体の他、ログインした際に利用されたアクセスプロバイダの名称なども開示請求の対象であることが明記されました。これによりログイン型投稿の場合も、上記の要件を満たしたときに発信者情報の開示請求が認められるようになりました。

新たな裁判手続きの管轄裁判所

原則として相手方（プロバイダ）の事務所･営業所（相手方が個人の場合は住所）の所在地を管轄する地裁の管轄に属するが、所在地不明で管轄裁判所が定まらないときは、発信者情報開示命令事件手続規則により「東京都千代田区」を管轄する東京地裁の管轄に属する。また、相手方の事務所･営業所（個人の場合は住所）の所在地が東日本地域（東京、名古屋、仙台、札幌の各高等裁判所の管轄区域内）の場合は東京地裁、西日本地域（大阪、広島、福岡、高松の各高等裁判所の管轄区域内）の場合は大阪地裁の管轄にも属する。

PART2 13

日常トラブルを解決するさまざまな訴訟

家事事件

家事事件手続法が家事調停や家事審判について規定している

■ 家庭裁判所が担当する

夫婦関係・親子関係・扶養・相続などの家庭内（親族間）の紛争に関する事件を家事事件といいます。家庭内の紛争は夫婦間・相続人間などの感情もからみ、一般の民事に関する紛争より厄介なことになり得ます。そこで、家事事件については、人間関係の特殊性を理解した上で、一般の民事事件とは異なる処理が求められます。これに応じているのが家庭裁判所であり、家庭裁判所は家事調停と家事審判を行います。そして、家事事件の手続きについて定める法律が家事事件手続法です。

■ 家事事件の分類

家事事件は、以下の４つのグループに分かれています。

①　第１のグループ（別表第１事件）

家事事件手続法の別表第１に列挙されている事件です。別表第１事件が扱うのは、本来紛争性がなく、家庭裁判所が当事者の意思に拘束されず、公の立場から判断すべきとされる事項です。したがって、別表第１事件については家事審判のみが行われ、家事調停は行われません。

②　第２のグループ（別表第２事件）

家事事件手続法の別表第２に列挙されている事件です。別表第２事件が扱うのは、本来紛争性があり、最終的には家庭裁判所の判断で解決されるべきですが、当事者間の合意に基づく解決が望ましい事項です。したがって、別表第２事件については家事審判だけでなく、家事調停（別表第２調停）も行われます。

家庭裁判所が扱う事件

家庭裁判所は、夫婦間の争い、家族間（親族間）の争い、相続関係の争いなどに関する家事事件と、少年（20歳未満の者）の犯罪行為などに関する少年事件を扱う裁判所である。家庭裁判所では非公開の手続きによって家事事件や少年事件を処理している。

家事調停

家庭裁判所が当事者から事情を尋ねたり意見を聴いたりして、当事者が納得の上で問題を解決できるように助言やあっせんを図る手続きのこと。当事者が納得しないときは調停不成立となる。

家事審判

家庭裁判所が行う終局的な判断のこと。当事者の意思に拘束されることなく家庭裁判所が一定の判断を示すのが特徴である。

調停前置主義

家事事件における調停前置主義は、家事調停を経た後でなければ訴訟の提起ができないことを指す。

別表第1、第2事件の概要

●別表第1（25項目138種類）

後見開始・保佐開始・補助開始など、親権喪失など、推定相続人の廃除など、相続の承認及び放棄（相続放棄や限定承認の申述の受理など）、財産分離など、相続人の不存在（特別縁故者に対する相続財産の分与など）、遺言書の検認など、遺留分の放棄の許可など、中小企業における経営の承継の円滑化に関する法律（遺留分の算定に係る合意についての許可）など

●別表第2（9項目17種類）

祭具等の所有権の承継者の指定、遺産分割及びその禁止など

また、訴訟の対象にならないため、調停前置主義は採用されていませんが、家事調停から行われることが多いです。

③　第3のグループ（人事に関する事件）

人事訴訟法（126ページ）という法律に定められている人事に関する事件（離婚や離縁に関する事件は除外）です。協議離婚の無効確認、親子関係の不存在確認、嫡出否認、認知など、当事者の処分を許さない戸籍に関わる事件が該当します。第3のグループに関する家事調停は特殊調停と呼ばれており、調停前置主義が採用されています。

④　第4のグループ

第1～第3のグループに含まれない事件と、人事に関する事件のうち離婚と離縁に関する事件です。第4のグループに関する家事調停は一般調停と呼ばれており、調停前置主義が採用されています。

■ 手続きは非公開で行われる

家事事件は、家庭内の出来事や個人のプライバシーについて、

詳細に踏み込んだ審理を行う必要があります。したがって、家事事件の手続きは原則として非公開で行われます。家事事件の記録の閲覧についても、個人のプライバシーが侵害されないように制限がなされています。

家事事件の場合、当事者が感情的に対立するケースが多いのも特徴であるため、家庭裁判所が事件解決のために積極的に動く必要があります。このような観点から、裁判所は、当事者の主張に拘束されず、かつ当事者の提出する証拠に限定されず、事実関係の調査を行うことができます。

通常の民事訴訟の場合、裁判所は、当事者の主張が妥当かどうかのみを判断し、当事者の提出する証拠のみを基にして事実認定を行うのが原則です。しかし、家事事件の場合は、裁判所が積極的に家事事件に関する調査を行うことができます。

また、家事事件は迅速に解決する必要性がとくに高いため、当事者が遠隔地に在住する場合などは、テレビ会議システムを利用した手続きの活用が認められています。

電話会議システム
当事者の双方が裁判所に出頭せずに電話によって審理を行うこと。

■ 家事事件の手続きの流れ

家事事件の種類によって手続きも異なります。まず、第１のグループ（別表第１事件）については、家事審判により手続きが終了する事件であるため、家事調停はできません。

これに対し、第２のグループ（別表第２事件）については、家事審判と家事調停のどちらからでも手続きを始めることができます。家事審判から手続きが始まった場合は、手続きの途中でも調停手続きに移行することができます。反対に、家事調停から手続きが始まったが、調停不成立に終わった場合は、自動的に審判手続きに移行します。

また、第３のグループについては、訴訟提起前に家事調停を行う必要があります（調停前置主義）。調停手続きの中で当事者が事実関係を争わない場合には、家庭裁判所が必要な事実の

調停に代わる審判
第2グループにおいて調停不成立になった際、正式な審判手続きに移行しなくても、家庭裁判所は調停に代わる審判ができる。調停に代わる審判に当事者が異議を述べなければ、それが確定して事件が終了する。
しかし、調停に代わる審判に対して当事者が異議を述べた場合は、正式な審判手続きに移行する。

家事調停・裁判手続きの流れ

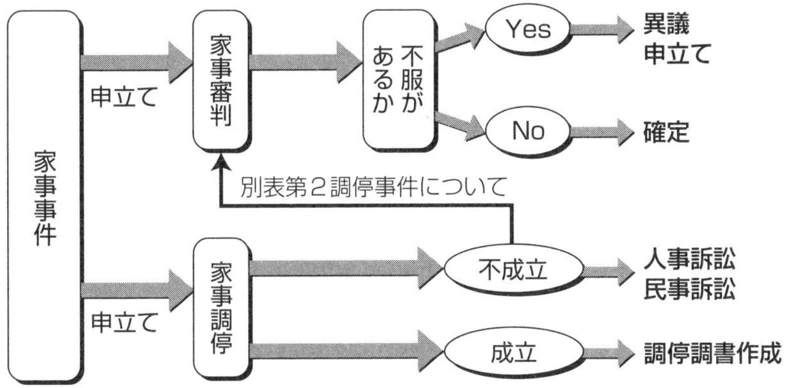

調査を行い、合意が正当と認めるときは、職権で合意に相当する審判が行われ、これに当事者が異議を述べなければ事件は終了します。

しかし、合意に相当する審判に対して当事者が異議を述べた場合には、その審判の効力が失われるため、当事者は人事訴訟を提起して争うことになります。なお、人事訴訟を提起して争うことになる点は、調停不成立の場合も同様です。

最後に、第４のグループについては、訴訟提起前に家事調停を行う必要があります（調停前置主義）。調停不成立になった際、家庭裁判所は調停に代わる審判を行うことができます。調停に代わる審判を行わなかった場合や、当事者が調停に代わる審判に対して異議を申し立てた場合、当事者は訴訟を提起することができます。

合意に相当する審判をする理由

第3のグループは当事者の処分を許さない事項であり、調停成立をもって終結させることができないため、調停成立に代えて合意に相当する審判を行うという形を採用している。

人事訴訟

以下の①～③の訴えその他の身分関係の形成または存否の確認を目的とする訴えのこと（人事訴訟法2条）。
①婚姻関係の訴え（婚姻の無効・取消しの訴え、離婚の訴え、協議離婚の無効・取消しの訴えなど）
②親子関係の訴え（嫡出否認の訴え、認知の訴え、実親子関係の存否の確認の訴えなど）
③養子関係の訴え（養子縁組の無効・取消しの訴え、離縁の訴えなど）

PART2
14

日常トラブルを解決するさまざまな訴訟

人事訴訟

家事調停・家事審判では解決に至らないときに人事訴訟を起こす

■ 人事訴訟とはどのような訴訟でどんなものがあるのか

離婚や認知などの争いにおいて、調停・審判の手続きを尽くした上で、それでも解決がつかない場合に提起する訴訟を人事訴訟といいます。調停前置主義がとられていることが人事訴訟の大きな特徴のひとつです。人事訴訟に含まれるのは、以下の①～③の訴えに関する訴訟です（人事訴訟法２条)。

調停前置主義
訴訟を起こす前に、まず調停の手続きを経なければならないという原則のこと。

人事訴訟
①～③に当てはまらなくても「身分関係の形成又は存否の確認を目的とする訴え」に関する訴訟であれば人事訴訟に含まれる。

①　婚姻関係

婚姻の無効・取消しの訴え、離婚の訴え、協議上の離婚の無効・取消しの訴え、婚姻関係の存否の確認の訴え

②　親子関係

嫡出否認の訴え、認知の訴え、認知の無効・取消しの訴え、父を定めることを目的とする訴え、実親子関係の存否の確認の訴え

③　養子関係

養子縁組の無効・取消しの訴え、離縁の訴え、協議上の離縁の無効・取消しの訴え、養親子関係の存否の確認の訴え

①～③の中で代表的なものが離婚訴訟です。離婚訴訟では、未成年の子どもがいる場合に離婚後の親権者を指定することの他、財産分与を行うことや、子どもの養育費を支払うことなどを同時に申し立てることができます。

■ 人事訴訟の手続きはどのように進められるのか

家事調停が不成立に終わった後、原則として、当事者（離婚訴訟であれば夫または妻）の住所地を管轄する家庭裁判所に人

人事訴訟とは

人事訴訟 → 人事（婚姻や親子関係）に関する訴訟

- **婚姻関係** （例）婚姻の無効・取消しの訴え、離婚の訴え
- **親子関係** （例）嫡出否認の訴え、認知の訴え
- **養子関係** （例）養子縁組の無効・取消しの訴え、離縁の訴え

☆民事訴訟の特別手続のひとつ … 真実の発見、法律関係の確定を重視
☆特別規定の存在 … 職権証拠調べ、判決の効果が及ぶ範囲が広い

事訴訟を提起します。ただし、提起先の家庭裁判所と家事調停をした家庭裁判所が異なる場合には、家事調停をした家庭裁判所で人事訴訟を取り扱うこともあります。

提起後の審理手続きについては、人事訴訟も民事訴訟の一類型ですから、基本的には民事訴訟と同様に進められますが、事件によって参与員や家庭裁判所調査官が介在してくることが、通常の民事訴訟と異なる大きな特徴のひとつです。

参与員は社会人としての健全な良識のある者から選ばれる者で、法律の専門家であることを要しません。参与員は人事訴訟の証拠調べなどの審理や和解の試みなどに立ち会い、自ら率直に意見を述べたりして紛争解決のために働きます。参与員の制度は、家庭に関する事件である人事訴訟に対し、一般人の良識を反映させ、より実態に即した解決を図ろうとするものです。

一方、家庭裁判所調査官は家庭裁判所の職員であり、医学・心理学・社会学などの専門知識を活用して、事件に関する調査を行います。たとえば、子どもの親権者の指定に関する事件では、実際に子どもに直接面接して調査を行います。

判決に従わない場合の取扱い

判決で支払いを命じられた者がこれに従わない場合には、地方裁判所に申し立てて強制執行の手続きをとることができる。

公正証書

金銭消費貸借や賃貸借契約でよく活用される

■ 金銭の支払請求には公正証書を作成するとよい

公正証書とは、公証人という特殊の資格者が当事者の申立てに基づいて作成する文書で、一般の文書よりも強い法的な効力が認められています。

公証人
裁判官、検察官、法務局長など法律実務に長く携わった者の中から、法務大臣が任命する公務員。

公正証書には、強い証拠力があり、記載された日付には、その日に作られたという公証力（確定日付）が認められます。

たとえば、金銭消費貸借契約を例にとって説明しましょう。返済期限が過ぎても返済してくれない場合には、差押えや競売といった強制執行ができるように強制執行認諾約款付の公正証書を作成します。これによって、金銭などの支払いのために債務者の財産について強制執行することができるわけです。

強制執行認諾約款
どんな契約書でも公正証書にすれば債務名義となり得るわけではなく、①請求内容が、一定額の金銭その他の代替物の給付を目的とすること、②債務者が「債務を履行しない場合には強制執行を受けても文句は言わない」旨の記載がなされていること、が必要である。この記載を、強制執行受諾文言とか強制執行認諾約款という。

また、事業用定期借地契約のように公正証書の作成が義務付けられている場合もあり、さまざまな場面で活用されています。

■ 公正証書を利用するのはその執行力のため

公正証書が利用される最大の理由は、公正証書に与えられる執行力です。債権回収をはじめとする法的な紛争では、さまざまな手を尽くしても功を奏さないときには、最終的に訴訟となり、判決を受けて、これに基づいて債務者の財産に対して強制執行を行いますが、強制執行を行うためには、その根拠となるものが必要です。それを債務名義と呼びます。

債務名義には、判決の他に、調停証書や和解調書、仮執行宣言付支払督促などがありますが、公正証書も一定の要件を備えれば、債務名義となります。ですから、裁判を経ずして公正証

公正証書の作成方法

申請前に公正証書の作成について当事者の合意が必要

↓

申請書類を再チェック

・公正証書にしたい文面
・法人の場合は代表者の資格証明書・商業登記事項証明書など
・個人の場合は印鑑証明書と印鑑など

↓

公証役場へ行く

↓

公証人が文書を作成

書に基づき強制執行を行うことが可能になります。

■ 公正証書の作成手続きはどうなっているか

公正証書を作成するには、当事者本人であることを確認してもらうため、実印と３か月以内に発行された印鑑証明書など本人確認できるものを最寄りの公証人役場に持参します。

債権者と債務者が一緒に公証役場へ出向き、公証人に公正証書を作成することをお願いします（これを嘱託といいます）。事前の相談や連絡は当事者の一方だけでもできますが、契約書を公正証書にする場合には、当事者双方が出向く必要があります。ただし、本人ではなく代理人に行ってもらうことは可能です。

会社など法人の場合、持参すべき書類は、代表資格を証明する商業登記事項証明書または資格証明書、届出代表者印、印鑑証明書（発行日から３か月以内のもの）などです。

当事者本人がこれらを持参して公証人役場に出頭し、公証人に公正証書の作成を依頼します。契約当事者の間では、公正証書にしてもらう文書の内容をあらかじめ決めておきます。

最寄の公証役場がわからない場合

日本公証人連合会（03−3502−8050）に電話をすれば教えてもらえる。

契約当事者が個人の場合

公正証書を作成する契約当事者が個人の場合は、印鑑証明書、運転免許証、住民基本台帳カード、旅券のいずれかと印鑑が必要。

Column

民事調停

話し合いで紛争を解決したい場合に活用することができる方法が、民事調停です。調停は、公平・中立な第三者である調停委員が紛争の当事者双方の言い分を聞き、お互いに譲歩するように説得し調整しながら、合意の成立をめざす手続きです。民事調停は、民事訴訟に比べて柔軟な解決を図ることができるというメリットがあるため、売買や賃貸借に関する紛争や債務整理など、身近な民事上の紛争を解決するために利用されています。

調停は、原則として相手方の住所または営業所・事務所の所在とを管轄する簡易裁判所に申し立てます。申立て後、調停期日が指定され、当事者の双方に呼出状が送達されます。調停が行われ、調停が成立すると、調停調書が作成されます。この調書は、和解調書と同じく債務名義となるため、当事者の一方が調停で成立した合意条項を履行しない場合には、直ちに強制執行をすることができます。

また、話合いの見込みがない場合、裁判所が「調停に代わる決定」をすることもあります。これは、裁判所が適切だと思われる解決案を示すもので、当事者が納得すれば調停成立と同じ効果があります。当事者のどちらかが２週間以内に異議を申し立てれば、この決定は効力を失い、訴訟を提起することができます。

話し合いを重ねても当事者が合意しない場合や、当事者が呼出しを受けても出頭しない場合には、調停は不成立（不調）となります。

民事調停の手続き

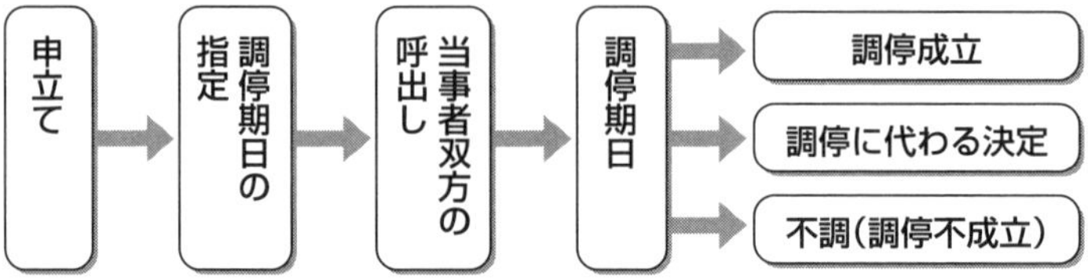

PART 3

民事執行法のしくみ

PART3
1

強制執行

国家権力により裁判の結果を実現する手続きのこと

■ 強制執行には債務名義が必要である

たとえば、土地を売買したのに買主が代金を支払わない場合を考えてみましょう。売主は最終的には裁判所に訴えて代金を回収しようとします。売主の勝訴判決が確定すると、通常は敗訴した買主はこれに従って支払いますが、裁判で負けても支払わない人がいます。その場合、国家権力による強制力を使って裁判の結果を実現することになります。これが強制執行です。

強制執行はその根拠となる書面として「債務名義」が必要です。債務名義には、裁判所での手続きを経たもの（判決・支払督促など）と、裁判所での手続きを経ていないもの（執行証書・仲裁判断）があります。

強制執行の分類

強制執行は以下の２つに分類される。
①　金銭債権の執行
不動産を強制的に競売にかける場合や、有価証券や株式などの財産を強制的に換金する場合など。
②　非金銭債権の執行
不動産の引渡し・明渡し、動産の引渡しなど。たとえば、債権者が不動産の引渡しを求めている場合は、執行官が債務者の不動産に対する占有を解き、これを債権者に引き渡すという流れで強制執行が行われる。債権者が動産の引渡しを求めている場合は、執行官がその動産を債務者から取り上げて、これを債権者に引き渡すという流れで強制執行が行われる。

■ 強制執行について規定する法律

法治国家の要請として、債権回収の手段も秩序あるものでなければなりません。そのため、債権債務関係という実体について民法や商法などの法律が規定しているように、強制執行の手続きについても法律があります。現在、強制執行の手続きについては民事執行法という法律が規定を設けています。

一方、判決が確定するまでの間に、債務者が財産を売却したり隠したりするおそれがありますので、あらかじめ債務者の権利を仮に保全することが必要です。そのための手続きが仮差押え・仮処分です。これらの手続きは、民事執行法とは別に民事保全法という法律が規定を設けています。もっとも、仮差押え・仮処分も広い意味では強制執行に入るので、民事保全法も

おもな債務名義

債務名義になるもの	備考
判決	確定したもの（確定判決）でなければならない
仮執行宣言付きの判決	確定していないが一応執行してよいもの
支払督促＋仮執行宣言	仮執行宣言を申し立てる
執行証書	一定の金銭の支払いのみ強制執行が可能
仲裁判断＋執行決定	執行決定を求めれば執行できる
和解調書	「○○円払う」といった内容について執行可能
認諾調書	請求の認諾についての調書
調停調書	「○○円払う」といった内容について執行可能

強制執行について規定している法律といえるでしょう。

■ 強制執行の種類にはどんなものがあるのか

以上のように、強制執行は民事執行法と民事保全法で規定されていますが、具体的にどのような種類があるのでしょうか。

① 金銭の支払いを目的とする強制執行

強制執行の目的の多くは、金銭の支払いを目的とするものです。たとえば、土地の売買契約において売主が土地を引き渡したのに、買主が売買代金を支払わないケースの強制執行です。

金銭の支払いを目的とする強制執行には、担保権（抵当権など）の設定を受けずに債務者の財産を現金に変えて弁済を受ける場合と、設定されている担保権を実行する場合とがあります。強制執行は前者を強制的に行うことを指し、後者は担保権の実行としての不動産競売を指します（148ページ）。両者をあわせて民事執行と呼ぶこともあります。

そして、強制執行はその対象に応じて、ⓐ不動産に対する強制執行、ⓑ動産に対する強制執行、ⓒ債権に対する強制執行、ⓓその他の財産権に対する強制執行に分類されます。

債務名義

強制執行を許可する文書。債務者が債務を履行しない場合には、その文書の内容に即して、債権者は国家権力の助力を得て債権を実現することができる。

強制執行を妨害する罪

強制執行を免れるために財産を隠匿または損壊する行為は刑法で罰せられる（強制執行妨害罪）。債権者の利益を守るためだけではなく、強制執行という国家の行為を保護する必要があるため、刑罰によって強制執行の妨害を禁止している（刑法96条の2）。

② 金銭の支払いを目的としない強制執行

強制執行は金銭の支払いを目的としない場合もあります。たとえば、土地を借りている賃借人が、期限が切れたのに土地を明け渡さない場合に、建物を収去して土地を明け渡してもらうための強制執行や、売買契約を締結して代金を支払ったのに売主が目的物を引き渡さない場合に、目的物の引渡しを実現するための強制執行などがあります。

③ 仮差押え・仮処分の執行

強制執行は、一般的には債務名義を実現するための手続きですが、債権者の権利を確保するための仮の命令を裁判所にしてもらうための、仮差押え・仮処分の執行もあります。

執行の方法

金銭債権の執行の場合は、裁判所（執行裁判所）が債務者の財産を強制的にお金に換え、その代金で債権を充足することになる。強制執行は、通常、債権者の申立て、債務者の財産の差押え、財産の強制的換価、弁済金の受領ないし換価金の債権者への配当という流れをたどる。
一方、非金銭債権の執行の場合は、執行官が目的物に対する債務者の占有を強制的に解いて、債権者にその占有を取得させる方法によって行われる。

■ 誰が強制執行の手続きを行うのか

現在の日本の法制度上、権利を定めるための判決を担当する裁判機関と、権利の実現のために執行手続きを担当する執行機関とが区別されています。強制執行は、執行当事者本人の手によって行われるのではなく、執行裁判所や執行官といった執行機関によって行われます。

① 執行当事者

ある請求権につき利害関係をもっているため、強制執行の手続きを求め、あるいは強制執行を受けるなどして、当事者として手続きに関与する主体のことを執行当事者といいます。執行当事者は「申立てをする」「配当要求をする」など、自分の意思で手続きに関与することが認められています。

執行当事者

簡単に言うと、執行手続きを求める者と受ける者のこと。前者は債権者、後者は債務者とも呼ばれる。

② 執行機関

強制執行は執行機関によって行われます。債務名義を得られれば、どんな方法で誰が強制執行を行ってもよいというわけではありません。一般人が勝手気ままに強制執行を行うことは許されていません。執行機関には、執行裁判所と執行官があります。執行裁判所と執行官には、それぞれ職域分担があり、強制

強制執行の手続き

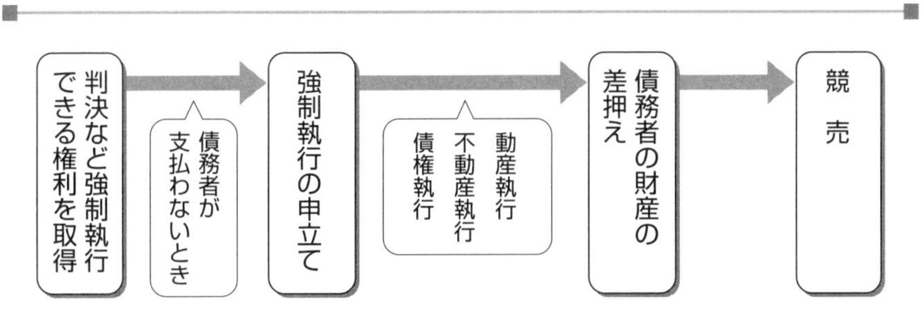

執行の対象となる財産によって区別されています。

まず、執行裁判所の職務上の管轄（職分）は、不動産、船舶、航空機、自動車・建設機器、債権です。一方、執行官の職務上の管轄は、動産です。大まかにいえば、不動産・債権の場合は執行裁判所、動産の場合は執行官ということになります。

■ 債務者の財産に関する情報を開示させる制度もある

たとえば、金融機関が融資を行う場合は、借主などの不動産に抵当権を設定します。しかし、抵当権などの担保権がない場合は、おもに給料・預貯金・不動産を差し押さえることによって債権回収を図りますが、債務者の勤務先・預貯金口座・不動産の所在地を知らないと債権回収が困難となります。

そこで、強制執行の実効性を確保する見地から、債務者に対し、その財産に関する情報（債務者の勤務先、預貯金口座、不動産に関する情報など）を開示させる制度が財産開示手続きです。ただ、開示すべき情報は財産開示期日を基準とするため、直前に債務者が財産を売却すると、その財産は開示の対象となりません。また、債務者が財産開示手続きに応じないと刑事罰の対象になります。

財産開示手続きの実効性向上

令和２年４月施行の民事執行法改正で、財産開示手続きの申立権者を拡大すると共に、財産開示手続きに応じない債務者への制裁を強化した（過料から刑事罰に変更）。
また、第三者からの情報取得手続きが新設され、おもに債務者の預貯金・不動産・給与に関する情報を、債務者以外の人から取得できるようになった。ただし、この制度を利用するには、先に財産開示手続きを行っていなければならない。

強制執行をするための書類

強制執行をするための証明書が必要

■ 強制執行に必要な書類は３つある

強制執行が執行機関によって開始されるには、原則として、①債務名義、②執行文、③送達証明書の３つが必要です。

①　債務名義

債務名義とは、わかりやすくいえば、強制執行を許可する文書ということになります。当事者間で債権債務という法律関係の有無について紛争があり、一定の手続きに従ってその紛争に終止符が打たれ、債権債務関係が明確になった場合、その結果は文書という形で残されます。それでも、債務者が債務を履行しないときは、その文書の内容に即して、債権者が裁判所の助力を得て債権の内容を実現できるのです。

債務名義には、実現されるべき給付請求権（債権者が債務者に対して金銭の支払いや物の引渡しなどを請求できる権利）の内容や当事者などが表示されます。

債務名義になる文書について規定する民事執行法22条を見てみましょう。そこには、確定判決、仮執行宣言付判決、仮執行宣言付支払督促、執行証書（期限内に弁済しなければ強制執行に服することを債務者が認めるとの文言が入った公正証書のこと）、確定した執行決定のある仲裁判断、確定判決と同一の効力をもつものなどが規定されています。これら債務名義になる文書の多くは、その取得にあたり裁判所が関与しますが、執行証書は公証人が作成します。また、「確定判決と同一の効力をもつもの」には、裁判所の和解調書などが含まれます。

公証人
裁判官、検察官、法務局長など法律実務に長く携わった者の中から、法務大臣が任命する公務員。

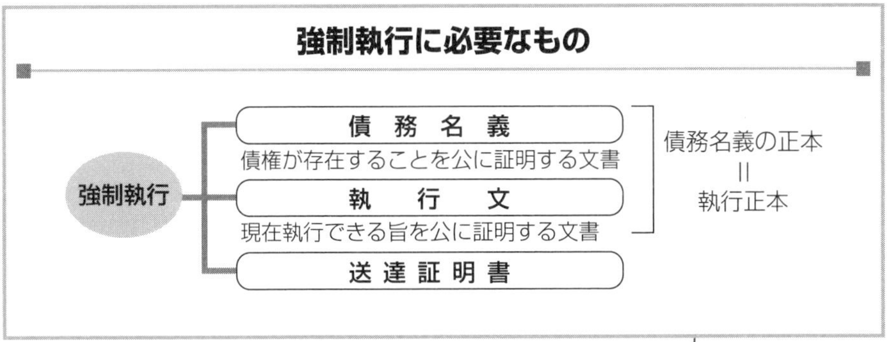

③ **執行文**

執行文とは、債務名義の執行力が現存することを公に証明するもので、債務名義の正本の末尾に付記されます。その時点で執行できることを公に証明するものといえます。

債務名義だけで強制執行ができるわけではありません。判決の確定は判決正本だけではわからない場合が多いですし、債務名義に記載された債権を行使するために期限の到来または一定の条件が必要な場合もあります。債務名義に記載された債権や債務が、契約・相続・合併などによって、債務名義に記載された者以外の第三者に承継される場合もあります。

このような事項については、あらかじめ裁判所書記官や公証人に判断させ、執行機関を執行手続きに専念させることで、効率的に強制執行を行うために、執行文の付与が定められています。

③ **送達証明書**

強制執行の手続きは、債権者の申立てに基づいて執行機関によって行われます。執行機関が手続きを開始するためには、債務者に債務名義を送達しなければなりません。債務者に反論の機会を与えるためです。強制執行の申立てには、原則として、あらかじめ債務名義を送達したことの証明が必要です。送達を証明する書類のことを、送達証明書といいます。

執行文の付与

執行文の付与は執行力を証明することなので、証明することができる資料を保有している機関が行う。たとえば、確定判決や和解調書といった裁判所が関与する債務名義については、その事件の記録が存在している裁判所の書記官が行う。執行証書については、その原本を保管している公証人が行う。

送達証明書が要求される理由

債務者にどのような債務名義で強制執行の手続きが開始されるのかを知らせ、債務者に強制執行に対する防御の機会を与える必要があるからである。つまり、債権者・債務者双方の言い分を聞いて手続きを行うのが適切だと法律は考えている。
なお、送達証明書は、裁判所書記官や公証人に申請して発行してもらう。

PART3
3

強制執行と執行文

債務名義の執行力を証明するものである

■ 執行文の役割、種類、付与手続き

強制執行するためには、債務名義だけでは足りず、執行文も必要になります。債務名義が存在しても、請求権には条件がついていたりします。その場合、直ちに執行に適しているかどうかは必ずしも執行機関にはわかりません。そこで法律は、債務名義とは別の執行文というもう１つの要件を要求することにしました。執行文は、原則として強制執行の要件となります。しかし、少額訴訟の確定判決、仮執行宣言付少額訴訟判決、仮執行宣言付支払督促については、迅速な権利の実現を重視し、これらに表示された当事者間で強制執行する場合、執行文は不要です。

執行文には、①単純執行文、②承継執行文、③条件成就執行文の３種類があります。

①　単純執行文

単純執行文とは、債務名義の内容そのままの執行力を公証（ある事実や法律関係を公に証明すること）する執行文です。執行文が付与されるためには、ⓐ債務名義が存在し、ⓑ強制執行になじむ請求権が表示されていること、ⓒ債務名義の執行力がすでに発生し、存続していること、を要します。

②　承継執行文

承継執行文とは、債務名義に表示された者以外の者を、債権者または債務者とする場合に必要になる執行文です。たとえば、債務名義に表示された債権が、第三者に譲渡された場合や、相続の対象となって相続人に移転した場合があります。

承継執行文の役割

債務名義に表示された債権や債務が、債務名義に表示された人以外の第三者に移転することがある。民事上の権利は、譲渡や相続などにより第三者に移転することを予定している。このような場合に、再び債務名義を取得しなければならないとすると、手続的なムダが生じてしまう。そこで、強制執行制度もこの移転に対応できるように設計されており、これに対応するのが承継執行文の役割である。

条件成就執行文

一定の事実の到来（条件）の成否（条件の成就の有無）にかかわらず執行文が付与され、強制執行を許すことになると、権利に条件をつけた意味が失われてしまう。このような条件がつけられている権利について、その条件の成就の事実を債権者に文書によって証明させ、証明ができた場合に限り執行文が付与される。

執行文の種類

単純執行文	債務名義の内容そのままに執行力を公証する執行文
承継執行文	債務名義に表示された者以外の者を債権者または債務者とする場合に要する執行文
条件成就執行文	債務名義に表示された債権が一定の事実の到来にかかっている場合に要する執行文

③　**条件成就執行文**

条件成就執行文とは、債務名義に表示された債権が一定の事実の到来（条件）にかかっている場合の執行文です。

なお、承継執行文や条件成就執行文の付与にあたっては、文書以外を証拠とすることができず、文書による証明ができないときは、原則として執行文の付与が拒絶されます。文書による証明ができないときは、執行文付与の訴えによらなければなりません。

■ 執行文の付与手続きについて

債務名義によって、執行文を付与する機関は異なります。

・執行証書以外の債務名義の場合

執行文は、その事件の記録を保管している裁判所の書記官が付与します。

・執行証書を債務名義とする場合

執行証書とは、債務名義となるための要件を満たした公正証書です。この場合、執行文の付与は、執行証書の原本を保管する公証人によって、その執行証書を作った公証役場で行われます。この場合も、書面による申立てが必要とされていますから、執行証書の正本と備付けの申請書類を提出して行います。

証拠となる文書

承継執行文・条件成就執行文を必要とする場合の証拠となる文書には、たとえば以下のものがある。
・相続については戸籍謄本
・合併については商業登記事項証明書
・債権譲渡については内容証明郵便と配達証明書
・契約解除が条件となっている場合については解除を通知する内容証明郵便

債権者が証明すべき事実（条件）

一定の事実の到来（条件）を債権者が証明できた場合に条件成就執行文が付与される。債権者が証明すべき条件には、以下のものがある。
・不確定期限
確実に到来するが、いつ到来するのかわからない期限のこと
・停止条件
条件が成就すると法律行為の効力が発生するもの
・解除条件
条件が成就するとすでに発生している法律行為の効力が消滅するもの

PART3
4
民事執行法のしくみ

強制執行と送達証明書の関係

執行を開始するには送達証明書が必要になる

■ 送達証明書の役割

執行機関が強制執行を開始するためには、執行文の付与された債務名義の他に送達証明書という書類が必要になります。

強制執行の手続きは、債権者の申立てによって実施されますが、執行機関が強制執行を開始するには、債務名義を強制執行の開始に先立ってあらかじめ、または同時に、債務者に送達しておかなければなりません。

たとえば、すでに弁済したはずの債権によって債務者が強制執行されてしまうのは不当です。そのため、執行を受ける立場にある債務者に、どのような債権について強制執行が開始されるのかを知らせて、反論（防御）のチャンスを与えることが必要です。このため、送達が必要になります。そして、反論（防御）のチャンスを与えるための重要な手続きとなる送達がなされているかどうかを執行機関が確認するため、送達証明書が必要になります。

また、債務名義の他、承継執行文や条件成就執行文なども送達が必要です。権利義務の承継や条件成就などがあってはじめて強制執行が可能となるので、それらの点についても反論の機会を与える必要があるためです。

裁判所が執行する債権執行や不動産執行の場合、あらかじめ送達を行っておく必要があり、強制執行の申立ての際に送達証明書を提出する必要があります。これに対し、執行官が行う動産執行の場合は、執行開始と同時に執行官が執行の現場で送達することが認められる場合があります。

裁判の正本・謄本の送達

裁判の正本・謄本は、多くの場合、裁判の確定前に職権で送達されるが、強制執行に先行して、裁判の確定後にあらためて裁判の正本・謄本を債務者に送達する必要はない。

送達の方法

交付送達	債務名義を直接、債務者に交付する方法
書留郵便に付する送達	交付送達ができない場合に、送達すべき書類を債務者の住所地に書留郵便で発送した時点で送達があったものとみなす方法
公示送達	債務者の行方が不明で送達場所も不明のときに行われる。債務者が出頭すれば、いつでも送達すべき書類を交付する旨を、裁判所の掲示板に掲示することによって行われる
執行官送達	特別な場合に限定される。特別送達ができないときなどがこれにあたる

■ 送達機関や申請、送達方法

送達機関、送達申請、送達の方法について順に説明します。

① 送達機関

送達は、債務者に反論（防御）のチャンスを与える重要な手続きですから、送達も信頼できる機関によって行われることが必要になります。具体的には、執行証書以外の判決、和解調書などの債務名義は、裁判所書記官が送達する権限をもっています。これに対し、執行証書は、その執行証書の原本を保管する公証人が送達する権限をもっています。

② 送達申請

判決書などは裁判所の職権で送達されますが、和解調書や執行証書などは、債権者が送達を申請する必要があります。

③ 送達の方法

送達の方法（上図参照）は、いくつかありますが、その時々の状況に応じて、使い分けられます。

送達申請

「送達してください」と申請すること。送達は強制執行のための重要な手続きであるから、送達申請を忘れないようにしたい。

送達逃れの問題

送達をわざと逃れ、強制執行などの手続きを妨害するケースがある。送達は、強制執行の場面ばかりでなく、訴訟手続きの中でも、訴状などを送達しないことには進行しない。したがって、時間稼ぎのために送達を逃れようとする。最終的には、書留郵便に付する送達や公示送達によって送達することができる。

PART3
5

強制執行の対象

おもに不動産、動産、債権が強制執行の対象である

■ 財産によってそれぞれ特徴がある

強制執行の対象はもちろん債務者の財産ですが、財産はそれぞれ異なった特徴をもっているので、それをよく理解した上で強制執行しなければなりません。法律上は強制執行をかけることができても、債権を十分に回収することができない、つまり空振りしてしまっては何にもなりません。ここでは、財産別に強制執行の対象としての性質について考えてみましょう。

① 不動産の特徴

不動産の長所は、何といっても資産価値が高いことです。しかし、その反面、不動産にはあらかじめ抵当権・根抵当権・仮登記担保といった担保権が、設定されていることが多いようです。設定済みの担保権の被担保債権額を上回る価値が不動産にあればよいのですが、多くの場合、担保権のない一般債権にまで配当が回らないことが多いようです。

② 動産の特徴

動産については、家屋の内部にあることが多く、とくに事前情報がない限り、実際に執行してみなければ何があるのかわかりません。高価で処分できそうな貴重品があるとは限りませんし、一般的な家財道具であれば、高価で処分できるものは限られています。ただ、動産執行の対象となるものには、現金の他、手形や株券といった有価証券も含まれます（171ページ）。

なお、自動車については、登録済みのものは不動産の強制競売に準じる手続き（自動車執行）の対象となり、未登録のものは動産執行の対象となります。ただし、自動車を分割払いで購

不動産を選ぶ場合

国税や地方税の滞納がある場合には、他の債権に優先して配当されることにも注意したい。また、債務の弁済が遅れ気味の債務者は、担保権を設定していることがほとんどなので、強制執行の手続きに入る前に、法務局まで行って登記を閲覧し、権利関係を把握しておくことは不可欠である。

その他の財産について

強制執行の対象となるその他の財産としては、ゴルフ会員権や知的財産権などがある。これらの財産を差し押さえる場合には、換金回収の容易性について事前によく検討した方がよい。

強制執行の対象

種　類	特　　徴
不動産	裁判所への申立て。競売を基本とした強制執行
動　産	執行官への申立て。執行官による差押え
債　権	裁判所への申立て。債権者が直接債権を取り立てることができる

入している場合には、ディーラーが所有権留保（代金を全額支払うまでディーラーに所有権を留保すること）しているため、差し押さえて換価（換金）することはできません。また、手続きの費用と手間がかかりますので、高価で処分できそうな自動車かどうかの確認が重要です。

③　債権の特徴

強制執行の対象となる財産としての債権とは、債務者が第三者に対して持っている債権のことです。ここでは、説明の便宜上、強制執行をしようとしている債権者をX、その債務者をY、Yが持っている債権の債務者（第三債務者）をZと呼ぶこととします。

債権に対する強制執行では、YがもっているZに対する債権を差し押さえることになります。差押えがなされると、YはZに対して債権を取り立てたり、別の誰かに対して債権を譲渡することは許されなくなります。また、ZもYに対して弁済することは許されなくなります。差押えの対象となるおもな債権は、給与債権、預金債権、賃料債権などです。これらの債権の場合、Zは雇用主、銀行、土地や家屋の借主ということになります。

なお、給与債権については、Yの勤務先をあらかじめ確実に把握しておくことが大切です。

債権を選ぶ場合

他には、生命保険や損害保険の返戻金を差し押さえる方法がある。これも事前に調べておくことは難しいが、最初に金銭を貸す際などに、信用調査として債務者の税務申告書の写しを提出させると、そこに記載されていることがある。

給与債権／預金債権／賃料債権

給与債権は労働者の保護のため、手取りの全額を差し押さえることはできない。
給与債権や預金債権については、令和2年4月施行の民事執行法改正により、裁判所に市町村や銀行などに対する情報提供命令を申し立てることも可能になった。賃料債権については、定期的に確実な回収を図ることができる。また、債務者が事業者である場合には、売掛金債権などを差し押さえる方法もある。取引先がどこになるのかを調べておくことが重要である。

強制執行のための財産調査

対象となる財産によって調査方法も異なる

■ 十分な調査が不可欠である

債務者がどのような財産をどこに保有しているのかを事前に調査しておくことは、強制執行にあたって不可欠な要素です。融資契約や売買契約を締結する際に、債務者の財産状態を聞き取っておくことも大切です。強制執行の対象となる財産によって、調査の方法はもちろん、調査すべき力点も異なってきます。

■ 不動産の調査をする

不動産の特徴は何といっても、登記によって世間一般に対して財産状態が公示されていることです。つまり、不動産は隠すこともできませんし、不動産をめぐるさまざまな法律関係も把握することができるので、他の強制執行の対象とは異なって比較的調査はしやすいといえるでしょう。

① 登記簿で不動産を調査する

登記の内容を調べる場合、不動産の地番や家屋番号が判明していれば、法務局へ行くか、オンラインシステムを利用して登記事項証明書を取得します。また、一般財団法人民事法務協会が運営する登記情報提供サービス（https://www1.touki.or.jp/）を利用して登記情報を取得することもできます。

登記事項証明書などを見ると、不動産や所有者に関する事項だけでなく、差押えや担保設定の有無も確認できます。売買や融資といった取引の際に登記事項証明書などを取得していたとしても、その後に担保設定や不動産の売却など、状況が変わっていることがあります。したがって、定期的な与信管理の際や強

登記とは

不動産などの情報を法務局にある登記簿という公簿に記録すること。登記は不動産などの権利関係を公示するもので、登記簿は誰でも見ることができるようになっている。登記簿を見れば、不動産の所有者や、その不動産に設定されている抵当権などの情報がわかる。

共同抵当

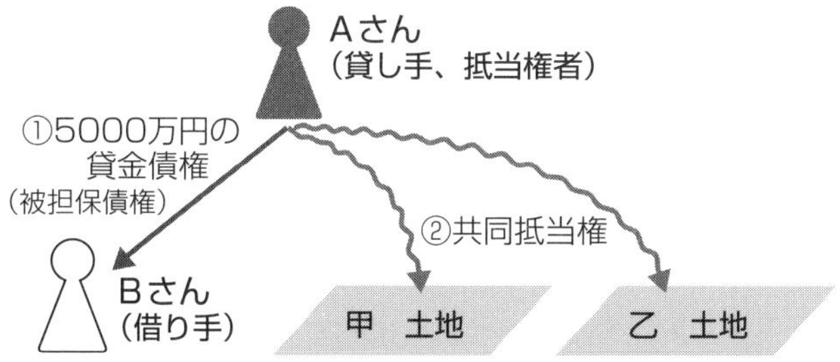

①AはBと金銭消費貸借契約を結ぶ。
②さらにAは甲地、乙地の所有者と抵当権設定契約を結ぶ。

制執行の準備の際には、改めて最新の登記情報を取得すべきです。

②　共同抵当の場合

共同抵当とは、同じ債権を担保するために複数の不動産（たとえば、土地と土地上の建物）に抵当権を設定することです。一つの不動産の価値が下がっても残りの不動産でてん補（埋め合わせ）できるなどメリットが多く、実務上活用されている制度です。不動産に抵当権が設定されていることが判明した場合には、それが共同抵当であるかどうかは必ず調査しておきましょう。共同抵当については、共同担保目録付きで登記事項証明書などを取得すれば調べることができ、共同抵当であれば、芋づる式に他の不動産の存在も把握することができます。

■ 預金債権の調査をする

債権は、第三債務者（債務者が有する債権の債務者）に支払能力がある限り、強制執行の対象としては有効なものとなります。債務者が会社員である場合の勤務先、預金者である場合の金融機関、事業者である場合の経営状態の良好な取引先は、確実な債権回収が期待できる相手となります。

登記簿の見方

不動産登記は、表題部、権利部（甲区）、権利部（乙区）に区分されており、それぞれ登記されている事項が異なる。
・表題部
不動産の物理的状態について登記されている。建物の場合は、床面積や階数などが記載されている。
・権利部（甲区）
所有権についての登記がされている。本当に債務者が所有者であるのかを、甲区を閲覧することによって確認しておきたい。
・権利部（乙区）
その不動産をめぐる所有権以外の権利関係が登記されている。抵当権などの担保権が設定されているか、賃借権などの用益権が設定されているのかは、ここでチェックすることになる。

共同担保目録

共同担保となっている抵当権を表示した書面のこと。

財産開示手続き

債務者の財産隠しを防ぎ、回収の実効性をあげることができる

■ 財産開示手続とは何か

相手の財産がはっきりしていない場合には、債権の回収が困難になるケースも多々あります。そこで、民事執行法は債務者の財産を開示させる制度として「財産開示手続」を定めています。従来の財産開示手続は、情報取得の方法が限定され、債務者が嘘の申告をしても30万円以下の過料しか科せられないことなどから、強制力が弱く、実効性に乏しい制度でした。

そこで、令和２年（2020年）４月施行の民事執行法改正により、財産開示手続きが実効性のある手続きとして生まれ変わりました。具体的には、申立権者の範囲が拡大し、罰則が強化されました。また、財産開示手続に加えて、第三者から債務者の財産に関する情報を取得できる制度が新設されています。

①　第三者からの情報取得制度の新設

申立てをすると、執行裁判所は銀行や証券会社などの金融機関、登記所、市町村や日本年金機構等に対し情報の提供を命ずることができます。これにより、登記所は債務者が登記名義人となる土地や建物に関する情報を、市町村や日本年金機構等は給与債権（勤務先）に関する情報を、金融機関は債務者名義の預貯金債権や上場株式、国債等に関する情報を回答する必要があります。申立てができるのは、執行力のある債務名義の正本を有する金銭債権の債権者と、債務者の財産について一般の先取特権を有することを証する文書を提出した債権者です。

②　財産開示手続きの改正ポイント

改正前は、申立てをすることができる者を、執行力のある確

従来の財産開示手続き

従来の財産開示手続きは、確定判決等を有する債権者に限定され、債務名義であっても、仮執行宣言付判決や仮執行宣言付支払督促、執行証書を有する債権者は除外されていたため、公正証書により金銭の支払いの取り決めをした場合は、手続きを利用できなかった。また、債務者が虚偽の陳述をした場合や出頭を拒んだ場合、30万円以下の過料しか科せられなかったため、財産に関する嘘の申告をする債務者や、出廷しない債務者もおり、強制力が弱いとの指摘があった。

給与債権に関する情報取得制度

給与債権に関する情報については、養育費・扶養義務等に関する債権や生命・身体侵害による損害賠償請求権を有する債権者のみが申立てをすることができる。

財産開示手続きの流れ

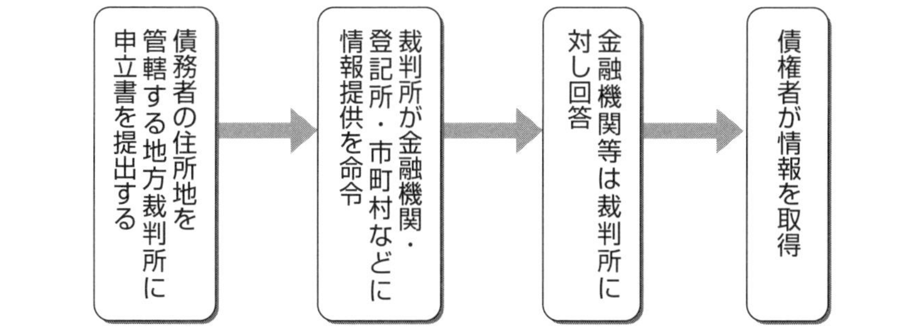

定判決等を有する金銭債権の債権者に限定していましたが、執行力のある債務名義の正本を有する金銭債権の債権者に拡大したため、債務名義が仮執行宣言付判決や公正証書の場合でも利用が可能になっています。また、不出頭や虚偽陳述などに対する罰則を強化し、不出頭や虚偽陳述などには６か月以下の懲役または50万円以下の罰金という刑事罰による制裁を科すことで、手続きの実効性の向上を図っています。

■ 財産開示手続きの流れ

申立先は、原則として、債務者の住所地を管轄する地方裁判所です。過去３年以内に債務者について財産開示手続きが実施されている場合は、原則として財産開示手続きができません。申立ての際には、申立書に申立てができる債権者であることや、申立ての理由、証拠などを記載して提出します。申立てを受けた裁判所は、財産開示手続きの開始を決定し、債務者を呼び出します。

呼出しを受けた債務者は、事前に財産目録を作成・提出した上で、期日に裁判所に出頭します。出頭した債務者は、自分の財産について陳述し、これに対して債権者は裁判所の許可を得て質問をすることができます。

第三者からの情報取得制度の実施

執行裁判所から情報の提供を命じられた金融機関、登記所、市町村や日本年金機構等等は、必要事項を執行裁判所に対し書面で回答し、執行裁判所から申立人に書面の写し状が送付される。取得情報を目的外で利用した場合は罰則（30万円以下の過料）が科せられる。

再度の財産開示手続きの実施

債務者が期日において陳述を行った財産開示手続きから３年以内は、再度の財産開示手続きの申立てをしても実施されない。ただし、財産隠しなどの一定の事情がある場合には、例外的に財産開示手続きが実施される。

不動産競売手続きの全体像

申立ての後は裁判所が手続きを進めていく

■ 不動産競売手続きの順序

不動産競売手続きの概略は以下のとおりです。なお、民事執行法では、強制執行としての不動産の競売を「強制競売」といい、担保権の実行としての不動産の競売を「担保不動産競売」といいます。

① 申立てから始まる

強制競売の手続きは、債権者が不動産の所在地を管轄する裁判所に対して、競売の申立てをすることから始まります。競売の申立ては、申立書を提出して行います。裁判所は申立書を審査して、問題がなければ競売開始決定をします。開始決定の正本は債務者に送達され、債務者は手続きが始まったことを知ることができます。

② 現状を凍結する

競売開始決定がなされると、対象となっている不動産の差押えが行われます。不動産をめぐる法律関係が変動すると手続きが円滑に進められず、債務者が債権者の先手を打って不動産を売却して現金化してしまうおそれがあります。そこで、差押えを行って、その不動産に関する処分を一切禁止することになります。具体的には、裁判所書記官から法務局（登記所）に対して、差押登記が嘱託（依頼）されます。

③ 調査をする

裁判所は、競売をするのに必要な情報の収集を始めます。裁判所は、開始決定をしたことなどを公告すると共に、登記されている抵当権者などに対して、期間内に債権の届出をするよう

不動産競売手続きの特徴

不動産は財産的価値が非常に高く、しかも利害関係人が多数存在している可能性がある。そのため、不動産を対象とする強制執行（強制競売）では、慎重を期した手続きが予定されている。

不動産競売における暴力団の排除

令和２年施行の民事執行法改正では、不動産競売において暴力団員等を排除するための規定が設けられた。具体的には、不動産の買受申出人には、暴力団員等に該当しないことを陳述することを義務付け、虚偽の陳述には刑事罰（6か月以下の懲役または50万円以下の罰金）を設けた。
また、裁判所は、最高価格で応札した者（最高価買受申出人）が暴力団員等かどうかを警察に照会することとし、暴力団員等であることが売却不許可事由となった。

競売に必要な情報

配当に参加すべき債権、不動産の現況、評価額、賃借権などの権利関係といった情報が必要である。

不動産競売手続きの流れ

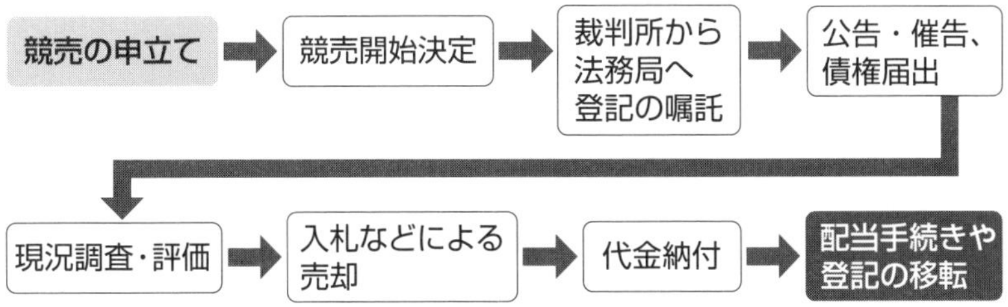

に催告します。届出によって、申立人の債権以外に、どれだけの債務を不動産が負担しているのか判明します。さらに裁判所は、執行官に対して現況調査命令を発し、不動産の占有状態などを調査させ、評価人に対して評価命令を発し、不動産の評価額を鑑定させます。この結果、現況調査報告書と評価書が作成され、裁判所に提出されます。また、裁判所書記官は、賃借権の有無などを記載した物件明細書を作成します（３点セット）。

④　売却をする

裁判所は提出された現況調査報告書と評価書を基に、不動産の売却基準価額を決定します。そして、売却期日（期間）も決定し、物件明細書等を誰もが閲覧できる状態にします。これを閲覧して競売に参加することになります。売却の方法には、競り売りや入札などの方法があります。

⑤　配当をする

不動産の代金が納付されると、配当段階に入ります。裁判所は配当期日を指定し、申立人や届け出た債権者などに対して、配当期日に配当を行うことを通知します。

納付された不動産の代金ですべての債権を満たすことができない場合には、それぞれの債権者に対する配当額は、担保権の優先順位や債権額に応じて決定されます。

3点セット

現況調査報告書、評価書、物件明細書の３つのこと。いずれも裁判所が公開している競売物件の資料である。

競売の方法

現在では、ほとんどが期間内での入札方式が採用されている。競落人が決定し、その者が代金を納付すると所有権も移転する。

PART3
9

不動産競売の申立て

用意すべき書類はいくつもある

■ 申立ては書面でする

不動産の強制競売は、債権者の申立てによって始まります。申立ては、不動産強制競売申立書を提出して行います。ここでは、おもな必要書類について、説明していきましょう。

① 執行力のある債務名義の正本

強制競売にあたっては債務名義が必要であることは、すでに説明したとおりです。具体的には、確定判決、執行証書の正本などです。ただ、それだけでは強制競売を始めることはできません。債務名義の内容をそのまま強制的に実現できるという、執行力の証明がなければなりません。つまり、債務名義の正本に執行文が付与されていることが要求されるのです。

② 送達証明書

債務名義が債務者に対して送達されていることを証明する書面（送達証明書）を、申立てにあたって添付して提出しなければなりません。通常の訴訟手続きによって判決が下され、それが確定すると、裁判所からそのまま職権で判決正本が送達されます。しかし、それ以外に、当事者の申請によって債務名義が送達されるケースもあります。また、強制競売を申し立てるのであれば、送達機関に対して送達を証明する書面（送達証明書）を発行してもらえるように、送達証明申請書を提出しておきましょう。

③ 登記事項証明書

不動産の強制競売を申し立てるには、当該不動産に関する登記事項証明書を取得し、添付して提出することになっています。

送達証明書が必要な理由

強制競売は、国家権力によって有無を言わさず、債務者から財産を取り上げる手続であるが、適正に手続を進めるには、債務者に言い分がある場合、それを主張する機会を与えなければならない。
その前提として債務名義が債務者に知らされていることが必要になる。どのような債務名義が存在し、それによってどのような不利益を受けるのかを、あらかじめ債務者が知っていなければ防御ができないからである。そのため、債務名義を債務者に送達することになっている。

申立てに必要な書類

執行力のある債務名義の正本	確定判決・執行証書など（執行文の付与を受けたもの）
送達証明書	債務名義が債務者に送達されたことを証明する書面
登記事項証明書	不動産の権利関係を公示するもの
資格証明書	債権者または債務者が法人である場合に要する
公課証明書	不動産にかけられている税金を示す

裁判所はこれを参照して、抵当権者などの他の権利者についても知ることができるわけです。なお、土地と建物のいずれか一方に対してのみ強制競売を行う場合でも、土地と建物の双方についての登記事項証明書を用意しておきます。競売後でも建物を維持するために法定地上権が成立したり、土地賃借権の存在により土地の競売価格がかなり安くなるなど、土地と建物は相互に影響を及ぼしあうからです。

④　資格証明書

債権者または債務者が会社などの法人である場合には、法人を誰が代表するかということは重要なことです。そのため、債権者・債務者のいずれかが法人である場合には、代表者の資格を証明する書面を提出します。具体的には、代表者事項証明書または商業登記事項証明書を用意します。

⑤　公課証明書

競売にかけられている不動産を買い取ろうとする者にとっては、固定資産税、都市計画税といった税金が、当該不動産にどれだけかけられるのかは重要な関心事です。そのため、申立てに際して、当該不動産にどれだけの税金がかけられているのかを示す、公課証明書も提出することになります。

登記事項証明書が必要な理由

強制競売は不動産を強制的に処分するものなので、当該不動産をめぐる所有権その他の権利関係は、裁判所によって正確に把握されなければならない。不動産をめぐる権利関係を公示しているのが不動産登記である。

法定地上権

契約をしなくても、法律によって地上権（建物所有などを目的として、他人の土地を利用できる権利）が成立すること。

公課証明書

不動産所在地を管轄する市町村役場（東京都23区内であれば都税事務所）で発行される。公課証明書は、原則として、その不動産の所有者にのみ発行されることになっている。そのため、不動産競売申立書を作成した後にそれをコピーし、それを市町村役場に提出して、競売申立てに必要であることを示して、公課証明書の発行を申請する。

PART3
10

申立書を提出する際の注意点

目録や現況調査等のための書類も必要になる

■ 申立書はどこに提出するのか

申立書の作成が終了すると、いよいよ申立書や必要書類などを提出して不動産の強制競売を裁判所に申し立てます。強制競売を取り扱う裁判所は地方裁判所であり、不動産の所在地を管轄する地方裁判所に申立てをしなければなりません。不動産の所在地を管轄する地方裁判所が不明な場合は、その不動産の所在する都道府県の地方裁判所に照会してみるとよいでしょう。

■ 申立てにかかる費用と付属書類

不動産の強制競売の申立てにあたっては、一定の費用がかかります。もっとも、強制競売の結果、現金が配当される段階で、かかった費用は優先的に支払われることになっており、後から回収できる場合が多いといえます。ただ、事前に現金や収入印紙、切手などによって定められた費用を用意しておかなければなりません。用意すべき費用は、次ページ図のとおりです。

■ 目録

不動産の強制競売の申立書には、当事者目録、請求債権目録、物件目録を添付します。

① 当事者目録

債権者や債務者について、原則として、執行力のある債務名義の正本に記載されているとおりに記載します。

② 請求債権目録

債務名義を特定した上で、請求債権の元本や利息・遅延損害

強制競売を取り扱う裁判所

訴訟のときに高等裁判所や最高裁判所まで争ったからといって、不動産強制競売は高等裁判所や最高裁判所に対して申し立てるのではない。地方裁判所に申し立てる。

契約書の記載

よく契約書などに紛争が生じた場合の裁判所が前もって規定されているケースがあるが（合意管轄）、強制競売の管轄は当事者の契約で変動させることはできない。

切手の種類と枚数

裁判所によって指定されており、通常トータルで１万数千円かかる。内訳は裁判所によって異なるので、事前に問い合わせておきたい。

差押登記の嘱託などに利用

申立書に添付した書類は、裁判所が管轄法務局（登記所）に差押登記の嘱託をする際などに利用される。

申立てにかかる費用

申立手数料

収入印紙を購入し、申立書に貼付する方法によって行う。印紙の額は、請求債権１個につき4,000円分が必要。対象不動産が複数であっても、１つの債務名義に基づく申立てであれば4,000円分で足りる。

予納切手

申立書の提出時に納める切手。強制競売手続中、関係者への通知に使用されるもので、現金ではなく切手で納付する。

執行費用

不動産の評価などの執行費用については、事前に現金で納付をすることが求められる。費用は請求債権の額面に応じて、金額が定められている。裁判所ごとに納付すべき金額が異なる。

登録免許税

強制競売の開始決定をすると、裁判所は、法務局に対して差押登記を嘱託する。これによって、不動産に関して処分ができなくなる。嘱託の場合でも登録免許税を納付する。金額は、請求債権の額面の1,000円未満を切り捨てた額に1000分の４を乗じて算出し、さらに算出した額の100円未満を切り捨てた額となる。

金などについて記載します。

③　**物件目録**

登記事項証明書の記載のとおりに記載します。土地であれば、所在、地番、地目、地積によって特定し、建物であれば、所在、家屋番号、種類、構造、床面積などによって特定します。

■ 現況調査等のために必要な書類

執行官による現況調査等のために必要な書類として、登記事項証明書や公課証明書の他、公図の写し、建物図面、住宅地図などの書類の提出が求められます。

代理人が申立てをするには

裁判所の許可を得れば、弁護士以外も申立代理人になることができる。法人である申立人の従業員や親族などが許可を受けることができる。
許可を受けたいときは「代理人許可申立書」を裁判所に提出する。代理人許可申立書には、許可を求める旨、代理人となる者の氏名、住所、職業、本人との関係、代理人による申立てが必要な理由を記載する。本人が交付する「委任状」も必要になる。

競売開始決定に関する手続き

差押登記がなされ開始決定の正本が債務者に送達される

■ 申立書の受理

申立書を作成し、必要書類などの用意ができたら、まとめて管轄裁判所の窓口に提出します。申立書をはじめ、各種目録、代理人の申立てによる場合の代理人許可申立書などには押印がなされますが、同一の印鑑を使用するように注意してください。

裁判所に行くときに注意すること

裁判所に行くときは、必ず申立書などの作成に使用した印鑑と筆記用具を持参すべきである。裁判所の窓口で書類の不備が見つかると、それが軽微な不備であれば、その場で訂正を求められる。臨機応変に応じられるように、印鑑と筆記用具は忘れないようにしたい。

■ 競売開始決定および差押登記の嘱託

申立てを受けた裁判所は、競売開始決定により、対象の不動産の差押えを宣言します。競売開始決定がなされた後、裁判所が直ちに（債務者への競売開始決定の送達前に）職権で差押登記の嘱託を行ってくれます。

差押登記の嘱託

原則として裁判所が職権で行う。正確には、裁判所書記官が書留郵便によって、管轄の法務局（登記所）に「差押登記嘱託書」を送付する。

■ 競売開始決定正本の送達

差押登記の嘱託がなされ、当該不動産に差押えの登記がなされると、競売開始決定の正本が債務者に送達されます。送達は裁判所書記官が職権で行います。この送達は、申立書に記載されている住所に宛てて発送されます。債務者に送達されれば問題はないのですが、所在不明なため送達できないこともあります。

その場合、裁判所は、申立人に対して、債務者の所在を調べるように言ってきます。そのままでは手続きが進まないので、債務者の所在を調査します。調査方法としては、債務者の関係者に問い合わせる方法や、住民票、戸籍の附票をとるという方法があります（第三者の住民票、戸籍の附票を取るには、正当な理由や使用目的が必要です）。

住所

法人の場合は本店・主たる事務所の所在地。

申立て受理から差押えの登記までの流れ

事件番号の付与 → **競売開始決定へ** → **差押登記の嘱託** → **差押えの登記**

- **事件番号の付与**
  - ・申立てに事件番号がつけられる
- **競売開始決定へ**
  - ・申立て受理から約1週間から2週間ほどで競売開始決定がなされる
  - ・差押え登記の嘱託は裁判所が職権で行う
- **差押登記の嘱託**
  - ・送達より差押えの登記の方が早ければ、登記の時点で不動産の処分ができなくなる
- **差押えの登記**
  - ・競売開始決定が債務者に送達されたときに不動産を処分できなくなる

もっとも、十分な調査を実行したにもかかわらず、債務者の所在がつかめない場合でも、強制競売ができなくなるわけではありません。執行の対象となる不動産さえあれば、手続きを進めることはできます。方法としては、裁判所に公示送達を申し立てるという手段が用意されています。

■ 滞納処分による差押登記がなされている場合

債務者が税金などを滞納していたため、すでに不動産に国税徴収法に基づく滞納処分による差押登記がなされている場合でも、競売開始決定を受けることはできます。しかし、滞納処分による手続きが進行するか、逆に滞納処分が解除されない限り、債権者の申し立てた競売手続は停止されます。債権者がじっとしていたのでは、競売手続が宙ぶらりんの状態が続きます。

そこで、債権者としては、裁判所に競売続行決定（強制執行続行決定）の申請をすべきでしょう。相当期間内に滞納処分による手続きが進行しない場合は、徴収職員等の意見を聴いた上で、裁判所から競売続行決定がなされ、競売手続の方を進行させることができます。

公示送達

裁判所内の掲示板に送達すべき内容を記載した書面が掲示されてから一定期間経過すれば、相手方に送達したものとみなす制度である。

滞納処分としての差押登記が存在する場合

強制競売の申立書に競売続行決定申請書を添付するようあらかじめ裁判所から指示される（強制競売の申立てと同時に競売続行決定を申請する）。また、わずかの差で滞納処分による差押登記が先行したときは裁判所が教えてくれるので、指示に従い競売続行決定の申請をするとよい。

PART3
12

債権の届出と配当要求

民事執行法のしくみ

競売事件に参加して債権を回収する

■ 他人が申し立てた不動産強制競売に参加する

強制競売申立ての準備をしていたところ、先に他の債権者が強制競売の申立てを行い、競売開始決定がなされたとしても、自らの債権を回収する機会が奪われるわけではありません。複数存在するであろう債権者間の利害関係を調整するために、債権の届出や配当要求といった制度が用意されています。

■ 債権の届出を行う

債権者が債務者所有の不動産に対して、すでに抵当権の設定を受けていたり、仮差押えをしていた場合には、他の債権者の申立てにより競売開始決定がなされると、抵当権設定などを受けていた債権者などに対して裁判所から債権の届出をするように催告されることになっています。

申立てをした債権者よりも、その不動産に対して優先的な担保権などをもっている者がいれば、その担保されている債権の額をそれぞれ明らかにします。その上で、不動産を競売し、売却代金から優先順位に従って配当します。具体的には、裁判所から「債権届出の催告書」が送られてきます。そして、同封されている「債権届出書」に必要事項を記載して、裁判所にそれを返送します。

債権届出書の記載

保有している債権の発生年月日と発生原因、元金の現在額、登記の表示、利息の利率、損害金の有無、仮登記の種別などについて記載する。

債権届出書の提出期限

配当要求の終期までであり、債権届出の催告書には、具体的な提出期限の日付が記載されている。その期限までに、必ず債権届出書を提出する必要がある。

虚偽の債権届出

債権の存在や金額を偽って債権の届出をすると、後で損害賠償を請求されることがある。

■ 他の債権者が強制競売の申立てをした場合の債権回収

自分以外の債権者が債務者所有の不動産に対して強制競売の申立てをした場合、大きく分けて2つの方法により債権の回収

債権届出と配当要求

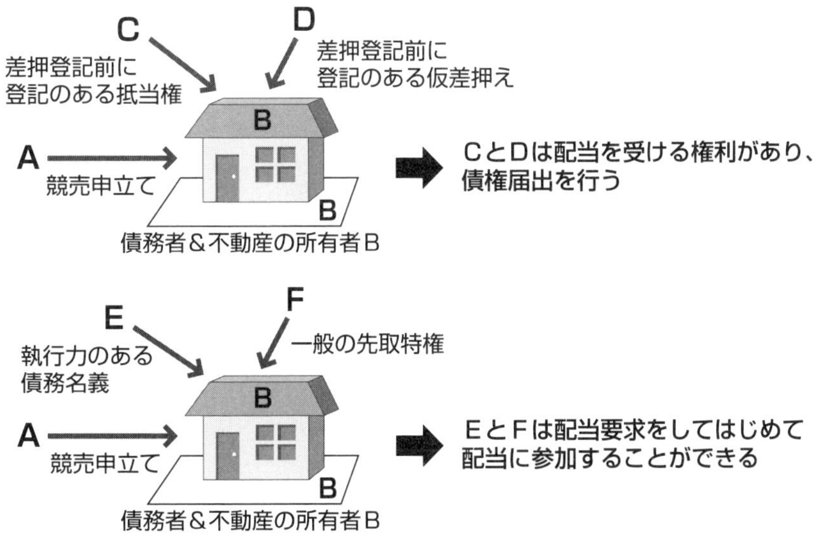

を図ることができます。1つは、自分も独自に強制競売の申立てをして二重に競売開始決定を得る方法です。もう1つは、他の債権者の申立てにより開始決定がなされた競売手続きに参加して配当を受ける方法です。

①　自分でさらに強制競売を申し立てる

下記の配当要求に比べて費用や事務手続きが余分にかかるのがデメリットです。メリットとしては、先行している強制競売手続きの停止・取下げがあったとしても、自己の申立てによって手続きが進行していくことが挙げられます。

②　配当要求の手段をとる

債権者が申し立てた強制競売はそのまま進行するのが通常であるため、他の債権者の申立てによりすでに開始決定されている競売手続きに参加して配当を受ける「配当要求」という手段をとることが合理的な場合が多いといえます。

配当要求ができる者

①執行力ある債務名義の正本を有する債権者、②差押登記後に登記された仮差押債権者、③文書により一般の先取特権を有することを証明した債権者に限定されている。債権者が①～③のいずれかに該当すれば、配当要求により競売手続きに参加できる。

配当要求の期限

競売事件が係属している裁判所の担当部に対して、配当要求の終期までに行う。期間を守らないと、配当を受けられないことがある。

入札方法

期間入札で行われることが多い

■ 入札・競り売り・特別売却

民事執行法は、強制競売において複数の売却方法を認めていて、裁判所はその中から売却方法を選択します。

① 入 札

購入希望者が希望する価格を入札し、その中の最高価格をつけた者に不動産を売却する方法です。入札には、期間入札と期日入札があり、多くの裁判所で期間入札が採用されています。

② 競り売り

買受けを希望する者が集まって、次々と買受希望価格を提示して、最高価格をつけた者に不動産を売却する方法です。

③ 特別売却

入札や競り売りの方法で買受人が現れなかった場合に執行官が行う売却方法で、原則として最初に買受可能価額以上の金額で買受けの申出をした者に不動産を売却します。

■ 保証金の振込みと証明書の用意

裁判所で対象となる不動産の評価が定まり、売却基準価額が決まると、申立人、その他の利害関係人に対して入札の通知書が送られます。また、公告などにより、一般の買受希望者も期間入札について知ることができます。ただ、競売される不動産の買受けを申し出る場合には、提出すべき書類の他に保証金を提供することが必要です。保証金の額ですが、売却基準価額の10分の２が原則とされ、場合によってはそれを上回ることもあります。保証金額は、入札公告に記載されます。

売却条件の決定までの流れ

債権者の申立てに基づいて競売開始決定を行うと、裁判所は、対象となる不動産の現況調査、評価を命じる。そして、下された評価に従い、不動産の売却基準価額をはじめとする売却条件を決定する。

買受可能価額とは

競売不動産を買い受ける場合、どのような金額でも申し出ればよいわけではない。買受可能価額は売却基準価額の８割以上の金額とされているので、申出の際はこれ以上の金額を提示しなければならない。

入札書の記入方法

日付、事件番号、物件番号、入札人の住所・氏名（代理人によるときはその住所・氏名も）、入札価額、保証の額、保証の提供方法などの必要事項を記入して押印する。入札書は封印して提出する。

入札の方法

期間入札	定められた一定期間の間に、入札を受け付ける方法。裁判所へ出頭しなくても、郵送により入札することができる。
期日入札	指定された日に裁判所に出頭し、入札をして、最高価買受申出人（最も高値をつけた者）をその場で決定する方法。

保証金の金額が判明した時点で、裁判所に対してそれを提供します。提供方法は、入札方法に応じて異なっています。

保証金の振込みが完了すると金融機関の発行する証明書（振込金受取書）を「入札保証金振込証明書」に貼付します。この書式は、入札書と共に裁判所に提出します。保証金を振り込み、その証明書の用意ができると、入札書を作成します。

■ 売却許可決定をする

開札期日が到来すると、初めて執行官が入札書用封筒を開封します。そして、入札人それぞれの入札価額を比較し、最高価買受申出人を決定します。最高価買受申出人が決定されると、執行官は期間入札調書を作成し、執行裁判所に提出します。手続上とくに問題がなければ、執行裁判所は売却許可を決定します。

■ 差引納付の申出をする

強制競売を申し立てた債権者が入札し、落札をした場合には、形式的には、申立人が売却代金を支払い、その売却代金から配当を受けることになります。しかし、簡易・迅速な決済のために、代金納付の段階で、受けるべき配当額を差し引いた金額を納付することが認められています。これを差引納付といい、売却許可決定が確定するまでに申し出ます。

入札書用封筒への封入、提出

期日入札の場合とは異なり期間入札の場合は、入札書の改ざんなどができないように、入札書の提出段階で入札書用封筒に入札書を封入する。入札書用封筒は入札書と共に裁判所で交付している。裁判所への提出の際には、入札書用封筒の他に、振込証明書、住民票、資格証明書といった必要書類を添付する。これらの証明書を入札書用封筒に同封しないようにする。

暴力団員等に該当しない旨の陳述書

令和２年施行の民事執行法改正により、暴力団員等に該当しない旨の陳述書の提出が入札書ごとに必要になった。入札時に陳述書の提出がないと入札が無効になる。

開札の期日

入札人は出席すべき義務はない。ただし、次順位買受けの申出（落札者が買受代金を納付しないときに不動産を買い受ける申出のこと）ができなくなるので注意したい。

代金の納付

ローンで競売物件を買い受けることができる

■ 添付書類、登録免許税、郵便切手を納付する

競売が終了し、売却許可決定がなされると、買受人となった者に対して、代金納付期限通知書が送付されてきます。買受人は、代金納付期限通知書に記載されている期限までに、入札書に押した印鑑を持参し、代金納付期限通知書と共に、支払済みの保証金を控除した残代金、必要な添付書類、登録免許税、郵便切手を裁判所の会計部に納付・提出します。登録免許税や郵便切手は必要経費ですが、買受人の利益のために使用されるので、買受人が負担することになっています。

買受人が債権者の場合

資格がある債権者の場合は、代金全額を納付した後、後日裁判所から配当金が交付されるが、このような回りくどい方法を回避するため、差引納付の申出が認められている。
差引納付とは、代金から配当額を差し引いた残額だけを納付する方法である。差引納付をしたいときには差引納付申出書を提出する。ただし、差引納付の申出は、売却許可決定確定前にしなければならない。

① 添付書類

代金納付に際する添付書類として、住民票（個人の場合）、資格証明書（法人の場合）、買受物件の最新の不動産登記事項証明書、買受物件の固定資産評価証明書を提出します。

② 登録免許税

買い受けた不動産の所有者名義を買受人に移すために、登録免許税が必要になります。この場合の登録免許税は、原則として、固定資産評価額の1000分の20とされています。

ただ、競売の時点で対象とされている不動産登記に、仮登記や抵当権登記などが負担されている場合には、それらの抹消登記も申請しなければなりません。そのため、不動産1個につき1000円の登録免許税がさらに要求されます。

抹消登記

債務の弁済（返済）により設定していた抵当権が消滅するなど、登記しておくべき原因がなくなったときに、その登記を抹消するために行う登記のこと。

③ 郵便切手

裁判所から法務局（登記所）に対して登記を嘱託したり、買受人に対して登記後に登記識別情報を送付するときに、郵送料

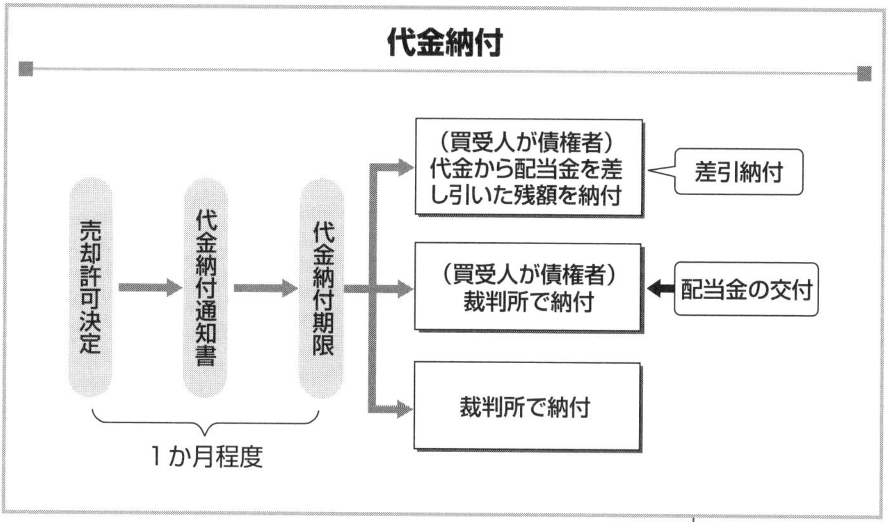

が必要になります。その分の郵便切手を納付します。

■ ローンを組む場合には

通常ローンを組んで不動産を購入する場合、所有権移転登記と同時に金融機関に設定した担保権も登記しなければ、金融機関は融資をしません。かつては、一括して代金を支払えるだけの資力がないと競売物件を手に入れるのが困難でした。しかし、より多くの人が競売に参加できるように、競売円滑化法が制定され、それに伴い民事執行法が改正され（民事執行法82条２項）、ローンを組んでの買受けがしやすくなりました。つまり、買受人への所有権移転登記をするのと同時に、担保権の設定登記もできるようになったのです。

具体的には、買受人と融資をする金融機関が共同して指定した弁護士もしくは司法書士が、裁判所から所有権移転登記の嘱託書の交付を受けて、買受人への所有権移転登記と共に、抵当権などの担保権設定登記も申請することができます。

改正前の問題点

改正前は、所有権移転登記と同時に担保権の設定登記ができず、買受人に所有権移転登記がなされた後でしか担保権の設定登記ができなかった。競売の場合は、所有権移転から担保設定まで時間がかかる場合があり、代金納付の時点で担保権を設定できないことから、この点がローンを組んでの買受けを妨げる要因となっていた。

ローンの手続き

手続きを利用する場合、買受人と金融機関は、弁護士もしくは司法書士を指定した上で、連名で裁判所に対して申し出る。この申出は「民事執行法82条２項の規定による申出書」と「指定書」を作成、提出して行う。このとき、資格証明書や担保権設定契約書のコピーを添付する。

配当金を受領する手続き

最終的に債権額を計算しなければならない

■ 配当期日呼出状が送られてくる

売却許可決定が下されて、買受人が代金を納付すると、いよいよ債権者が待望していた配当になります。

買受人による代金の納付後、その代金を元として債権者への配当を実施する日（配当期日）が決定され、裁判所から債権者へ呼出状が送られてきます。このとき、配当を受けるにあたって必要な「債権計算書」も提出するように催告されます。

なお、ここでは大雑把な使い方をしていますが、厳密には、債権者の数と債権と費用（負債総額）の全額を弁済できるかどうかで用語は異なっています。債権者が１人の場合と、債権者が２人以上であっても売却代金で債権と費用の全額を弁済できる場合は「弁済金の交付」と呼んでいます。

これに対し、債権者が２人以上で、売却代金で債権と費用の全額を弁済できず、優先順位なり按分比例（債権額に比例して配分すること）なりによって分配される場合は「配当」と呼んでいます。ほとんどのケースでは、全額を弁済できないのが実情であるため、配当の手続きが行われます。

配当と弁済金の交付の違い

配当の場合は、配当表（他の債権者への配当額など）に不服があるときに配当異議の申出ができるのに対し、弁済金の交付の場合は、配当異議のような制度がない。

■ 債権計算書の提出をする

配当とは、最終的に確定された債権額に応じて、売却代金から支払いがなされる手続きです。当然のことですが、その前提として債権額が明確にされる必要があります。貸金の元金や売買代金などは、もともと金額がはっきりしているので問題はありません。しかし、時間の経過と共に増加する利息や損害金は、

配当を受け取るまでの流れ

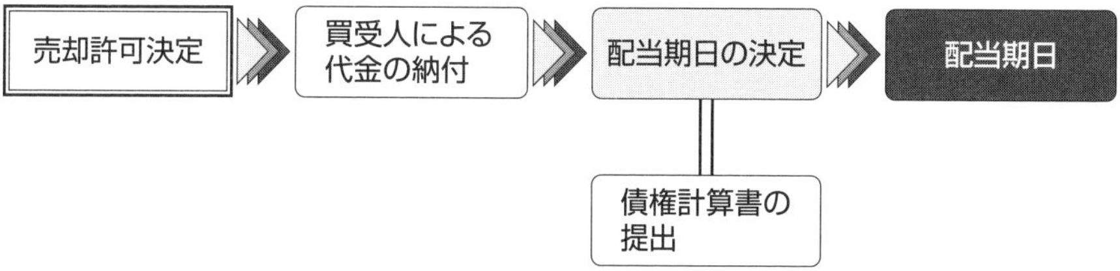

強制競売の過程では、まだはっきりとしていません。また、執行のための費用もかかっているはずです。そこで、配当を実施するにあたって、債権者は、配当期日を基準とした債権額を計算した書面を提出することになっているのです。

債権計算書には、事件番号、日付、債権者の住所・氏名・押印・電話番号、債権額合計、債権の発生年月日・原因、元金現在額、利息の利率・現在額、損害金の現在額、執行費用などを記載します。計算間違いのないように注意し、検算した上で記入するようにしましょう。

なお、債権計算書は、配当期日呼出状を受け取った日から1週間以内に提出することになっています。遅れることのないようにしましょう。

配当期日には、各債権者が出席した上で、裁判所から配当表の原案が提示され、各債権者に対する配当に問題がないかを確認します。配当表とは、裁判所書記官が、債権者各自にいくらの配当がなされるのかを記載した一覧表です。配当について各債権者が異議を述べなければ、配当表どおりに配当金が交付されることになります。配当金の交付にあたっては、請求書や領収書に必要事項を記載し、署名押印して、裁判所書記官に提出します。請求書と領収書は裁判所で用意されています。

配当表に異議がある場合

配当表に異議がある旨が述べられると、その部分については配当が留保される。そして、異議申立者は、それから1週間以内に配当異議訴訟を提起することができる。もし1週間以内に配当異議訴訟が提起されなければ、配当異議の申出は取り下げられたものとみなされる。

PART3
16

強制管理の利用

債務者から管理権を奪って賃料から債権回収を図る

■ 賃料を確保して定期的に債権者に配当する手続き

債務者が貸しビルなどを所有している場合は、債務者に賃料収入があります。この場合、賃貸不動産の管理権を債務者から奪って、賃料から債権回収を図る強制執行もあります。これを強制管理といいます。

とくに同じ不動産に複数の賃借人が入居している場合、賃料債権の差押えと異なり、強制管理により一挙に複数の賃料収入を債権回収に充当できる他、管理状態が悪い不動産について、強制管理を経て管理の改善を図り、その後に強制競売を行うことでより高値で売却することも期待できます。他方、管理人の報酬などのコストがかかりますので、不動産の規模によっては利用しにくい場合があります。

強制管理は、強制競売と同様、債権者からの申立てによって開始されます。強制管理の申立てがなされ、裁判所から不動産強制管理開始決定が下されると、対象不動産が差し押さえると共に、不動産を管理する管理人が選任されます。多くの場合、管理人には弁護士もしくは執行官が就任します。裁判所は、債務者に対して不動産の収益や処分を禁止し（収益処分禁止）、賃借人に対して賃料を以後管理人に給付するように命じます。つまり、賃貸物件の所有者である債務者は賃料を得ることができず、賃借人は管理人に賃料を支払うことになります。

このように裁判所の監督の下、管理人が不動産から生じる収益を確保し、それを定期的に債権者に配当していくのです。

強制管理申立書の記載内容

基本的には不動産強制競売申立書の記載内容と同様であるが、管理人が選任されるので、管理人に推薦したい者がいる場合はその旨を記載する。また、「不動産の収益を給付すべき第三者」として賃借人の住所（法人の場合は主たる事務所の所在地）・氏名（名称）を記載する。さらに、その第三者が負担している給付義務の内容（1か月あたりの賃料額など）も記載する。
ただ、この給付義務の内容を債権者が正確に把握することは困難なケースが多い。強制管理の申立ては、債務者に察知されないように始めなければ実効性が薄いため、債務者や賃借人に問合せをしにくいことが強制管理を利用する際のネックとなっている。

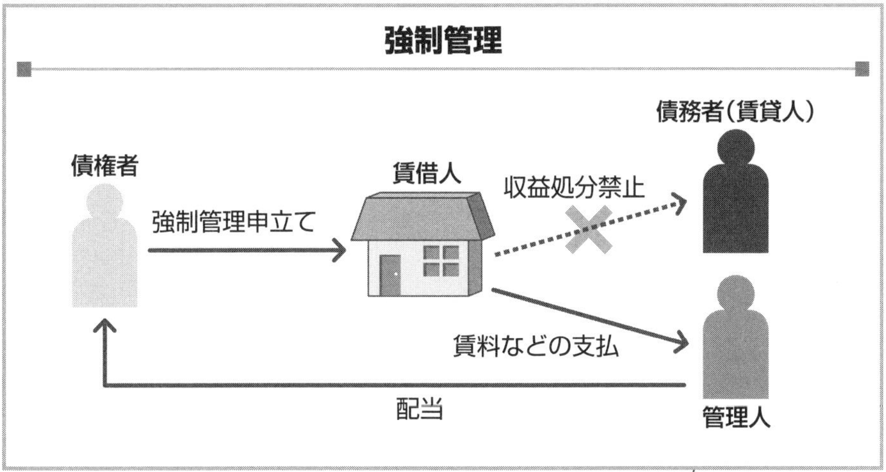

■ 担保権がある場合の担保不動産収益執行

担保権が設定されている不動産については、担保不動産収益執行という制度があります。手続きについては、強制管理に関する規定を準用しています。

担保不動産収益執行とは、債務名義を有する債権者の申立てに基づき、担保権が設定されている不動産を維持管理しつつ、そこから得られる収益を債権回収に充当する制度です。実際には、競売の申立てと同時に担保不動産収益執行の申立ても行い、配当までの間に担保不動産から生じる収益を充当していくという手法も行われています。

なお、不動産に抵当権が設定されている場合、その不動産から生じる賃料などの収益（価値代替物）については、その収益について抵当権者が優先的に弁済を受けられる民法上の物上代位という制度もあります。担保不動産収益執行と物上代位による債権差押え（賃料などの差押え）が競合する場合は、物上代位による債権差押えの手続きが停止します。そして、債権差押えを申し立てた債権者は、担保不動産収益執行の配当手続きに参加して自らの債権を回収することになります。

PART3
17

担保権の実行としての不動産競売

基本的な手続きは強制競売とあまり変わらない

■ 担保権の設定を受けているときには

不動産を競売にかけて売却した代金から配当により債権を回収する方法は、強制競売（強制執行）だけではありません。

もともと、不動産について抵当権などの担保権の設定を受けている債権者であれば、担保権の実行としての不動産競売（担保不動産競売）の手続きを利用することができます。

そのしくみについて、具体例を挙げて説明していきます。

たとえば、ＡがＢ銀行に対して「1000万円の借金をしたい」という申込みをしました。しかし、Ｂ銀行も簡単に貸すわけにはいかず、Ａから後日返してもらうという確実な保証をとりつけなければ、怖くて貸すことができないと考えます。

そこで、Ａは、Ｂ銀行を安心させるために、自分が所有している2000万円のアパートを担保に差し出しました。つまり、「自分は2000万円のアパートを差し出すから、もし1000万円を返せなくなったら、そのアパートを売り払って借金を回収してください」というわけです。この場合、Ｂ銀行はＡが所有するアパートに抵当権を設定します。

その後、約束の返済期日になっても、ＡはＢ銀行にお金を返すことができませんでした。そこで、Ｂ銀行は裁判所に対して、競売手続きの申立てをします。つまり、「Ａに1000万円貸したが、返してもらえない。そこで、抵当権を設定している2000万円のアパートを売り払ってお金に代えたいので、手続きをとってください」と依頼するわけです。そして、その依頼に基づいて裁判所はＡのアパートを売却することになります。

担保／担保権

将来発生するかもしれない不利益に備えて、その補いとなるものを担保という。人的担保（保証など）では「人」が担保となり、物的担保（抵当権や質権など）では「物や権利」が担保となる。また、担保に関する保証や抵当権などの権利のことを担保権という。

担保権の実行要件

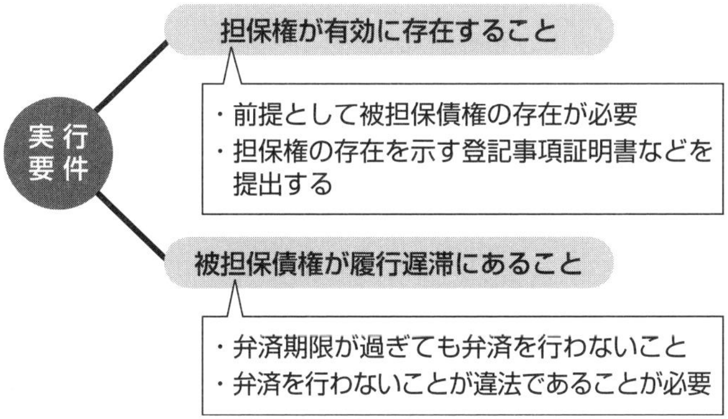

■ 強制競売と担保権の実行の共通点と相違点

強制競売と担保不動産競売は、不動産を競売にかけて売却し、その代金を元に債権の回収を図るという点で共通しているといえます。しかも、強制競売と担保不動産競売は、債権者からの申立てに始まり、差押え→競売→配当という手順も同じです。そのため、双方とも民事執行法で規定されており、担保不動産競売の手続きは強制競売の手続きを準用する形をとっています。

しかし、両者には相違点もあります。強制競売では、債務者の不動産を売却する場合に、あらかじめ訴訟を提起して勝訴の確定判決を得るなど、債務名義を取得しなければなりません。これに対し、担保権の実行の場合は、債務名義の取得は必要なく、一定の要件を満たせば、すぐに担保不動産競売の手続きをとることができます。

■ 担保権を実行するための要件

一般的な担保権の実行要件は、有効な担保権の存在と、被担保債権の履行遅滞です。

担保不動産競売の根拠

強制競売は、債権者がすでに獲得している債務名義を根拠にして、強制的に不動産を売却する手続きだが、担保権の実行としての不動産競売は、設定された担保権が根拠となっている。

強制競売と担保不動産競売

この2つの競売手続きは、もともと別の法律に規定されていたが、手続きの統一性を図るために、今ではどちらも民事執行法で取り扱っている。

①　担保権が有効に存在すること

被担保債権
担保権により担保される債権。

第一に、担保権は債権を担保するためにこそ存在する権利なので、担保によって保全される債権（被担保債権）が存在していることが必要不可欠です。当初から被担保債権が存在しないのに、抵当権設定契約が結ばれていたとしても、その抵当権は無効です。また、被担保債権が有効に成立していたとしても、その後に弁済や相殺などによって消滅した場合には、抵当権も消滅します。もし、被担保債権が存在していないにもかかわらず、担保権の実行が申し立てられると、債務者（不動産の所有者）から異議が申し立てられて、競売開始決定が取り消されてしまうことになります。

また、被担保債権が有効に存在していても、抵当権設定契約が詐欺や強迫により取り消されるなどして、抵当権自体が有効に成立していなければ、担保権の実行は許されません。そのため、申立てをする際には担保権の存在を証明する書類を提出します。通常は、担保権の設定に伴い登記がされているはずなので、不動産の登記事項証明書を提出します。もっとも、担保権の設定について、登記はあくまでも第三者に対して権利を主張するための対抗要件にすぎないので、登記がなくても担保権の実行を申し立てることはできます。

対抗要件
当事者間で行った法律行為（契約など）の発生・変更・消滅の効果を当事者以外の第三者に主張するために必要な要件のこと。

しかし、未登記あるいは仮登記の担保権については、より強い証明力のある証明書の提出が要求されています。たとえば、確定判決または公正証書の提出が必要になります。

②　被担保債権が履行遅滞にあること

確定判決
不服申立てができなくなった判決。

①の担保権が有効に存在することの前提として、被担保債権が有効に存在していることを説明しました。ただ、被担保債権は有効に存在していればよいだけではなく、債務者が履行遅滞に陥っていることが必要とされます。履行遅滞は、単に債務者が履行期（期限）を守っていないだけではなく、それが違法であることが必要です。

履行遅滞
履行期に債務を弁済しないこと。

期限の利益の喪失

２か月連続で不払いがあった場合、当然に期限の利益を喪失するという約款の場合

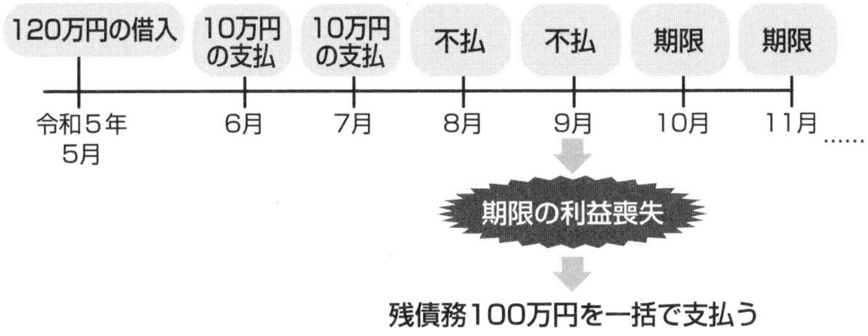

また、債務が分割払いの形式をとっている場合には、期限の利益喪失約款が問題になります。

たとえば、令和５年５月に120万円を借りたとします。同年６月から12回払いで毎月10万円を返済し、期限の利益は、返済が２か月滞った場合に喪失すると定めたとします。同年７月までは順調に返済していたものの、同年８月から返済が止まり、同年９月も返済をしませんでした。２か月間返済が滞ったため、借り手は期限の利益を喪失しました。この場合、期限の利益喪失約款により、残りの債務額100万円を一括で支払わなければなりません。

分割払いの支払形式をとっている契約では、この期限の利益喪失約款を採用しているケースが多いといえます。期限の利益の喪失には、債権者によるその旨の意思表示が必要とされている場合（請求失期）と、意思表示は必要なく自動的に生じる場合（当然失期）とがあります。期限の利益喪失により債務者が履行遅滞に陥っている場合には、その旨も申立書に記載して明確にしなければなりません。

期限の利益喪失約款

債務者が約束した返済期日に返済をしなかった場合に、債権者が債務者に残りの債務全額を一括払いで支払うよう請求することができる旨の特約。一回でも支払いを怠ったら直ちに期限の利益を喪失するといった内容の約款もある。

PART3
18

動産執行

さまざまな物が動産として執行対象となる

■ 動産執行とは

動産執行（動産の強制執行）とは、債務者の所有する動産を差し押さえて、それを競売にかけ、その売却代金から配当を受けて債権回収を図る手続きです。

不動産は所有権の他にもさまざまな権利の対象となっており、財産的価値も高いので、競売にあたっては慎重さが強く要請されます。しかし、動産は取扱いがしやすいため、競売の手続きは不動産に比べて簡単なものになっています。もっとも、動産は不動産のように登記されるわけではなく、権利関係が不明確なケースもあり、差押えができるのかどうかがわかりにくいこともあります。

■ 執行の対象となる動産

動産執行における動産は、民法上の動産とは少し異なり、民法よりも広く設定されています。民法上、貴金属や家財道具、パソコンやコピー機などの「土地およびその定着物以外の物」が動産に分類されますが、動産執行では、これらの物に加え、以下の物もその対象となる動産に含まれます。

まず、土地の定着物であっても登記ができず、容易に土地から分離できるものは動産として扱われます。ただし、土地に抵当権等の担保権が設定されている場合は、その効力がこれらの物にも及ぶため、定着物だけを動産執行の目的として差し押さえることはできません。

次に、穀物や果実、野菜など土地から分離する前の天然果実

動産執行の手続き

動産執行も不動産執行と同様、債権者の申立てによって始まる。申立書や添付書類などの書面を提出することも同じである。ただ、不動産執行と大きく異なる点は、執行機関が裁判所ではなく執行官だということである。
執行官は裁判所にいるが、自ら債務者の下に赴いて動産を差し押さえる。競売を行うのも執行官の仕事である。執行官により差押えがなされ、競売がなされると、その売却代金から配当が行われる。

登記・登録のある動産

登記または登録がされている船舶（総トン数20トン以上）、航空機、自動車、建設機械は、執行官の判断に適しない複雑な権利関係が生ずる可能性があるから、動産執行の対象から外され、不動産執行に準じ、強制競売の方法により執行が行われる。

容易に土地から分離できるもの

たとえば、庭園にある庭木や庭石、石灯籠などが該当し、これらが動産執行の対象となる。

動産執行のしくみ

例）住居や店舗内の金品を差し押さえたい

- **動産執行の申立てを検討**
- ↓
- **地方裁判所の執行官に対して申し立てる** — 申立費用と執行費用も用意。
- ↓
- **執行官と差押えのための打ち合わせをする** — 執行官は、執行や書面の送達を行う。
- ↓
- **差　押** — 生活に必要な衣服、寝具、家具、台所用品など、多くの財産の差押えが禁止されている。
- ↓
- **売　却** — 競り売りによる場合が多い。
- ↓
- **配　当** — 債権者が一人の場合などは、弁済金の交付となる。

で、１か月以内の収穫が確実であるものは動産執行の対象となります。農場主や競走馬の馬主、養魚者が債務者である場合は、豚、牛、馬、魚などの動物も動産執行の対象となります。

最後に、有価証券も動産執行が可能ですが、裏書が禁止されていないものに限られます。

有価証券の例

株券、国債・社債等の債券、約束手形、為替手形、小切手など。

裏書

有価証券の所持人が第三者に権利を譲渡するために有価証券の裏面に署名押印をすること。

■ 執行の対象とならない動産もある

債務者の所有する動産といっても、そのすべてを競売できるわけではなく、債務者とその家族が当面生活していけるだけのものは残さなければなりません。そこで、生活に不可欠な衣服、寝具、家具などの家財道具、１か月の生活に必要な食料や燃料、２か月間の必要生計費として66万円の金銭など、一定の財産については差押えが禁止されています（差押禁止動産、176ページ）。なお、銃砲刀剣類、劇薬などの危険物、天然記念物に指定されている物などは、特別な手続きが必要です。

動産執行の申立て①

執行場所などを正確に記載することが必要

■ 申立書を提出する

動産執行の申立ても、不動産執行の場合と同様に申立書と添付書類を提出することから始まります。

動産執行の申立ては、動産の所在地を管轄する地方裁判所に所属する執行官に対して行います。動産執行を申し立てる際には、執行官の手数料と強制執行に必要な費用をあらかじめ納付しなければなりません。

強制執行申立書を執行官室の窓口に提出すると、納付すべき金額を示した保管金納付書を交付してもらえます。この納付書と現金を裁判所の会計または裁判所内の銀行（東京地裁の場合）に提出することで納付できます。なお、申立てに際して納付するこれらの金額が、手続きの進行に伴い、実際に足りなくなることもあります。そのときには、執行官から不足分の追加納付を促す通知が来ますから、それに従って速やかに追加納付をします。

動産執行の申立てをする場合も、他の強制執行の申立てと同様に、執行力ある債務名義の正本、債務名義の送達証明書をはじめとする書類を添付します。執行場所の地図も必要になります。添付書類は、申立て時の状況によってさまざまなものが必要になります（次ページ図参照）。

■ 執行場所を特定する

個々の動産について、差押えが可能な債務者所有の動産であるかどうかをその場で厳密に特定するのは困難です。そこで、動産執行では、迅速に執行をするため、申立書で執行場所を特

動産執行の申立書

不動産執行の申立ての場合よりも、動産執行の申立書は簡単なものとなっている。

執行日時の決定と通知

東京地方裁判所では動産執行の申立てがなされると、申立人に対して執行官との面会票が交付される。申立人は、この面会票に記載されている日時に、執行官と執行官室で面会し、執行の具体的日時と立会いについて話し合う。執行官とは、動産執行の現場で合流することが多い。
なお、民事執行規則では、動産執行の申立てがあった日から1週間以内の日を執行に着手する日時と定め、かつ、その日時を申立人に通知すべきと定めている。

動産執行の申立ての際に提出するおもな添付書類

❶ 執行力のある債務名義の正本

他の強制執行の申立てと同様に、執行力のある債務名義の正本が必要。確定判決の場合は裁判所書記官に、執行証書の場合は公証人に、執行文を付与してもらう。

❷ 債務名義の送達証明書

動産執行を申し立てる際には、債務者に対して債務名義の送達があらかじめまたは同時になされることが必要。原則として、この送達が行われていることを証明する書類の添付が必要になるが、例外的に強制執行と同時に送達をすることも認められている。

❸ 委任状

申立てを代理人によって行う場合には、債権者は代理権を示す委任状を交付し、それを添付して提出する。

❹ 資格証明書

債権者あるいは債務者が法人の場合には、その代表者（代表取締役、理事長など）が誰であるのかを示すために、資格証明書を添付する。

❺ 動産の所在場所の地図

実際に執行官が動産の所在場所に到達できるように、所在場所を示す地図を添付する。

定し、特定された執行場所にある動産については、執行官の判断で差押えを行うことができます。

このように、執行場所は差押えの範囲を決めるものとして重要ですから、申立ての際は慎重に検討すべきです。執行場所は屋内であることが多いですが、屋外や自動車内なども指定することができます。申立書には執行場所の地図も添付します。

執行場所には、債務者が管理する場所であっても、同居人がいる場合など、第三者の所有する動産が混在している可能性があります。本当はその動産が第三者の所有物であっても、客観的な状況からそれが第三者の所有物であると判断できない限り、執行官はその動産の差押えができます。

執行官に対する弁済

債務者の中には、「まさか強制執行まではしないだろう」と安易に考えていたため、債務の履行を遅らせる者もいる。そのため、現場で債務者に出会った場合、執行官は債務者に対して債務を弁済するように促すことができる。もし、債務者がこれに応じて弁済をすると、執行官は債権者のために、これを受領することができる。債務者の弁済額が全額ではなく一部の場合も、執行官は弁済を受領することができる。

もっとも、所有する動産を差し押さえられた第三者は、第三者異議の訴えを提起して争うことができます。

執行場所には、債務者が管理する場所であっても、同居人がいる場合など、第三者の所有物などが混在している可能性があります。本当はその動産が第三者の所有物であっても、客観的な状況からそれが第三者の所有物であると判断できない限り、執行官は動産を差し押さえることができます。所有する動産を差し押さえられた第三者は、第三者異議の訴えを提起して争うことができます。

■ 執行場所への立入りと立入りの際の制約

動産執行は、執行官が申立書に記載された執行場所に行き、差押えを開始するところから始まります。執行官は、執行官である身分を証明する文書を携帯し、債務者などから請求があったときには、提示しなければなりません。

執行官は動産を差し押さえますが、動産がある執行場所は建物の内部であることが多く、また、屋外に所在する場合であっても、自動車のように鍵がかかっていることがほとんどです。何かの容器に保管されていたり、包まれていることもあります。

このような事情から、執行官は、動産執行に必要な限度で、債務者の同意なく強制的に動産が占有されている執行場所に立ち入ることができます。

差押えのための立入りは、債務者の承諾を要しない強制的なものであり、いくら正式な手続きに従っているとはいえ、適正に行われなければならないことは、言うまでもありません。

休日や夜間については、できる限り強制執行を控えなければなりません。また、人の住居に立ち入って差押えをする場合には、個人のプライバシーの制約を伴うため、適正さを保障する必要性が高くなります。そのため、執行官は、市区町村の職員、警察官、その他証人として相当と認められる者を立ち会わせな

執行官の立入り

債務者の住居・事務所・倉庫・車内など、さまざまな場所が執行場所となり得る。住居の入口などに鍵がかかっており債務者も不在である場合は、立会人を置いた上で鍵を開けたり壊したりすることができる。この場合、原則として開錠の専門業者に請け負わせることになる。

差し押さえられた動産の保管

保管方法は複数あり、執行官が状況に応じて判断する。
①そのまま保管させる
執行官が封印票などを貼り付ける。執行官が相当と認めれば、差押物をそれまでのように使用することができる。
②執行官が保管する
現金、有価証券、貴金属類など紛失の危険の高い物や持ち運びの容易な物は、執行官が保管した方が安全である。
債権者や第三者が占有する動産の保管についても、①②に準じる。

執行官の差押手続き

動産執行の開始

↓ 申立書に記載された執行場所に行く

執行場所への立ち入り

↓ 必要な限度で債務者の同意なく立ち入りができる
差し押さえるべき動産を捜索

動産の差押え

↓ 執行官の判断で差し押さえる動産を選択する
差押禁止財産あり

差し押さえた動産の保管

ければならないとされています。

■ 動産を差し押さえる

執行官は動産の執行場所に立ち入り、差し押さえるべき動産を捜索することができます。封緘されているものを開けたり、金庫の鍵を開くこともできます。開錠のために専門業者を同行させることもあります。

ただし、執行官といっても、債務者の身体まで捜索することは許されません。もし、債務者が差し押さえるべき動産（現金、貴金属類、有価証券など）を所持していることが明らかなときは、執行官は債務者を説得して動産を提出させた上で、それを差し押さえることになります。

また、商品を倉庫に預けたり、人に貸したりしている場合など、第三者が占有していると判断できる動産については、第三者が差押えを承諾した場合に限り、動産を差し押さえることができます。さらに、債権者が質権の設定を受けるなど、債務者の動産を占有している場合には、それを執行官に提出して差押えを受けることができます。

休日・夜間の執行

どうしても休日または夜間（午後7時から翌日の午前7時まで）に執行しなければならないときは、執行裁判所の許可を受ける必要がある。

債務者などの抵抗を排除する

稀に債務者や第三者が実力行使により執行の妨害をすることがある。執行官が債務者などから抵抗を受けたときは、自ら威力を用いたり、警察に援助を求めたりして、抵抗を排除することができる。この場合、市区町村の職員など、相当と認められる者を立ち会わせなければならない。

PART3
20

動産執行の申立て②

差し押さえることができない財産がある

■ 超過差押えの禁止・無剰余差押えの禁止

執行にあたってどの動産を差し押さえるのかは、原則として執行官の裁量に委ねられています。ただし、何でも、いくらでも、差し押さえることができるわけではありません。

具体的には、債権や手続費用の弁済に必要な限度を超える差押えはできません（超過差押えの禁止）。

また、差し押さえるべき動産の売得金の合計金額が手続費用すら超えないと予想される場合も、差押えをすることはできません（無剰余差押えの禁止）。

■ 差押禁止動産

一定の財産については、債務者の生活を保護するため、差押えが禁止されています（差押禁止動産）。差押禁止動産には、たとえば、次のようなものがあります。

① 債務者等の生活に不可欠な衣服、家具などの家財道具
② 債務者等の１か月の生活に必要な食料や燃料
③ 66万円以下の現金
④ 技術者、職人などの業務に不可欠な器具など
⑤ 仏像・位牌などの礼拝・祭祀に不可欠なもの
⑥ 建物などにおいて設置義務のある消防器具・避難器具

これらの民事執行法の定める差押禁止動産の範囲については、債務者などの申立てにより、債務者などの生活状況を考慮して、裁判所が変更することもできます（差押禁止動産の範囲の変更）。債務者の状況に配慮して差押禁止動産を拡大するだけで

執行に必要な費用

鍵を開けたり、捜索を行う際に費用がかかった場合には、その費用は執行に必要な費用として計上される。

差押禁止動産が差し押さえられた場合

当事者は執行異議の申立てによって、その是正を要求することができる。

差押禁止動産

本文記載の動産の他、次の動産は差押えが禁止されている。

- 農業従事者に不可欠な農具、肥料、家畜、飼料、種子など
- 漁業従事者に不可欠な漁具、えさ、稚魚など
- 仕事や生活に使用している印鑑
- 日記、商業帳簿など
- 勲章など
- 学校などで使う教材など
- 未公表の発明物や著作物
- 生活に使用している義手、義足など

差押えに関する２つの禁止原則

禁止原則

超過差押禁止の原則	差押えの行使は必要かつ最小限度でなければならない。そのため、執行官は、差押えに際しては、差押債権者の債権と執行費用の弁済のために必要な限度を超過して、動産を差し押さえてはならないという原則。
無剰余差押禁止の原則	差押えは競売のための前提としての手続きであり、債権を回収するためのものである。そのため、執行手続きに必要な費用を弁済してもなお、債権の弁済ができるほどの余剰が生じる見込みがないときには、執行官は差押えをすることはできないという原則。

なく、請求債権の性質や債権者の状況に配慮して差押禁止動産を限定することも可能です。

■ 差押えの効力

差押えにより、債務者が自由に差押物を処分することが禁止されます。ただし、差押物を引き続き債務者に占有させる場合、債務者に対してその使用を認めることは可能です。

もし、債務者が第三者に対して売却などの処分をしたとしても、その処分は執行手続上無効として取り扱われます。その場合、差押債権者の申立てにより、執行裁判所は、占有している第三者に対して、差押物を執行官に引き渡すように命じることになります。ただし、差押物を取得した第三者が、それが差押物であることを知らず、かつ、知らないことにつき過失がないときは、その第三者がその動産の所有権を取得してしまいます(これを即時取得といいます)。その場合は差押えの効力が消滅し、結果として差押えが無意味となってしまうのです。もちろん、債務者は、刑法上の横領罪の罪責を負うことになります。

債務者に保管が委ねられている場合

差押え後でも例外的に差押物の通常の用法に従った使用が許可されることもある。その際、差押物から天然の産出物が生じることもあるが、その産出物についても、債務者が自由に処分できるわけではなく、差押えの効力は及んでいる。
たとえば、差し押さえられた養鶏の飼育が許可されたとしても、養鶏が生んだ卵を債務者が販売することなどは許されない。

動産執行の配当要求

配当要求できる者の範囲が不動産執行の場合と異なる

動産の配当要求の特徴
不動産競売での配当要求よりも、参加できる者の範囲が狭くなっているのが特徴である。

■ 配当要求できる者

動産執行が行われているときに、その手続きを利用して売却代金から配当を受けることができます。つまり、他人が申し立てた強制執行の手続きを利用して、債権を回収するわけです。これを配当要求といいます。動産執行のケースでは、配当要求ができるのは、執行の対象となっている動産を質物として占有する質権者または当該動産に対して先取特権を持つ者に限られています。不動産執行のケースでは、すでに仮差押えをしている債権者や債務名義をもっている債権者も、配当要求が認められていましたが、動産執行では認められていません。この場合に配当を得るには、別途、動産執行の申立てをして、その後で事件を併合してもらうという方法があります。

先取特権とは
法律上当然に発生する特別な担保権のこと。

■ 動産に関する先取特権にはどんなものがあるのか

配当要求ができる者として、質権者と共に認められているのは先取特権者です。動産に関する先取特権には、特定の動産に対してのみ認められる動産先取特権と、債務者の財産一般に対して認められる一般先取特権があります。

① 動産先取特権

動産先取特権の種類は、次ページ図のとおりです。これらの原因によって生じた債権を有する者は、債務者の特定の動産について先取特権を持ちます。それぞれの場合に先取特権の対象となる動産（強制執行の対象となり得る動産）は、個別の規定によって定められています。たとえば、不動産の賃料について

動産に関する先取特権の種類

	債権の種類	目的物
一般先取特権	共益の費用	債務者の総財産
	雇用関係	
	葬式の費用	
	日用品の供給	
動産先取特権	不動産の賃貸借	借地上の動産・借地上の建物や借家に備えつけられた動産
	旅館の宿泊	旅館にある宿泊客の手荷物
	旅客または荷物の運輸	運送人の占有する荷物
	動産の保存	保存された動産
	動産の売買	売買された動産
	種苗または肥料の供給	種苗・肥料を使った後1年以内にその土地から生じた果実
	農業の労務	労務によって生じた果実
	工業の労務	労務によって生じた製作物

は、借主がその不動産に備え付けた動産に対して先取特権が発生するといったような具合です。

② 一般先取特権

共益の費用、雇用関係、葬式の費用、日用品の供給によって生じた債権を有する者は、債務者の総財産について先取特権を持ちます。

■ 配当要求の手続き

配当要求を希望する場合、執行官に対して「配当要求書」を提出します。配当要求書には、配当要求をする旨、債権の原因、債権額（元金、利息、損害金）、根拠となる質権または先取特権、執行場所、添付書類などを記載します。

添付書類は、配当要求の根拠となる質権または先取特権の成立を証明する書面です。具体的には、動産の質権設定契約書や売買契約書などを用意します。配当要求をしたにもかかわらず、執行官がそれを認めない場合、配当要求をした者は執行異議を申し立てることができます。

配当要求の終期

配当要求は、次のときまでに行うことができる。
- ・売却による売得金の場合：執行官が売得金を得るまで
- ・金銭の差押えの場合：執行官が金銭を差し押さえるまで
- ・手形などの支払金の場合：執行官が支払いを受けるまで
- ・供託された売得金の場合：動産執行が続行されることになるまで

PART3
22

差押物の換価手続き

競り売りの方法が一般的に行われている

■ 差押物の評価

動産執行の手続きは、差押えから差押物の評価、競売、売却による換価（換金）、配当（または弁済金の交付）と進みます。

ただし、差押物が金銭の場合は、これらの手続きのほとんどを省略することができ、債権者に対する配当へと進みます。

金銭以外の差押物については、財産的評価を行います。差押物の評価は、原則として執行官が行います。しかし、差押物がとくに高価なものであれば、執行官の評価の後で、さらに専門家から評価人を選任し、差押物の評価をしてもらいます。評価人の選任が必要なのは、宝石、貴金属、絵画や彫刻などの美術品などの場合です。

■ 動産競売の方法

動産競売には、複数の方法が用意されています。不動産競売では入札が主流ですが、動産競売では競り売りが主流です。

① **入 札**

一定期日に、買受けを希望する者が買受価格を提示して、最高価格を提示した者に売却される方法です。

まとまった数の高額な動産がある場合には、競り売りよりもこの方法によって売却されることがあります。

② **競り売り**

買受希望者がその場で競争的に買受希望価格を提示し、最高価格を提示した者に売却する方法で、動産競売ではこの方法が一般的です。

動産に対する担保権

動産は法律上の権利関係が不明確なことがよくある。動産に設定される担保権としては質権が典型である。質権は債務者の所有する動産だけではなく、第三者の所有する動産に設定されることもある（物上保証人）。
また、企業金融などでは、動産の占有を債務者に委ねる譲渡担保契約がよく見られる。しかも工場内にある工作機械、材料、製品などの動産をまとめて担保とする場合もある。
このような複雑な事情から、設定された担保権について法律上どのように扱うべきかは専門的な判断が必要とされる。
なお、現在では目的物の任意提出以外の場合も、執行裁判所の許可があれば動産競売を開始できるようになった。

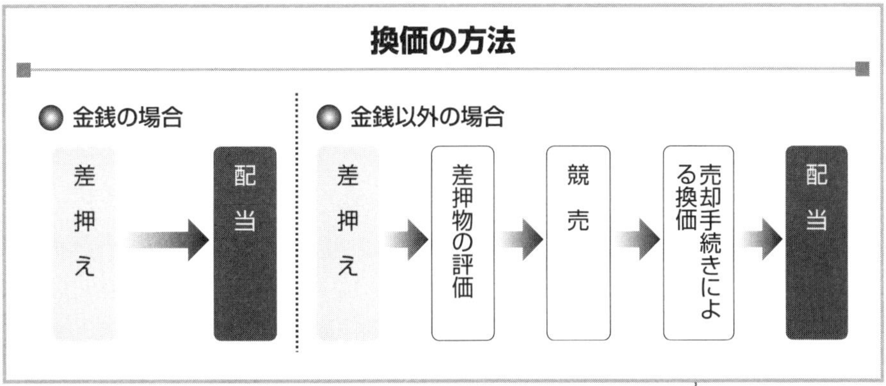

③　特別売却

執行官が特別な方法によって売却する方法です。

この方法による場合は、あらかじめ、差押債権者の意見を聴き、執行裁判所の許可を得なければなりません。

④　委託売却

動産の種類によっては、専門業者などの執行官以外の者に売却の実施を委託する場合があります。

この場合も、あらかじめ、差押債権者の意見を聴き、執行裁判所の許可を得なければなりません。

競り売りをする場所

執行官の裁量により決定される。もっとも、多くの場合、差押えの場所か裁判所の売却場で行われる。住居で差し押さえた家財道具や工場で差し押さえた工作機械などを競売する場合には、差押えの場所で競り売りが行われる。貴金属や美術品のように移動しやすい動産を差し押さえたときは、裁判所の売却場で競り売りをする。

■ いつ競り売りをするのか

競り売りの期日を決めるのは執行官です。ただ、自由な裁量が許されているのではなく、差押えの日から１週間以上空けて、１か月以内に実施しなければなりません。公告を出して多くの人々に競売への参加を呼びかけるため、期日まで多少時間を空けているのです。

この期日は、執行官の裁量で延長ができます。法律上は差押債権者や債務者に延長を申し立てる権利を認めていませんが、東京地裁などでは、実務上売却期日延長の申立てを認めています。差押債権者・債務者間で債務の弁済について話し合いが持たれることもあり、延長を認める必要があるからです。

■ 公告、期日通知、競り売り

公告の表示

公告には次の各事項が表示される。

- 事件の表示
- 売却すべき動産の表示
- 競り売り期日を開く日時と場所
- 法令上の取得制限のある動産について買受けの申出をすることができる者の資格を制限したときはその制限の内容
- 期日前に動産を一般公開するときはその日時と場所
- 代金支払期日を定めたときは買受申出の保証金額、その提供の方法、支払日
- 動産が貴金属またはその加工品である場合の地金価格

競り売りには少しでも多くの者に参加を促す建前から、期日の決定後にそれを公告することになっています。公告は、執行官所属の執行裁判所の掲示板に掲示して行います。

公告とは別に、執行官は各債権者および債務者に対して、競り売り期日の日時と場所を通知します。

執行官は、動産について点検の上、売却条件を告げて買受けの申出を催告し、競り上げつつ買受けを募ります。買受人が最高価額を申し出てそれを執行官が３回呼び上げても、より以上の価額の申出がないと、その買受人（最高額買受申出人）に売却が決まります。執行官は、買受人の氏名（名称）、買受申出額、その者に買受けを許可する旨を告げます。この手続きを繰り返すことによって、動産競売は進んでいきます。

代金の支払いについて、支払期日が別に定められているときは、買受人は、執行官に対して保証金または執行官の指定する金融機関の振り出した自己宛小切手を提供しなければなりません。代金支払期日が定められていないときは、買受人は、その場で執行官に対して代金を支払います。また、競り売りを実施する場所が人の住居である場合で、債務者が不在のときは、市区町村の職員、警察官その他証人として相当と認められる者を立ち会わせることが義務付けられています。この点は、差押えの場合と同じです。

■ 競り売りの中止と差押えの取消

強制執行は債務者の意思に関係なく権利を制約する手続きですが、任意に債務の履行がなされるのであれば、それに越したことはありません。執行官が買受けの申出額を呼び上げているとき、または買受けを許可する旨を告知する前であれば、債務

動産競売の手続きの流れ

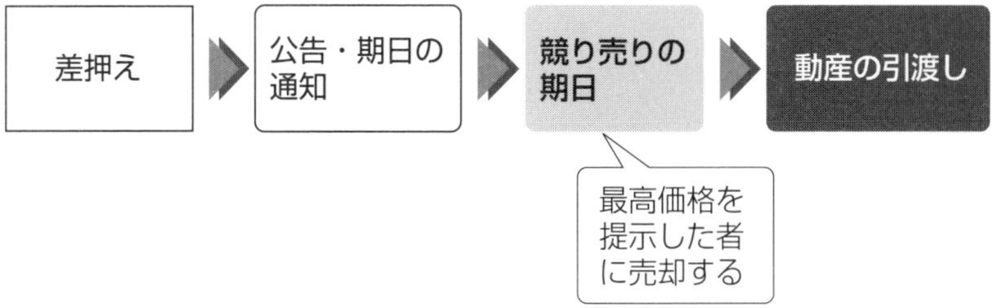

者は債務を履行することができます。債務者が債務を履行する旨を申し立てると、執行官は競り売りを一時中止しなければならず、債務者が弁済をすると競り売りは中止されます。

差押えも債務者の財産権を制約しているので、必要最小限度でなければなりません。競り売りの最中に売得金が債権と執行費用の合計額を超過したときには、その時点で、未売却の他の動産に対する差押えを取り消さなければなりません。

■ 動産の引渡しを行う

売却が許可されて買受人が代金を支払ったら、執行官は当該動産を買受人に引き渡します。売却場にその動産があるときには、そのまま引渡しが行われます。倉庫に大量に保管されていたり、家屋や工場などに備え付けられている動産については、後日引渡しが行われます。

■ 配当手続き

競り売りが終了し、売得金の合計額が決定すると、債権者らに配当が実施されます。配当が受けられる債権者とは、差押債権者（申立人）、配当要求が認められた債権者（質権者・先取特権者）などです。

23 債権差押え

債務者の預金や給料などを差し押さえる

■ 債権に対しても強制執行ができる

目に見える不動産や動産の他に、債権も強制執行の対象になります。ただし、ここで強制執行の対象として取り扱う債権は、一応、金銭の給付を請求することができる債権に限定します。金銭の給付を目的とする債権で典型的なものは、銀行などの金融機関に対する預金債権、会社員などが使用者（会社）に対してもつ賃金債権、企業が取引先に対して有する売掛金債権などが挙げられます。

たとえば、債権者Ｘが債務者Ｙに対して債権をもっていて、Ｙが期限に債務を履行しなかったとします。このとき、ＹがＺに対して債権をもっていた場合には、Ｘは強制執行を申し立てて、ＹのＺに対する債権を差し押さえた上で、債権の回収を図ることができるわけです。ここでのＺのことを第三債務者といい、上記の債権の典型例でいうと、預金先の銀行や勤務先の使用者が第三債務者にあたります。

債権執行の長所

債権の場合は、差し押さえるとそのまま第三債務者から弁済を受ければすむため、競売という煩雑な手続きは必要ない。また、債権は最初から金額がはっきりしているので、差押えの時点で回収できる額が明確になる。

債権執行の短所

債権は姿や形がないので、債務者が誰に対して債権をもっているのかを認識しにくい。また、債権の存在が判明しても、すでに何らかの権利関係が設定されていると、それが優先されて執行は空振りとなりかねない。

■ 債権差押命令の効力

債権執行の申立てが認められて、差押命令が第三債務者に送達されると債権差押命令の効力が発生します。これ以降、債務者は債権の取立てや債権譲渡などの処分は禁じられます。また同時に、第三債務者も債務者に対して弁済することはできません。ここでは、債権者をＸ、債務者をＹ、第三債務者をＺとして、債務者や第三債務者に対する債権差押命令の効力について説明していきます。

第三債務者

債務者に対して債務を負っている者。たとえば、ＸがＹに対して債権をもち、ＹがＺに債権をもっているときに、Ｘから見たＺが第三債務者となる。

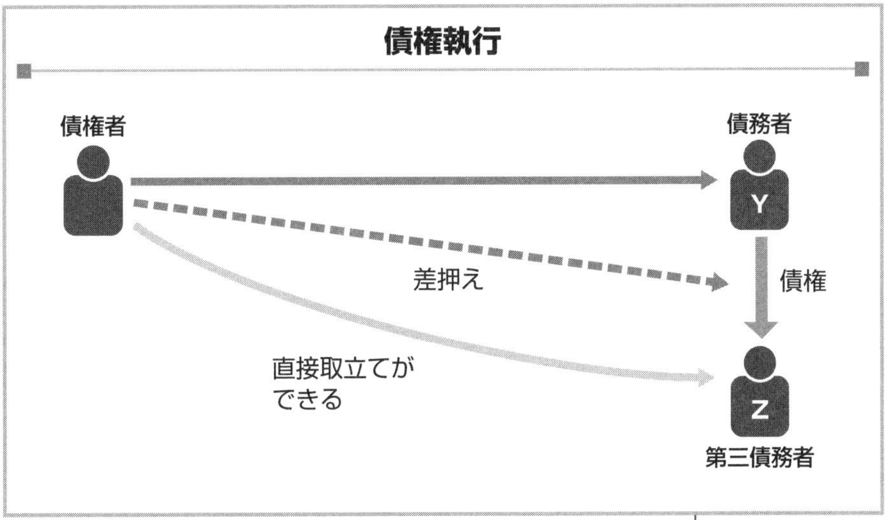

① 債務者Ｙに対する効力

債権差押命令が効力を生じると、債務者Ｙは、その債権を消滅させる行為、つまり、第三債務者Ｚからの弁済を受領することが禁止されます。また、債権をめぐる法律関係を変動させることも禁止されますので、Ｙは、当該債権を第三者に譲渡することもできなくなります。たとえ譲渡したとしても、この債権譲渡を債権者Ｘ、第三債務者Ｚに対して対抗（主張）することはできません。譲渡はなかったものとして扱われます。

債権に質権を設定することもできません。債権差押命令送達後は、ＹがＸ以外の債権者のために当該債権に質権を設定しても、その効力の有効性を主張することはできないのです。

② 第三債務者に対する効力

第三債務者Ｚに債権差押命令が送達されると、Ｚは、債務者Ｙなどに弁済することはできなくなります。もし、ＺがＹまたはＹから債権譲渡を受けた人に対して弁済したとしても、それを債権者Ｘに対して対抗（主張）することはできません。結果として、Ｚは二重に弁済しなければならないわけです。

第三債務者のとりうる手段

あちこちから弁済を請求されたり、差し押さえられたりすると、第三債務者が法務局に供託をすることがある。

PART3
24

民事執行法のしくみ

差押禁止債権

給料は原則として４分の１しか差し押さえることはできない

■ 差押えのできない債権もある

債権の差押えといっても、債権であれば何でも差押えができるわけではありません。とくに給料や年金などは生活の基盤となる収入であり、全額を差し押さえられると個人の生存が脅かされます。そこで、民事執行法とそれを受けた政令では、差押えのできる債権の限界を設けています。

①　国および地方公共団体以外の者（民間）から生計を維持するために支給を受ける継続的給付に関する債権

民間保険会社の年金保険給付など、民間からの生計維持のための継続的な給付は、原則として支払期に受けるべき給付の４分の３については差押えが禁止されます。

②　給料・賞与など

給料・賞与なども、生活の基盤となる収入であり、原則として支払期に受けるべき給付の４分の３については差押えが禁止されます。

ただし、①の継続的給付、②の給料・賞与などについては、収入額に個人差がありますので、一定の金額を超える収入がある場合は、一定の金額についてのみ差押えが禁止されます。具体的には、毎月支給される継続的給付や給料・賞与などは、月額44万円を超える場合は、33万円のみ差押えが禁止され、４分の１以上を差し押さえることができます。賞与も44万円を超える場合は33万円のみ差押えが禁止されます。

③　退職金など

退職金は、在職中の給与の後払い的性質があり、退職後の生

差押禁止債権に関する規定の改正の概要

令和２年４月施行の民事執行法改正により、差押禁止債権に関する規定が改正された。具体的には、次の２点である。
①　差押禁止債権の範囲変更制度の教示
改正により、裁判所書記官が差押命令を送達する際には、併せて差押禁止債権の範囲変更の制度を債務者に教示することとされた。
②　差押禁止債権の範囲変更の申立ての準備期間の変更
現状では、差押禁止債権の範囲変更の申立ての準備期間が短い（１週間）ために、債務者が範囲変更の申立ての準備をしている間に差押債権者に取り立てられてしまうケースが見られる。そこで、改正により、差押禁止債権の範囲変更の申立ての準備期間が４週間に延長された。

給料が差し押さえられる範囲

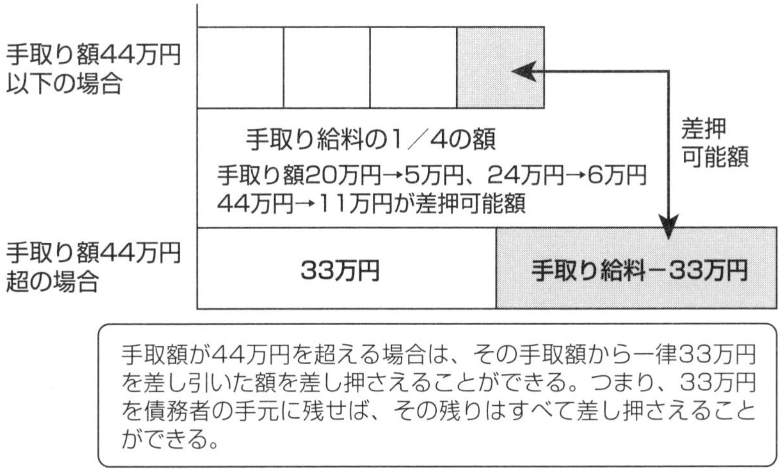

活を保障する役割があります。そのため、給与と同様、支払期に受けるべき給付の４分の３は差押えが禁止されます。

④　各種法律で規定されている差押禁止債権

国民年金、厚生年金、生活保護の受給権などは、その全額の差押えが禁止されています。ただし、預金口座への入金後は預金債権になりますので、原則として差押えが可能です。

■ 差押禁止債権の範囲の変更

債務者などの申立てにより、裁判所は、債務者などの生活状況を考慮して、上記の差押禁止債権の範囲を変更することができます。もっとも、従来はこの制度があまり活用されていませんでした。そこで、令和２年４月施行の民事執行法改正により、差押命令の送達の際に債務者にこの制度を教示するものとし、また、制度を利用のための猶予を与えるべく、債権者が差押債権の取立てが可能になるまでの期間を延長しました。

差押禁止の範囲についての変更

計算基準が定められていても、債務者とその家族の置かれている生活環境はさまざまで、債権者から見て差押禁止の範囲が広すぎて納得がいかないこともある。そのため、債権者または債務者は、差押禁止の範囲について、執行裁判所に対して変更を申し立てることができる。執行裁判所は、債権者および債務者の生活状況などの諸事情を総合的に考慮して変更が相当と判断すれば、これを認めている。

PART3
25

債権差押えの手続き

自ら債権の取立てができる

■ 債権差押手続きの流れ

債権差押手続の大まかな流れは、申立て→差押命令→債務者および第三債務者への送達→取立て（供託）→配当（弁済金の交付）です。以下、手続きについて述べていきます。

① 執行裁判所

債権執行を行う執行機関は、地方裁判所です。債務者が個人であれば、その住所地を管轄する地方裁判所が執行裁判所となります。債務者が会社などの法人であれば、主たる事務所の所在を管轄する地方裁判所が執行裁判所となります。

② 申立て

申立ては書面主義を採用しており、申立書を作成して提出します。なお、申立てに際しては、第三債務者に対する「陳述催告の申立て」も申し立てることができます。

③ 債権差押命令

申立書が適法なものとして受理されると、執行裁判所は債権差押命令を発します。まず、第三債務者に対して債権差押命令を発し、陳述催告の申立てがなされていれば、一緒に陳述の催告書も送達します。その後、債務者に対して債権差押命令が送達されることになります。申立てからここまでは、通常、１週間から10日間かかります。

④ 債権者による取立て

債権差押命令が発せられ、債務者および第三債務者に送達されると、執行裁判所から差押債権者に対して送達日が通知されます。債権差押命令が債務者に送達されてから１週間（給料債

申立て

申立書には、執行裁判所名（東京地裁は民事第21部）を宛名として、日付、氏名(名称)、押印、債権差押命令を求める旨の記載をし、手数料として収入印紙を貼付する。当事者・請求債権・差押債権については、別紙目録に記載し、添付する。

事件番号

申立てが受理された事件には事件番号がつけられる。この事件番号は、以後、裁判所への問い合わせや、手続きの際に必要なものなので、必ず控えておいて忘れないようにしたい。

債権者による取立て

取立後、差押債権者は取立届を執行裁判所に提出する。取立届には、事件番号、宛先として執行裁判所名、届出日付、債権者、債務者、第三債務者、取立てを完了した旨や取立日付、取立金額を記載する。

執行供託

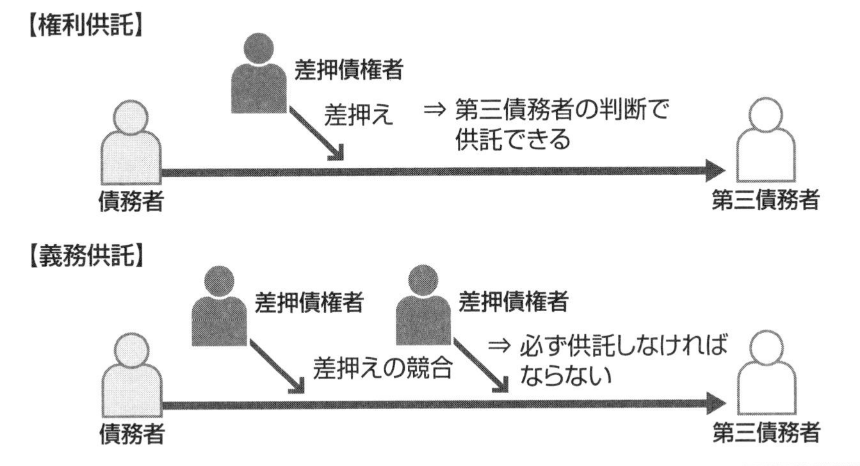

権などについては４週間）経過すれば、差押債権者は第三債務者から債権の取立てができます。

他方、差押債権者に対して弁済をした第三債務者は、執行裁判所に支払届を提出することになっています。もし、第三債務者が弁済も供託もしないときは、取立訴訟の提起により、差押債権者は債権回収を図ることになります。

⑤　第三債務者の供託

民事執行法は、債権執行を原因とする供託について定めています（執行供託）。債権の差押えがあった場合、第三債務者は、弁済先を間違えるなどのリスクを避けるため、自らの選択により、差押債権者に弁済するのではなく、法務局に供託をすることができます（権利供託）。また、同じ債権について複数の差押えや仮差押えが競合した場合、第三債務者が、自己の勝手な判断で差押債権者の１人に弁済してしまうと不公平ですし、手続きも混乱してしまいますので、第三債務者は必ず供託をしなければなりません（義務供託）。

申立ての際に気をつけること

途中で差し押さえようとする債権の弁済期が到来すると、債務者が第三債務者から弁済を受けるおそれがあるので、タイミングを図って申し立てる必要がある。

供託することの意味

供託の手続きをして金銭を預けておけば、最終的には供託所を通して、正当な受取人の手に渡る。第三債務者は、供託後、執行裁判所に事情届を提出する。事情届には、供託金額・日時、供託番号、各差押えの事件番号・債権者名・債権差押命令送達日・請求債権額などを記載する。

PART3 26

債権差押命令の申立て

陳述催告により債権の状況を把握できる

■ 申立ての添付書類

債権差押えを申し立てる際には、債権差押命令申立書の他に①執行力ある債務名義の正本、②送達証明書、③当事者・請求債権・差押債権目録、④資格証明書、⑤委任状などの書類が必要です。また、執行に必要な費用として、手数料としての印紙と切手を用意しておかなければなりません。

■ 陳述催告の申立てには期限がある

債権それ自体は姿かたちがあるものではなく、認識しにくいものですが、債権者は、裁判所を通して、第三債務者に差し押さえるべき債権の存在を確認することができます。それが陳述催告の制度です。債権者から陳述催告の申立てがなされると、裁判所書記官は第三債務者に対して、差押債権の存否、券面額、弁済の有無、すでに差押えや仮差押えがあるかなどを問い合わせます。第三債務者は、２週間以内に、陳述書を提出して答えることになっています。

注意したいのは、陳述催告の申立てには期限があるということです。債権差押命令が第三債務者に送達されるまでに、陳述催告を申し立てなければなりません。実際には債権差押命令の申立てと同時に申し立てる場合がほとんどです。

陳述催告に対して第三債務者が故意（わざと）または過失（不注意）により虚偽の陳述書を提出すると、第三債務者は損害賠償の責任を負うことになります。

申立ての添付書類

① 執行力ある債務名義の正本
ただの債務名義ではなく、執行力のあることが必要である。

② 送達証明書
債務者に執行力のある債務名義があることを認識させておくことが必要なので、送達がなされていなければならない。送達の証明として、申立書には、送達証明書の添付が必要とされる。

③ 当事者・請求債権・差押債権目録
当事者・請求債権・差押債権の表示は目録を作成し、それを添付する。

④ 資格証明書
債権者・債務者・第三債務者のいずれかが法人である場合は、代表者を明らかにするため、その資格証明書を添付する。資格証明書は商業登記事項証明書でも十分である。ただ、申立てから遡って1か月以内に発行されたものでなければならない。

⑤ 委任状
代理人によって申立てをする場合には、委任状を作成し、添付する。法人が申立てをするときなど、弁護士以外でも代理人とすることはできる。

債権差押手続きの流れ

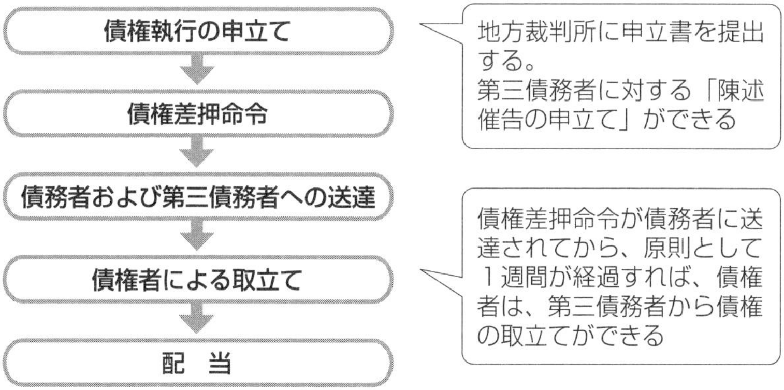

■ 抵当権に基づく賃料債権の差押え

①　物上代位とは

抵当権（または根抵当権）が設定されている場合には、債権者は、その不動産の賃料債権を差し押さえて、取り立てることができます。これが民法上の物上代位の制度です。物上代位権の行使による債権の差押えのための手続きとは、つまり、執行裁判所に対して債権差押命令の申立てをすることです。

ただし、抵当権という担保権に基づく権利行使なので、担保権・被担保債権・請求債権を共に明らかにし、担保権を設定している不動産物件も明示しなければなりません。

②　申立書と添付書類

抵当権に基づく賃料債権の差押えの申立ては、債権差押命令申立書、当事者目録、担保権・被担保債権・請求債権目録、差押債権目録、添付書類などの提出により行います。このうち、担保権・被担保債権・請求債権目録については、まず、差押債権目録に記載した抵当権などの担保権の種類と登記をした法務局での受付番号を記載します。その上で、元金・利息・遅延損

印紙と切手

印紙は申立書に貼付する。4,000円である。消印（使用済みであることを示す印）をしないように注意したい。また、債権差押命令の送達などに必要な費用として、切手をそのまま予納する。ただ、予納すべき切手の額は裁判所によって異なるので、あらかじめ問い合わせておきたい。「いくらの切手が何枚」というように組み合わせも決まっているので、総額だけではなく組み合わせについても尋ねておいた方がよい。

物上代位制度

不動産の担保権を実行したとしても債権を十分に回収できないケースもある。そのため、物上代位を利用して、定期的な収入である賃料を差し押さえて債権を回収する方法がよく利用されている。

害金の合計額を、被担保債権及び請求債権として記載します。

添付書類については、多くは通常の債権差押命令の申立ての場合と同様です。当事者に法人がいるときは、代表者を明らかにするために、資格証明書（商業登記事項証明書など）を添付します。代理人により申し立てるときは、委任状を添付します。

特有の添付書類としては、物上代位の根拠となる抵当権を示す不動産登記事項証明書を添付します。この証明書は申立てから遡って１か月以内に交付されたものを用意する必要があります。この他、賃貸借契約書の写しが必要になることもあります。

③　陳述催告を活用する

原則として賃貸借契約書の写しの添付が求められない理由としては、契約書を所持しているのが債務者（賃貸人）であり、債権者が事前に写しを要求すると賃料差押えの動きを察知されてしまうという事情があります。第三債務者（賃借人）に写しを要求しても、債務者に察知される可能性はあります。

しかし、それでは賃貸借関係が明確にならないまま、債権差押命令の申立てをすることになってしまいます。そのまま手続きを進めても、もし賃借人が別の者であれば、手続きは途中で頓挫してしまいます。

そこで、陳述催告を活用する方法がとられることがあります。債権差押命令の申立てと同時に、債権者が陳述催告の申立ても行うと、第三債務者は債務の有無について、執行裁判所に陳述書を提出することになっています。これによって、第三債務者と債務者間の債権債務関係を、申立てをした債権者は確認することができるのです。

物上代位と陳述催告

賃料債権の物上代位のケースでは、この陳述催告の制度を活用する。差押債権者から陳述催告の申立てがあると、第三債務者は執行裁判所に賃貸借関係や賃料債権の状況などについての陳述書を提出する。これによって、賃貸借関係が明らかにされる。

④　他の債権者や担保不動産収益執行との関係

・担保不動産収益執行との関係

ある債権者が物上代位による賃料の差押えを行っても、その後に他の債権者の申立てによって担保不動産収益執行が開始されると、先になされた差押えの効力は停止してしまいます。た

賃料の物上代位

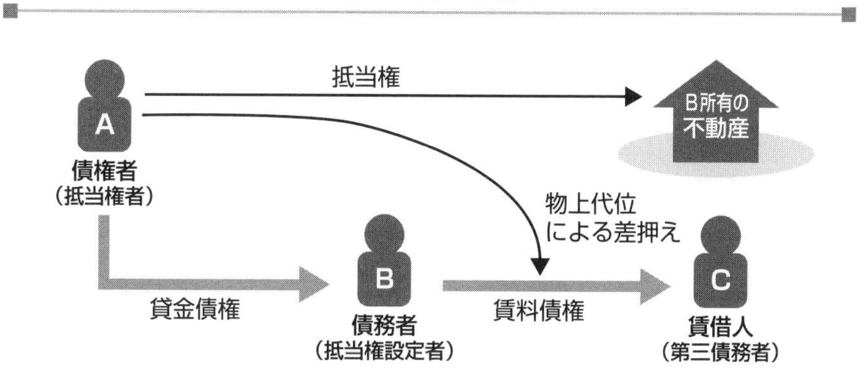

だし、差押債権者は、その後の担保不動産収益執行において配当に参加することができます。

・物上代位と通常の債権差押命令の優劣

物上代位権の根拠となる担保権（抵当権）の登記と債権差押命令の第三債務者への送達の先後で優劣が決まります。物上代位による差押えの日時は基準になりません。

・物上代位と債権譲渡の優劣

債務者が第三者に賃料債権を譲渡したときは、担保権の登記と確定日付のある債権譲渡通知の第三債務者（賃借人）への送達の先後で優劣が決まります。

なお、債権譲渡とは、債権を第三者に譲渡することをいいます。債権譲渡に際しては、債権を譲渡する者が、債権を譲渡した旨の通知を債務者にするか、債務者からの承諾を得なければ債権を譲渡したことを債務者や第三者に主張できません。

担保不動産収益執行

担保不動産から生ずる収益を被担保債権の弁済にあてる方法による不動産担保権の実行のこと。賃貸物件の賃料から債権を回収する方法。

債権譲渡を第三者に主張したい場合

第三者に対して債権譲渡を主張するには、内容証明郵便などの確定日付のある書面で通知・承諾をする必要がある。不動産に関する賃料債権を譲り受けた第三者（譲受人）から見たときに、その不動産の抵当権者は「第三者」にあたるので、譲受人が抵当権者に対して賃料債権の譲渡を主張するには、先に確定日付のある書面での通知・承諾を得ておくことが必要である。

養育費等を請求する場合の差押えの特例

差押禁止債権の範囲が狭くなる

■ 養育費などを確保したいときはどうするか

離婚の際に問題となっているのは、離婚後の子供の養育費の確保です。親は、子が自立するまでの間、子の生活（衣食住、教育、医療等）について、自分と同じ水準の生活を保障する生活保持義務を負っています。この義務に基づき親が負担する費用を養育費といい、離婚した場合であっても、子と離れて暮らす非監護親は、自らの資力に応じて子と共に暮らす監護親に対し養育費を支払わなければなりません。

よく見受けられるパターンが、離婚後に元妻が子供を引き取って、養育費を元夫が負担するというケースです。

この場合、歳月の経過と共に、養育費が支払われなくなるケースが多いようです。この点については、婚姻費用の分担金を離婚後に分割で支払う場合や、親族間で扶養料を分担する場合にも同じ問題が該当します。このような不払いが生じ始めた場合、債務者の現在の財産を差し押さえるだけでは、問題は根本的には解決しません。養育費などは定期金債権なので、債務者の給与債権など将来にわたる継続的給付債権を差し押さえなければ実効性がないのです。

定期金債権
一定の金額を定期的に給付する債権。

このような事情から、養育費などの定期金債権について不払いがあった場合は、すでに支払時期が到来している養育費などだけでなく、まだ支払時期が到来していない将来の養育費などに基づいて、現在および将来の給与債権などの継続的給付債権を差し押さえることができるようになっています。これにより、継続的給付債権を一度差し押さえれば、その差押えの効力は将

差押禁止の範囲

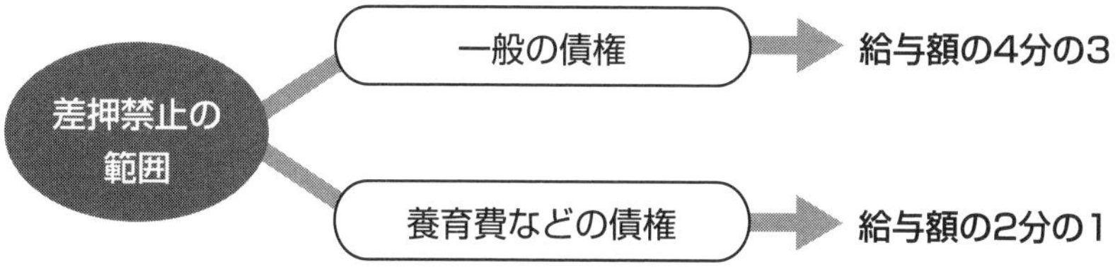

来も続き、支払いの都度差押えをする必要がなくなります。給与債権の場合は、勤務先などが支払期限の到来の都度、給与から天引きして債権者に支払います。

これに対し、預金債権などを差し押さえた場合は、すでに支払期限の到来した養育費などしか回収できず、将来の養育費などはその都度差し押さえる必要があります。この点、令和２年（2020年）施行の民事執行法改正で財産開示制度が強化され、相手方の勤務先情報が取得しやすくなったため、給与債権などの継続的給付債権を差し押さえるとよいでしょう。

■ 差押禁止の範囲はどうなっているのか

通常の債権を根拠として差押えをするときは、債務者の給与の４分の３は差し押さえることができません。つまり、４分の１を限度として差押えができます。しかし、養育費などの場合は、養育費などの支払いを受ける者を保護するため、差押禁止の範囲が減少し、原則として給与の２分の１まで差し押さえることができます。ただし、給与が月額66万円を超える場合は、33万円についてのみ差押えが禁止され、２分の１以上を差し押さえることができます。

債務名義上の名称に注意

根拠となる債務名義上の名称が、養育費などとは異なった「和解金」などの名称になっていると、債務者の将来にわたる債権の差押えができない可能性があるので、調停や和解のときには注意しておきたい。

■ 通常の債権と共に養育費などを請求債権とする場合

養育費など以外の通常の債権と共に養育費などを請求債権とすることができます。しかし、前述したように、差押禁止の範囲が異なるので、申立書に添付する請求債権目録と差押債権目録は、それぞれの債権について作成します。

■ 財産開示手続きと第三者からの情報取得手続き

養育費の不払いは依然として深刻な社会問題であり、とくに母子家庭の貧困化を招く大きな要因となっています。この問題に対処するため、民事執行法では、債権者が債務者の財産に関する情報を取得できる手続きとして財産開示手続きが定められています。養育費を支払わなくなった元配偶者（とくに元夫）の財産の情報がわかれば、養育費の回収も可能となります。しかし、従来の財産開示手続きは利用が低調であり、また実効性に乏しい状況にありました。そこで、令和２年（2020年）施行の民事執行法改正により、財産開示手続きの改善が図られると共に、新たに「第三者からの情報取得手続」が定められました。

■ 財産開示手続きの改正

令和２年施行の民事執行法改正により、手続きの申立てができる債権者の範囲が広がりました。従来は確定判決などを有する債権者に限られていましたが、改正後は仮執行宣言付き判決（確定前の判決）や執行証書（強制執行認諾文言付き公正証書）を有する債権者も申し立てることができます。たとえば、協議離婚をした際、養育費の支払いが滞ったときに強制執行を受け入れることについて、公証役場における公正証書で取り決めたとします。その後、元配偶者が養育費を支払わなくなったときは、訴訟を経ることなく公正証書に基づき財産開示手続きの申立てができます。

債権者が財産開示手続きを申し立てると、裁判所がその実施

仮執行宣言付き判決

訴訟の判決は、確定しなければ債務名義にならず、強制執行の申立てはできないのが原則である。しかし、判決に仮執行宣言が付されると、確定前でも債務名義となり、強制執行が可能となる。
ただし、仮執行宣言を付すことができるのは、財産権上の請求であって、裁判所が必要と認めたときのみである。財産権上の請求とは、金銭の支払請求や、物の引渡請求などのことである。

を決定し、財産開示の期日を指定します。債務者は期日に出頭し、財産に関する情報を陳述しなければなりません。債務者が期日に出頭しなかったり、出頭しても宣誓をしなかったり、虚偽の陳述をした場合などについて、従来は30万円以下の過料という軽いペナルティでした。しかし、改正後は６か月以下の懲役または50万円以下の罰金という刑事罰が科されるため、手続きの実効性の向上が図られています。

■ 第三者からの情報取得手続き

令和２年施行の民事執行法改正による新制度として「第三者からの情報取得手続」があります。第三者からの情報取得手続で行うことができるのは、①金融機関から預貯金債権、上場株式、国債等に関する情報を取得すること、②市町村や日本年金機構等から給与債権に関する情報（勤務先など）を取得すること、③登記所（法務局）から、土地と建物に関する情報を取得することです。

申立てができる債権者は、基本的に財産開示手続きと同じです。養育費などの債権者と生命・身体の損害賠償の債権者は、確定判決や執行証書などを有していれば、前述した①②③のいずれも申立てができます。それ以外の債権者は、前述した①③の申立てはできますが、②の申立てはできません。裁判所は、債権者の申立てを認めると、第三者に債権者の財産に関する情報の提供を命じます。第三者は書面で裁判所に情報を提供し、裁判所はその書面の写しを債権者に送付します。併せて、債務者には情報の提供がなされたことが通知されます。

なお、第三者からの情報取得手続きにおいて、保険関連は対象とされていません。生命保険の解約返戻金などに関する情報は取得できないので注意してください。

PART3
28

他の債権者との関係

差押債権者が優先するわけではない

■ 債権者が複数登場することもある

債務者が債務を履行しないのには、さまざまな理由があります。多くの場合、なかなか資金繰りがうまくいかず、多数の債務を抱えているものです。このような状況下で債権を差し押さえると、債権差押命令の申立てをしている債権者以外に、後から配当要求をしてくる債権者が現れることがあります。また、別個に手続きを始めて、同じ債権を差し押さえようとする債権者が現れるかもしれません。

このとき問題となるのは、債権者同士の優劣です。その債権の金額だけでは、すべての債権者を満足させることができないのは、むしろ一般的なことだといえます。しかし、債権執行では、最初に債権差押命令を得たからといって優先的に配当を受けられるわけではありません。それぞれの債権額に応じて、按分比例によって差押債権から配当を受けることになります。

たとえば、差押債権の金額（券面額）が600万円で、債権者Ａの債権額が500万円、債権者Ｂの債権額が1000万円とすれば、Ａは200万円、Ｂは400万円の配当を受ける結果となります。Ａが最初に債権差押命令を申し立てたとしても、Ｂが配当要求をしてきたら、Ａは差押債権額の600万円をＢと分け合うことになり、500万円全額を回収できないのです。

しかし、これが常に認められるとすると、債権の回収に勤勉な債権者が不公平感を抱きます。また、いつまでも配当の比率が決まらず、法律関係も不安定になります。そのため、配当要求ができる資格や時期については制限があります。

配当要求の手続き

配当要求は執行裁判所に対して配当要求書を提出して行う。配当要求書には、すでに進行している債権差押命令申立事件の事件番号、債権の原因、債権の額などを記載する配当要求がなされると、執行裁判所は、第三債務者に対してその旨を通知する。

按分比例

基準とする数量・金額に従った割合で分けること。

取立てをせずに放置した場合の差押命令の取消し

令和２年施行の民事執行法改正により、差押債権の取立てができるようになってから支払いを受けることなく２年が経過し、２年経過後４週間以内に差押債権者が支払いを受けていない旨の届出をしないときは、裁判所は差押命令を取り消すことができるようになった。差押債権者が取立てをせずに漫然と放置している場合に手続きを終了させるための措置である。

差押債権からの回収

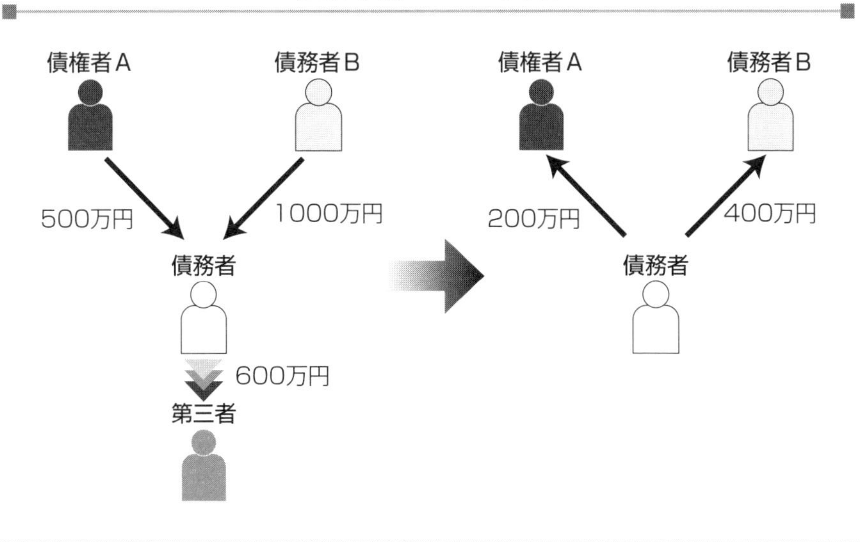

■ 配当に参加できる場合

債権差押命令の申立後であっても、他の債権者は、同じく債権差押命令の申立てをすることができます。二重差押えの状態が発生することになりますが、この場合、とくに誰かが優先するわけではなく、按分比例に従って配当がなされます。

配当要求は、執行力のある債務名義を有する債権者または先取特権者でなければできません。また、債権差押えの手続きが取り消されたりすると、手続上の根拠を失うので、配当を受けることはできなくなります。そして、配当に参加できる債権者は、第三債務者が弁済または供託をしたり、取立訴訟の訴状が第三債務者に送達されたりする前に、差押え、仮差押えまたは配当要求を行った債権者に限られます。

このように配当に参加できる債権者は限定されていますので、差押債権者が差押債権から単独で債権回収を図ることができる場合もあります。

二重差押えができない場合

債権の二重差押えは可能だが、差押債権の存在が前提であり、後発の差押え前に第三債務者が弁済または供託している場合は認められない。取立訴訟が提起されている場合も認められない。

PART3
29

民事執行法のしくみ

転付命令

債務者の保有する差押債権を差押債権者が取得する

■ 転付命令はなぜよく利用されているのか

差押債権者は、差押債権について転付命令の申立てをすることができます。実務上よく使用される債権回収の手段です。

転付命令

債務者が保有する差押債権を差押債権者が取得する代わりに、差押債権者が保有していた請求債権については、取得した差押債権の金額の範囲で弁済されたものとみなす制度。

① 転付命令とは

債権の差押命令が債務者に送達されてから一定期間が経過すれば、差押債権者は第三債務者から債権を取り立てることができます。しかし、取り立てて自分の債権に充当することが認められているだけで、債権それ自体を取得するものではありません。これに対して、転付命令は、請求債権の弁済に代えて差押債権がそのまま差押債権者に移転することになります。債権譲渡と同じような効果が発生するのです。差押債権者は、差押債権を自分の債権として第三債務者から回収を図るわけです。転付命令は、命令が出されてから１週間以内に不服申立て（執行抗告）がなされなければ確定し、効力を生じます。この場合、転付命令が第三債務者に送達されたときに、請求債権が差押債権の額面の範囲で弁済されたものとみなします。

他の債権者の介入を防ぐことができる

債権差押命令の場合、他に債権者がいて、差押え・仮差押えが重なる場合や、配当要求をしてくる場合がある。そうなると、第三債務者が供託した金銭を他の債権者と分配しなければならず、債権の全額回収はほぼ可能になる。しかし、転付命令は債権をそっくりそのまま独占できるので、全額回収の可能性が高まる。

② 転付命令の長所と短所

長所としては、差押債権自体を取得することにより、配当要求や別の差押えなどによる他の債権者の介入を防ぐことができる点があります。

一方で、短所もあります。転付命令は、差押債権がその額面のまま差押債権者に移転します。これにより、差押債権の額面の範囲で、請求債権が弁済されたものとみなされます。たとえば、ＸがＹに対して300万円の請求債権をもっていて、ＹのＺ

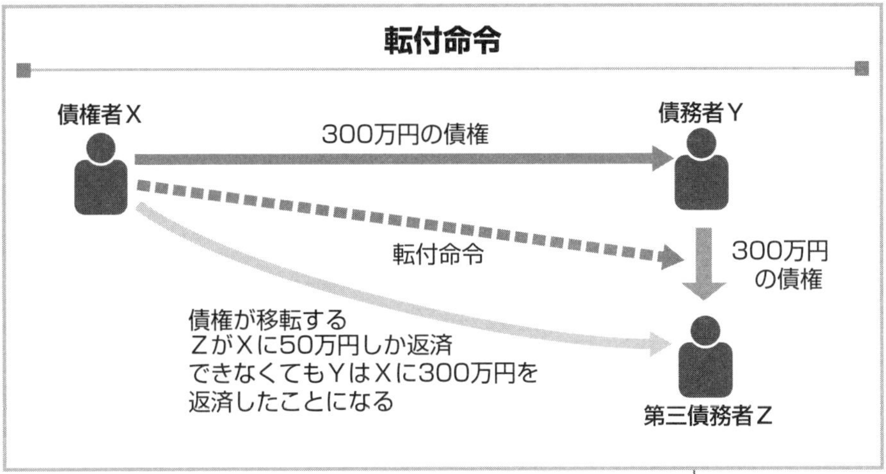

に対する額面300万円の差押債権につき転付命令を得たとします。この場合、Zに資力がなく、Xに対して50万円しか弁済できなくても、Xは債務者Yとの関係では300万円の弁済を受けたのと同じことになるのです。転付命令は、このように債権回収が不能となるリスクを伴うので注意が必要です。逆に言えば、第三債務者（この例でのZ）が、資力の確かな大企業・銀行などであれば、確実な債権回収の手段となります。

■ 転付命令を得るための要件

転付命令を得るためには、次の２つの要件が必要です。

①　他に差押債権者などがいないこと

第三債務者に転付命令が送達された時点で、目的とする債権に関して、他に差押債権者や配当要求をした債権者などが存在しないことが必要です。

他に差押債権者などがいないこと
すでに手続きを進めている者がいるのに、債権を独占させる効果のある転付命令を認めるわけにはいかないからである。

②　差押債権の金額が明確であること

転付命令については、後日の紛争や混乱を避けるため、目的とする差押債権の金額が明確でなければなりません。

PART3
30

民事執行法のしくみ

債権回収のための具体的手続き

他に差押債権者などがいるかどうかによって具体的手続きが異なる

■ 他の債権者の配当要求や差押えなどがないとき

差押命令が債務者に送達されてから一定期間が経過すると、差押債権者は、第三債務者に対して直接、債権の取立てを行うことができます。このとき、第三債務者にしてみると、差押債権者に弁済してよいかどうか判断に迷う可能性があります。そこで、債権を取り立てる権限があることと、本人であることまたは代理権があることを証明する書類を用意しておくことが必要です。

① 第三債務者から弁済してもらえた場合

取立てに応じて第三債務者が差押債権の弁済をした場合は、弁済を受けた金額の限度で、差押債権者の請求債権や執行費用が弁済されたものとみなされます。差押債権者は執行裁判所に対して、弁済を受けた旨を取立届により届け出ます。

② 第三債務者が供託した場合

第三債務者が供託した場合には（権利供託）、執行裁判所から証明書を発行してもらい、法務局（供託所）にそれを提出して、供託金を受け取ります（弁済金の交付）。

③ 第三債務者が弁済を拒絶したら

第三債務者が弁済を拒絶した場合には、差押債権者は取立訴訟を提起することができます。

■ 他の債権者の配当要求や差押えなどがあるとき

差押えが競合すると、必ず第三債務者が供託することになっています（義務供託）。この供託がなされた場合、各債権者は、

第三債務者

債務者が有している債権の債務者で、債権者から見ると第三債務者と表現される。債権の差押えとは、債権者が自分の債権の回収に充てるために、債務者が第三債務者に対して持つ債権を差し押さえることである。

取立ての際に用意すべき書類など

債権差押命令、通知書、免許証、印鑑証明書、委任状など。申立書に使用した印鑑も持参すべきである。

預金債権を取り立てる場合

第三債務者は金融機関であり、相手方が本当に取立権限をもっているのかどうかについて細心の注意を払う。事前に必要な書類を問い合わせて、アポイントメントをとっておく方が無難である。

債権の取立て

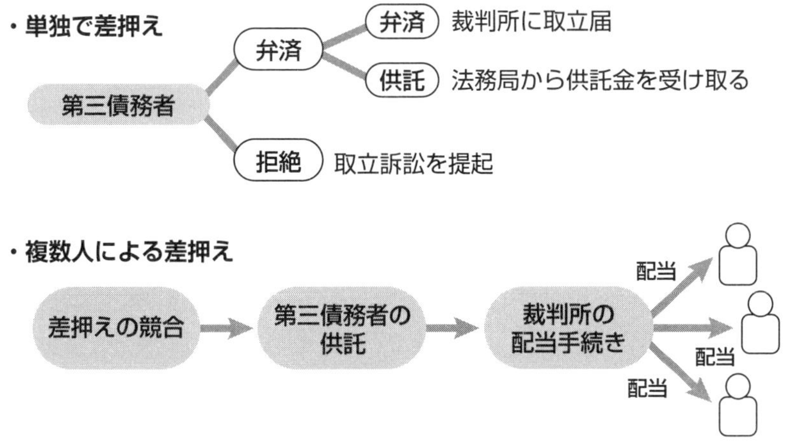

執行裁判所の進める配当手続きによって配当を受けます。配当要求は供託がなされる前に行う必要があります。配当については、執行裁判所から通知があるので、必要書類を確認の上、執行裁判所の指示に従って期日に出頭することになります。

■ 転付命令を得たとき

転付命令があると、差押債権者は差押債権を自分の債権として取立てをすることができますが、取立権限を証明する書類を用意していくことが必要なのは、単独で差し押さえた場合と同様です。ただ、転付命令の場合は、取立てにあたって転付命令が確定していることが必要なので、その旨を証明する確定証明を執行裁判所に発行してもらいます。発行してもらうには、確定証明申請書を提出します。手数料として150円分の収入印紙を貼付します。

転付命令
債務者が保有する差押債権を差押債権者が取得する代わりに、差押債権者が保有していた請求債権については、取得した差押債権の金額の範囲で弁済されたものとみなす制度。

不動産引渡しの強制執行

土地引渡しの場合は建物収去を伴う場合がある

■ 占有者の特定

不動産引渡しの強制執行で大切なのは、誰がその不動産を実際に占有しているかということです。法律の世界では権利関係が第一です。その権利は、所有権であることもあれば、賃借権であることもあります。占有についても、民法で「占有権」という権利が認められています。しかし、占有権は、契約などではなく占有という事実が根拠となっています。

このため、過去の民事執行法では、占有を排除するための強制執行を実行するには、占有者の特定が必要とされていました。このことが手続面でも反映され、申立ての時点での占有者を特定し表示することが要求されていたのです。

しかし、これを逆手にとって強制執行を妨害する例が多発するようになりました（次ページ図参照）。そこで、平成15年（2003年）に民事執行法や民事保全法が改正され、現在では、不動産の占有移転禁止の仮処分命令の発令時点で占有者を特定できなくても、仮処分の執行時に占有者を特定できれば、仮処分を執行できます（債務者を特定しない不動産占有移転禁止仮処分）。

■ 不動産引渡しの強制執行は二段階になっている

金銭債権についての強制執行は、主として債務者の不動産や動産を競売にかけ、競売代金を債権者に配当をするというものでした。しかし、これとは異なり、建物の明渡しでは債務者の協力があると強制執行の手続きが順調に進みます。

そこで、建物明渡しの強制執行は、一般に二段階方式をとっ

強制執行制度の活用場面

強制執行制度は金銭債権の回収のためだけにあるのではない。
たとえば、Aを売主、Bを買主とする不動産売買契約が締結され、Bが代金を支払ったにもかかわらずAが不動産を引き渡さない場面で、Bの「不動産を引き渡せ」という債権も強制執行により実現できる。賃料を何か月間も滞納している建物賃借人から、賃貸人が建物を取り返すこともできる。

平成15年の民事執行法などの改正

債権者が相手方を特定できなくても、現状を維持するための民事保全法に基づく仮処分を行ったり、債務名義に承継執行文を付与したりすることができるようになった。

執行妨害

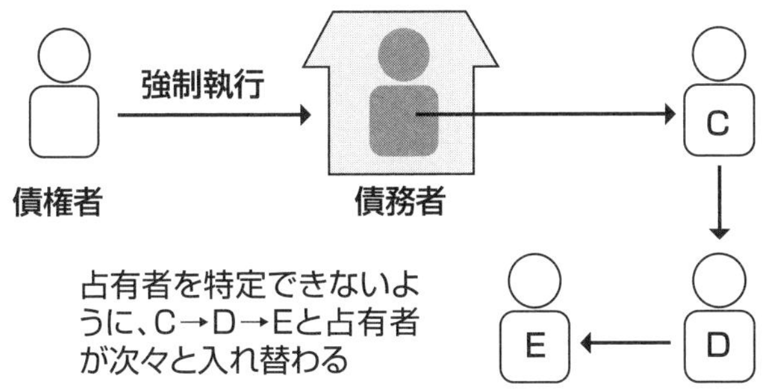

ています。つまり、１回目の執行で債務者に明渡しを催告し、それでも応じない場合に、２回目の執行で物理的に明渡しの実現を図るという手続きになっているのです。

■ １回目の執行は催告のみ

１回目の強制執行では、執行官が現地に行き債務者に対し、期限を定めて任意に建物を明け渡すように催告（催促）します。

賃料滞納により賃貸借契約が解約され、建物の明渡しが問題になっているときは、滞納している賃料債権につき動産執行を同時に申し立てることもできます。その場合、動産執行の実施は、２回目の執行によることになります。

執行に際しては、債権者またはその代理人が現場に立ち会うことが必要です。事前に執行官と相談して日時を調整し、立会いができるように注意しておいてください。

なお、執行官が現地に行った際、債務者が不在の場合や、いたとしても立入りを拒絶することもあります。その場合、執行官は債務者の占有する建物に立ち入ることができ、鍵などを開けることができます。その際、執行官は、市区町村の職員、警察官、その他証人として相当と認められる者を立ち会わせなけ

強制執行の妨害の例

バブル崩壊により債務不履行に陥った債務者の不動産に強制執行が行われる事案が増加すると、強制執行を妨害するために債務者が第三者に占有を移転するという事態が多く発生した。しかも債権者が占有者を特定できないようにするため、CからD、DからEと次々と占有を移転する手段がとられた。
暴力団を背景とした「占有屋」が繁盛していたのもこの頃である。

ればなりません。また、これらに必要な費用は債権者の負担とされています。

■ 執行開始後に債務者が占有を移転した場合

1回目の執行が行われた後、債務者が強制執行を難しくするために、わざと不動産の占有を別の者に移転することもあります。このような執行妨害に対処するため、1回目の執行の後に不動産の占有が第三者に移転した場合は、承継執行文の付与がなくても、そのまま執行手続きを進めることができます。

また、執行官は、債務者・不動産の占有者に対して質問をすることができます。質問に応じず、もしくは虚偽の回答をした債務者・占有者には刑事罰が科されます。

承継執行文
債務名義に表示された債権が債権譲渡された場合や相続の対象となって相続人に移転した場合のように、債務名義に表示された者以外の者に強制執行する場合に必要になる執行文。

実際の状況
実際には、執行妨害のために占有を移転するなどの悪質な債務者でない限りは、債権者が執行官を伴って行くと、その時点で観念して、建物の明渡しに応じることが多い。

■ 2回目の執行

1回目の執行で明渡しを催告しても債務者が応じてくれない場合は、2回目の執行に入ります。その際、建物内にある強制執行の目的でない家財道具等の動産は、債務者、その代理人または同居の親族、あるいは使用人その他の従業員に引き渡します。しかし、債務者の側が動産を受け取らない場合には、執行官は動産を売却するか保管することができます。保管する場合は業者に依頼して、動産を運び出して別に倉庫などで保管することになるのです。

■ 建物収去土地明渡しの強制執行の場合

土地の所有者（債権者）が、建物を所有することで土地を不法に占有している者（債務者）を被告として、土地明渡しを求める訴訟を提起し、これに勝訴した場合には、債務者に対して、建物を収去（撤去）して土地を債権者に明け渡すことを命じる判決（建物収去土地明渡しの判決）が下されます。

建物収去土地明渡しを命じられたにもかかわらず、債務者が

建物収去土地明渡し

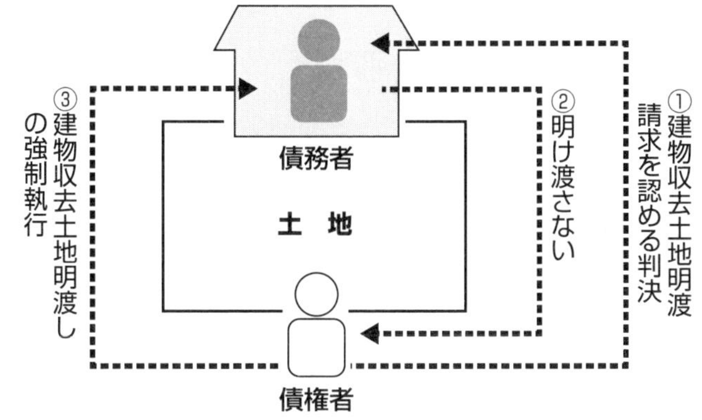

履行しない場合には、債権者は、建物収去土地明渡しの強制執行を申し立てることで、これを実現することができます。

判決（債務名義）の内容自体は「債務者」が建物の収去を行うことになっていますが、強制執行の場面では「債権者」が建物を収去し、それにかかった費用を後で債務者から徴収するという方法をとります。そして、更地となった土地が債権者に引き渡されるのです。この場合、債務者が建物を収去していないので、執行の内容は債務名義とは一致していません。したがって、通常の強制執行のように、ただ債務名義の正本を提出すればよいというものではないのです。

東京地裁での業者紹介

東京地裁では、執行官室に行けば、執行に必要な業者を紹介してもらえる。債務者が立入りを拒んだ場合に備えて、鍵を開ける業者も指定している。また、立会いに必要な証人として相当と認められる者についても、派遣業者を紹介してもらえる。

手続的には、執行裁判所に対して「建物収去命令」の申立てをすることが必要になります。申立ては「建物収去命令申立書」に添付書類をつけて提出します。添付書類は、執行力ある債務名義（判決）の正本、送達証明書、確定証明書などです。また、建物取壊しの費用の見積書も添付することになっていますが、裁判所や執行官に業者を紹介してもらい、見積りをしてもらうとよいでしょう。

確定証明書

審判や判決が最終的に確定したことを証明する裁判所が発行する文書。強制執行をするには確定証明書が必要。

動産引渡しの強制執行

直接強制または間接強制の方法による

■ どのような方法で行うのか

動産の引渡しの強制執行は、直接強制または間接強制の方法で行います。直接強制または間接強制のどちらの方法で申し立てるかは、債権者の選択によります。

執行機関

民事執行法上、申立てに基づいて執行手続きを実施する機関（民事執行法２条）。原則として執行裁判所と執行官が執行機関に該当する。金銭執行における不動産や船舶に対する執行、債権の執行などの場合は執行裁判所が執行機関となる。一方、動産執行、不動産等の引渡し・明渡しの執行などの場合は執行官が執行機関となる。

直接強制の場合の執行機関

動産を強制執行にかけて金銭債権の回収を図る場合と同じく、執行官である。

■ 直接強制の方法による動産引渡し

たとえば、ＸがＹから、名匠の作品であるＹ所有の茶器を500万円で購入したとします。

Ｘは、約束の期日にＹの銀行口座に500万円を振り込みましたが、Ｙは一向に茶器を引き渡しません。Ｘは、約束の期日にＹの銀行口座に500万円を振り込みましたが、Ｙは一向に茶器を引き渡しません。そこで、ＸはＹを被告として茶器の引渡しを求める訴訟を提起し、勝訴判決が確定しました。それでも、Ｙは茶器を引き渡そうとしません。

このように動産を引き渡すことを命じる債務名義（確定判決など）がある場合、債権者は動産引渡しの強制執行を申し立てることができます。執行機関は執行官です。

申立てを受理すると、執行官は茶器の保管されている場所に行き、債務者Ｙから茶器を取り上げてＸに引き渡します。

■ 第三者が占有する動産の引渡しに関する強制執行

上記の例において、Ｙがなかなか茶器を引き渡さなかった理由が、第三者Ｚに茶器を預けていて、ＺがＹに引き渡していなかったような場合はどうでしょうか。

第三者が動産を占有している場合

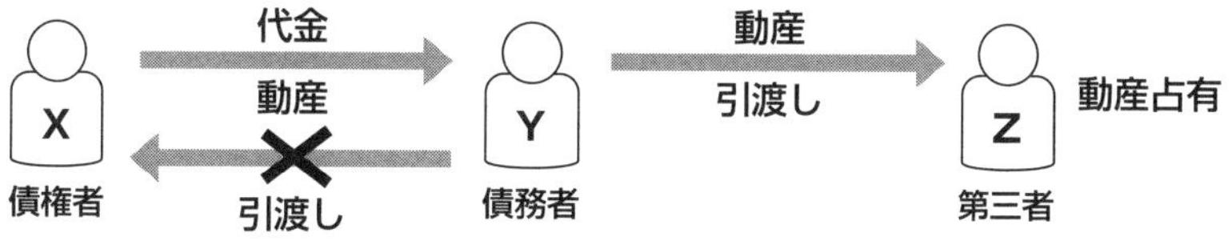

強制執行の対象となる動産が第三者Zの下にあるので、そのままでは執行できない。
債務者YのZに対する引渡請求権を差し押さえる必要がある（民事執行法170条）。

その場合、法律的に見て、YはZに対して茶器の引渡請求権をもっています。そこで、Xとしては、裁判所に申し立ててその引渡請求権を差し押さえ、それにより自己に対して茶器を引き渡すようにZに請求することになるのです。

■ 間接強制の方法による動産引渡し

直接強制の場合は、執行官が売主Y（債務者）から茶器を取り上げて買主X（債権者）に引き渡します。これに対し、裁判所から「Yが引渡しをしない期間に応じ、一定の金額をXに支払え」などと命じてもらうことで、Yに心理的圧迫を加え、自主的にXに茶器を引き渡すことを促す強制執行の方法もあります。これが間接強制です。

間接強制による強制執行の申立てがあると、裁判所は間接強制の要件等を審査し、強制金決定をします。なお、強制金決定に際しては、債務者に事情や言い分を述べる機会が与えられます。そして、債権者の申立てが認められれば、裁判所は、ⓐ義務の履行がない期間に応じ一定の金額の割合で金銭の支払いを命じる、ⓑ一定の履行期間を定め、その期間内に履行がないときは直ちに一定額の金銭を支払えと命じる、ⓒ違反行為があったことを条件として一定額の金銭を支払えと命じる、のうちいずれかの強制金決定を出すことになります。

PART3
33

不服申立て

民事執行法のしくみ

不服申立方法にもいろいろなものがある

■ 不当な強制執行に対してとれる対抗策

強制執行は、債務者の意思に関係なく強制的に財産を処分してしまう作用です。そのため、民事執行法上も、債務者への債務名義などの送達、第三者の立会いなど、適正な執行のための手続きを用意しています。しかし、債務者がぎりぎりの時点で債務を弁済したにもかかわらず、強制執行が進んでしまうこともあります。何らかのミスで、民事執行法上の手続きが踏まれていないことがあるかもしれません。そのような場合に備えて、民事執行法では不服を申し立てる手段を用意しています。

① 請求異議の訴えとは

弁済等により債務が消滅したにもかかわらず、強制執行が始まってしまったときの不服申立てが請求異議の訴えです。請求異議の訴えでは、債務者が原告、債権者が被告となります。

② 第三者異議の訴えとは

強制執行の目的物が債務者以外の第三者の所有物であった場合などにおいて、第三者が自分の権利を主張するための不服申立てが第三者異議の訴えです。強制執行の目的物として適切な財産であるかどうかを執行機関が判断することには限界があり、債務者名義の不動産や債務者が住んでいる家屋にある動産であっても第三者の所有である場合などが考えられます。第三者異議の訴えでは、第三者が原告、債権者が被告となります。

③ 配当異議の訴えとは

配当表に記載された配当額に債権者が納得できない場合には、不服のある債権者は、配当期日に配当異議の申立てを行うと共

請求異議の訴えを認める理由

債権債務の存在を法律的に判断する機関は裁判所である。しかし、そこで行われた判断に基づいて強制執行を行うのは、別の組織体としての裁判所（執行裁判所）または執行官である。これらの執行機関は、執行力のある債務名義および送達証明書を信用して、そのまま自動的に手続きを進めていく。そのため、少しの時間のずれで、弁済等がなされているのに執行が始まってしまうこともある。

請求異議の訴えをする際の注意点

訴えを提起しただけでは、強制執行は停止しない。停止させるためには、裁判所に執行停止決定をしてもらわなければならない。

第三者異議の訴えが問題となるケース

とくに動産執行の場合にあることだが、債務者のもとにある差押物の中に、第三者から借りているものや、所有権を第三者に留保して買い受けた動産が紛れ込んでいることがある。

不服申立ての方法

請求異議の訴え	債権債務の存在や内容について異議がある場合
第三者異議の訴え	債務者の差押物が第三者のものであった場合など、第三者からする不服申立て
配当異議の訴え	競売をして得られた売得金の配当額に不服がある場合
執行抗告	民事執行の手続きに関する裁判に対して行う不服申立て。特別の定めがある場合にできる
執行異議	執行抗告ができる場合を除いて、執行手続きに不服がある場合

に、原則として１週間以内に配当異議の訴えを提起します。そして、期間内に訴えを提起した旨を、執行裁判所に対して証明しなければなりません。

■ 執行手続きに不服がある場合

執行抗告および執行異議などの不服申立手段があります。

①　執行抗告

民事執行法上、執行抗告ができるおもな裁判には、執行抗告の却下決定、民事執行の手続きの取消決定、強制競売の申立て却下の裁判があります。執行抗告は、代理人によって申し立てることもできますが、専門性が高いので、代理人は弁護士に限定されています。

②　執行異議

執行抗告の場合を除いて、執行手続きに不服がある場合は、執行異議の方法によることになります。審理は執行裁判所で行い、執行官が執行機関の場合でも、その執行官が所属する執行裁判所が審理を行います。なお、執行異議の申立てを代理によって行う場合、代理人は弁護士には限定されません。

執行抗告

執行抗告を審理する裁判所（抗告裁判所）は、執行裁判所の上級裁判所である。執行裁判所は、通常は地方裁判所なので、抗告裁判所は高等裁判所になる。審理をするのは抗告裁判所だが、抗告状の送付先は執行裁判所なので注意したい。申立ては書面で行う。

Column

少額訴訟債権執行とはどんな制度なのか

強制執行は通常、地方裁判所が行いますが、少額訴訟にかかる債務名義による強制執行（債権執行）は、債務名義（少額訴訟における確定判決や仮執行宣言を付した少額訴訟の判決など）を作成した簡易裁判所の裁判所書記官も行うことができます。この裁判所書記官が行う強制執行を少額訴訟債権執行といいます。

少額訴訟債権執行は、少額訴訟手続きをより使いやすいものにするために作られた制度で、通常の場合と比べるとかかる費用が比較的安いことが特徴です。少額訴訟は、請求額が60万円以下の金銭トラブルに利用できる制度で、簡易裁判所で審理されて１日で判決がでます。しかし、判決が即日出されても、債権の執行に時間がかかってしまっては意味がありません。ですから、少額訴訟のスピーディさを生かすためには、少額訴訟の執行手続きも簡易なものにする必要がありました。具体的には、通常の訴訟における強制執行の手続きでは、判決を下した裁判所とは異なる裁判所（執行裁判所）により行われますが、少額訴訟債権執行の手続きは、少額訴訟を扱った簡易裁判所の裁判所書記官が担当するという特徴を持ち、迅速に手続きを進めることが可能になるしくみを採用しています。

通常、勝訴判決を得た上で債権執行する場合には、地方裁判所に申し立てなければなりません。しかし、少額訴訟債権執行を利用すれば、わざわざ地方裁判所に申し立てなくても、債務名義を作成した簡易裁判所ですぐに執行をしてもらえます。訴訟から執行手続きまで一気にかたがつくことになります。

なお、少額訴訟債権執行は、債権者の申立てによって行われますが、少額訴訟債権執行を利用することなく、通常の強制執行手続きによることもできます。

PART 4

民事保全法のしくみ

民事保全

民事保全の意義を理解しておく

■ 裁判所に暫定的な救済措置を求める制度

たとえば、訴訟を利用して債権を回収する場合、訴えの提起に始まり、審理の結果として勝訴判決を得てから債務者の財産に強制執行をかけて、現実に金銭の支払いを得ることになります。このとき、勝訴判決などの債務名義を得たからといって、すぐに強制執行ができるわけではありません。債務名義をもとに、執行文つきの債務名義という書類を請求して得ることで、はじめて強制執行が認められます。

このように、裁判手続きにより債権を回収するには、勝訴するまでにかなりの時間がかかり、勝訴してからも一定の手続きが必要となります。これらの手続きを行っている間に、債務者が自分の財産を他の債権者や第三者に売却したり、浪費したり、隠匿した場合には、債権者は、債務名義を得たとしても、もはや強制執行をすることができません。わざわざ訴訟を提起して、時間をかけて勝訴判決を得たとしても、債権の回収が不可能となるケースもあるのです。そのため、債権者としては、訴訟を提起するに際して、債務者が財産を処分してしまうことを封じておく必要があります。

この場合に利用できる手段が民事保全手続きです。

■ 民事保全の種類

民事保全の種類は以下のように分類されます。

① **仮差押え**

金銭の支払いを目的とする債権（金銭債権）の保全のために、

民事保全
民事訴訟による審判が確定するのを待っていたのでは、債権者の権利の救済が困難になる危険があることから、それを回避するため、裁判所に暫定的な救済措置を求めて、裁判所の決定によりこれを執行する手続き。

強制執行
国家が債権者の請求を強制的に実現する手続き。

民事保全の機能

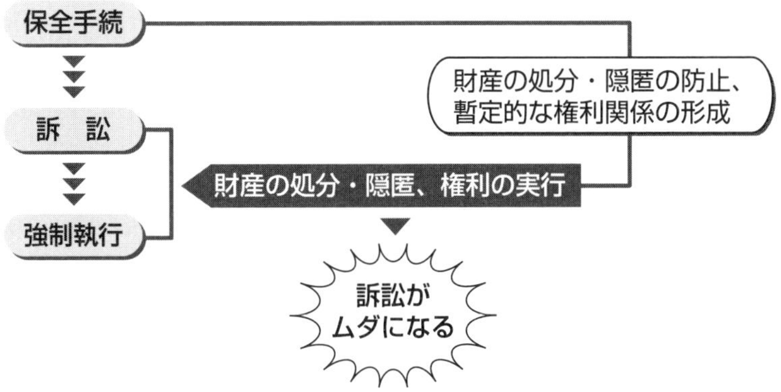

金銭債権の債務者が所有する特定の財産について現状を維持させるために利用されます。たとえば、AがBに対して金銭債権を有している場合に、Bの土地を仮差押えすることにより、Bはその土地の売却などの処分に制限が加えられます。

②　係争物に関する仮処分

特定物に対する将来の強制執行を保全することを目的とするものです。仮差押えと異なり金銭債権以外の権利が対象となります。たとえば、特定物の引渡請求権を有する債権者が占有移転禁止の仮処分を得たり、不動産の登記請求権を有する債権者が処分禁止の仮処分を得たりすることで、債務者は現状からの変更を禁止されます。

③　仮の地位を定める仮処分（仮地位仮処分）

現在の争いのある権利関係について、その権利関係が確定するまでに債権者に生じる損害・危険を除去するために利用されます。抵当権実行禁止の仮処分、建築工事禁止の仮処分、競売手続停止の仮処分、出版差止めの仮処分、従業員の地位保全の仮処分などがあります。

民事保全手続きの流れ

保全命令の発令段階と執行段階に分かれている

■ 民事保全手続きの流れ

民事保全の申立て（保全命令の申立て）は、書面（申立書）によって行う必要があります。申立ては、原則として、本案の管轄裁判所または仮に差し押さえるべき物もしくは係争物の所在地の地方裁判所に対して行います。まず、申立てを受けた裁判所は審理を行います。民事保全の審理は書面だけで行うことができますが、東京地裁や大阪地裁のように保全事件を扱う専門部がある裁判所では、全件について、債権者に対する裁判官の面接（審尋）が行われます。審尋では、被保全権利や保全の必要性、証拠の内容などについて裁判官が債権者に質問をします。

次に、裁判所は担保額を決定し、債権者はこの担保額を納付します。その後に裁判所が仮差押決定・仮処分決定などの保全命令を発令し、実際の執行がなされます。

保全の必要性

たとえば、AがBに対して債権を持っている場合、Bが唯一の財産である不動産を売却処分しようとしており、この不動産が売却処分されるとAが勝訴判決を得ても強制執行をできる財産がなくなってしまう、などの具体的な事情が疎明できることが必要になる。

疎明

被保全債権が実際に存在することを裁判官に納得してもらえればよいことから、疎明に際しては、証人を呼ぶことはなく、被保全債権についての債務者との契約書などの書類を提出するだけで済む場合がほとんどである。

■ 被保全債権の存在と保全の必要性について疎明をする

申立書には、①当事者（債権者・債務者）の氏名・住所（代理人による申立ての場合は代理人の氏名・住所も記載）、②申立ての趣旨、③申立ての理由を記載します。申立ての理由には、被保全債権（債権者が主張する債権）と保全の必要性（債務者に財産がないこと、財産の消費・隠匿のおそれがあることなど）を記載します。そして、被保全債権の内容と保全の必要性を明らかにする資料、目的物の目録・謄本などを添付します。

この申立ての理由の記載に基づいて、裁判所は審理を行います。民事保全手続きでの立証は「疎明」で足ります。疎明とは、

民事保全手続きの流れ

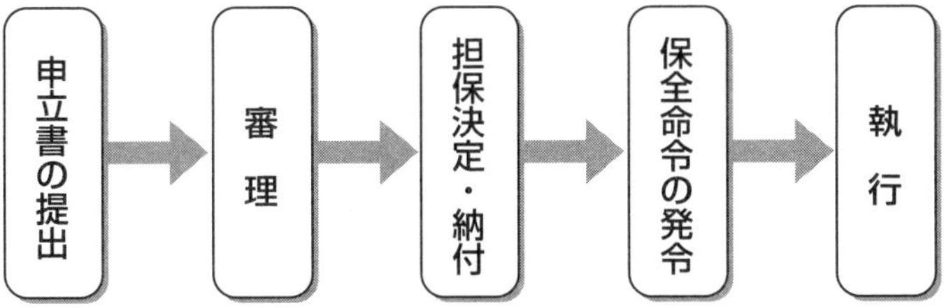

裁判官を一応納得させる程度の説明で、裁判で必要とされる「証明」よりも程度が緩やかなものをいいます。

■ 債権者の審尋をする

民事保全手続きの迅速性を確保するため、民事保全の申立てについての裁判所の判断は、申立書と疎明資料だけでなされるのが原則です。しかし、実際には審尋という手続きが行われます。これは裁判所に債権者（または代理人）が出頭し、裁判官に証拠資料の原本を確認してもらい（裁判所には証拠資料のコピーを提出します）、保全の必要性を疎明し、担保（保証金）について裁判官と協議をする手続きです。

■ 担保（保証金）を立てる

仮差押え・仮処分は、原則として債権者の言い分だけに基づく、裁判所による「仮の」決定です。後日、債権者が提起した本案訴訟で債権者が敗訴することもあります。そのような場合には、仮差押え・仮処分の相手方には、損失が生じる可能性があります。そこで、裁判所は、債務者が被る損害賠償を担保する目的で、債権者（申立人）が一定額の担保（保証金）を納付することを求めることができます。

債権に対する仮差押え

たとえば、AがBに対して被保全債権をもっていて、BはC（第三債務者）に対して債権をもっているとする。この場合、AはBのCに対する債権について仮差押えができる。債権の仮差押えをする場合には、債務者の第三債務者に対する債権の存否などを確認する必要がある。なぜなら、債務者が第三債務者に対して実際には債権をもっていなかった場合には、仮差押えをしてもムダだからである。そのため、仮差押命令の申立てと同時に「第三債務者に対する陳述催告の申立て」も行う。

PART4
3

仮差押え

債務者から財産の処分権を奪っておく状態にする手続き

■ どんな場合に仮差押えをするのか

仮差押えとは、債務者が財産を処分することを暫定的に禁止する民事保全手続きのひとつで、金銭債権の将来の強制執行を保全するために行われる手続きです。

事例で説明すると、次のようになります。

ＡがＢに1,000万円を貸したが、Ｂは約束の返済期日が来ても返済しようとしません。ここで、あなたがＡＢどちらかの立場に立ってイメージして読み進めていけば、より具体的に理解していくことができるでしょう。ここでは、とりあえず債権者Ａの立場に立って読み進めていってください。

ところで、民事保全では、「債権者」「債務者」という言葉が頻繁に出てきます。通常「債権者」といえば、お金を貸している人間を指し、「債務者」といえば、お金を借りている人間を指します。しかし、民事保全における「債権者」とは、単に民事保全を申し立てている側の人間という程度の意味であり、「債務者」とは、単に申立てを受けている側の人間という程度の意味だと理解しておいてください。

話を戻しますが、ＡはＢを相手どって、お金を返せという民事訴訟を起こすことを決意しました。しかし、Ｂのめぼしい財産といえば、Ｂが所有している持ち家だけです。さらにＢは、他にも何件か借金を抱えています。このままだと、いつ何時Ｂが持ち家を処分してもおかしくありません。もし処分されてしまうと、たとえＡが裁判を起こして勝訴しても、後日資力のなくなったＢからお金を返してもらうことができなくなります。

民事保全の対象にならないもの

本案（民事訴訟で争っていく事件）の存在を予定していないものは民事保全の対象にはならない。たとえば、競売不動産を不当に占有して競売を妨害している者がいる場合、差押債権者の申立てによって、裁判所が競売不動産の占有の禁止などを命じることができる（民事執行法55条・77条）。
しかし、これは単なる裁判所の執行命令にすぎず、差押債権者の具体的な本案の権利を実現しようとしているわけではない。

仮差押え

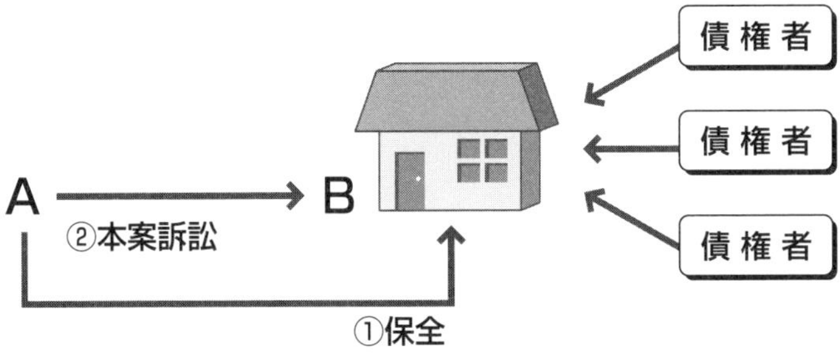

そこで、AはBの持ち家が処分されてしまうことがないように、持ち家という唯一の財産を守っておく（保全しておく）必要があります。このように、AがBから貸金債権（被保全債権）をとりはぐれないようにするために、Bの財産を法的に動かせない状態にしておく（保全しておく）手続が仮差押えです。

ところで、仮差押えの手続きをとったAは、民事裁判（貸金返還請求訴訟）を起こさなければなりません。仮差押えは、あくまでも、民事裁判で争っていく権利を一時的に保全（確保）しておくという程度の意味しかありません。ですから、裁判（訴訟）を起こさなければ、仮差押えの申立てそのものが裁判所に取り消されることもありますので注意してください。

なお、民事保全の申立ての後に民事訴訟で争っていく事件（先ほどのケースでは貸金返還請求事件）を本案といい、本案に関する訴訟を本案訴訟といいます。

このように、仮差押えや仮処分といった民事保全手続きは、本案の権利の実現という債権者本来の目的を達成していくために、本案訴訟に先立って（もしくは並行して）申し立てていく手続きです。

特殊保全

民事保全手続きの多くは民事訴訟法の規定の準用（解釈によるあてはめ）によって行われるが、中には他の法令に保全手続きを委ねているものもある。
たとえば、会社法、会社更生法、民事再生法、家事事件手続法の保全命令や行政事件訴訟法に規定された処分の執行停止などである。これらを特殊保全という。

仮処分

金銭債権以外の権利を保全する手続き

■ 係争物に関する仮処分

仮処分には、①係争物に関する仮処分と②仮の地位を定める仮処分の２種類がありますが、ここでは、まず、係争物に関する仮処分について説明します。

係争物に関する仮処分は、さらに２種類に分けることができます。その１つは占有移転禁止の仮処分で、もう１つは、処分禁止の仮処分です。

①　占有移転禁止の仮処分

アパートの賃貸人ＡがＢに部屋を貸しました。Ｂは、その部屋に居住しているものの、やがて賃料を滞納するようになり、滞納期間が半年に及んでいるとします。Ａは滞納賃料相当額の支払いをＢに催促しましたが、Ｂはまったく支払おうとしません。そこで、ＡはＢの賃料不払いを理由として建物明渡請求訴訟を提起しました。

この場合、部屋の占有を続けるＢがＣに部屋を転貸してしまうと、Ａは、建物明渡請求訴訟においてＢに対する勝訴判決を得たとしても、Ｃに対しては、Ｂに対する勝訴判決に基づいて明渡しの強制執行をすることはできません。

しかし、転貸前に占有移転禁止の仮処分を得ておけば、仮処分後にＢがＣに部屋を転貸しても、Ａは、Ｂが部屋を占有しているものとしてＢを被告とする明渡請求訴訟を提起または維持することができます。さらに、部屋を占有しているＣに対しても、Ｂを被告とする勝訴判決に基づいて明渡しの強制執行ができるようになります（ただし、承継執行文が必要です）。

係争物

訴訟において争いとなる目的物。

承継執行文

相続、合併、転貸、債権譲渡などにより、債務名義に記載された当事者（債権者・債務者）と執行当事者とが異なる場合に必要となる執行文。

仮処分の全体像

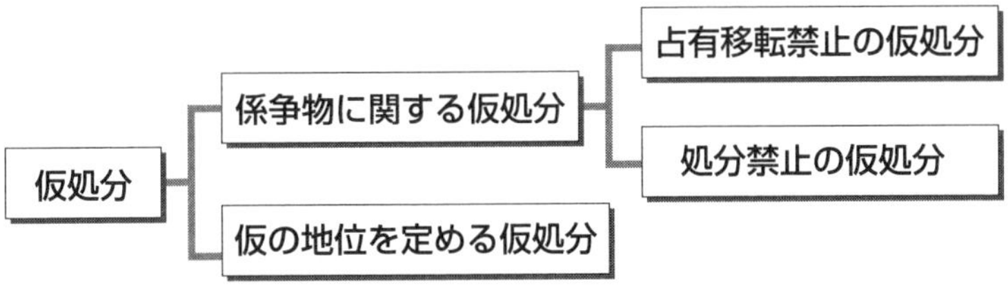

占有移転禁止の仮処分

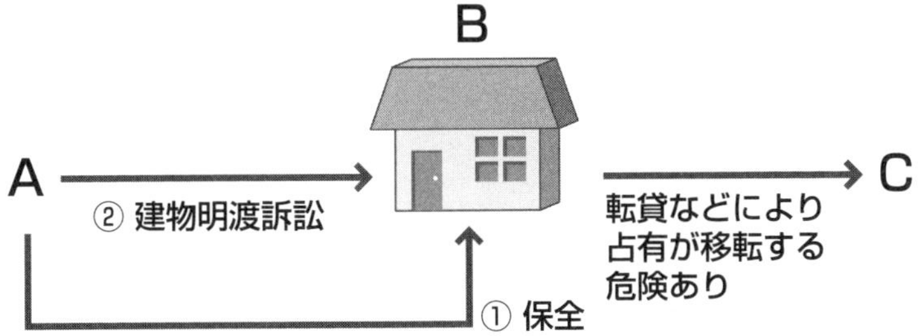

② 処分禁止の仮処分

不動産の登記請求権など、金銭以外の請求権を保全するために債務者の財産を確保する方法として、処分禁止の仮処分があります。以下、具体例に沿って説明します。

AがBから土地を購入し、代金を支払いましたが、Bは土地の所有権移転登記の手続きに協力しようとしません。そこで、AはBを被告として所有権移転登記請求訴訟（本案訴訟）を提起したとします。ところが、訴訟の最中にBが第三者Cに土地を二重に譲渡し、C名義の所有権移転登記をした場合（処分した場合）はどうなるのでしょうか。

Ａからすると、すでに土地の登記名義人でなくなったＢに対して「土地の登記名義を自分に移せ」という請求をしていることになるため、Ａは、あらためてＣを被告として所有権移転登記請求訴訟を提起する必要が生じてしまいます。

そこで、このような事態を防ぐため、Ａは、裁判所に対して「Ｂが土地を処分することを禁止してくれ」という処分禁止の仮処分の申立てをして、土地の所有権が第三者に移転することを防止する必要があります。なお、処分禁止の仮処分がなされた後も、土地の処分自体は可能ですが、Ａの本案訴訟での勝訴判決が確定すると、仮処分の後に土地の権利を取得した第三者は、Ａに対して権利を主張することができなくなります。

本案
訴訟上の問題ではなく、実体法上の権利関係（請求権の根拠となっている事実など）についての主張のことを指す。本案についてどのような判断（裁判）を求めるかについての主張を本案の申立てと呼ぶ。

■ 仮の地位を定める仮処分

現在の争いのある権利関係について、その権利関係が確定するまでに債権者に生じる損害・危険を除去するために利用されるのが仮の地位を定める仮処分です。

たとえば、Ａ会社の従業員Ｂが不当な理由で解雇されたため、ＢはＡ会社を被告として解雇無効確認訴訟（本案訴訟）を提起したとします。しかし、Ａ会社はＢの解雇という決断が正当な理由に基づくことを疑っていません。ですから、解雇されたＢはＡ会社で働くことができなくなるので、当然に給料をもらうこともできなくなります。

しかも、本案訴訟の判決が確定するまでには時間を要するため、Ｂとしては、その間の生活を保障してもらう意味も込めて、判決が下されるまでの賃金を保障してもらう手立てを講じておきたいところです。

その方法として、Ｂは、判決が確定するまで従業員としての地位をＡ会社に認めさせて、賃金が支払われるように裁判所に申し立てることができます。これを従業員（労働者）の地位保

処分禁止の仮処分

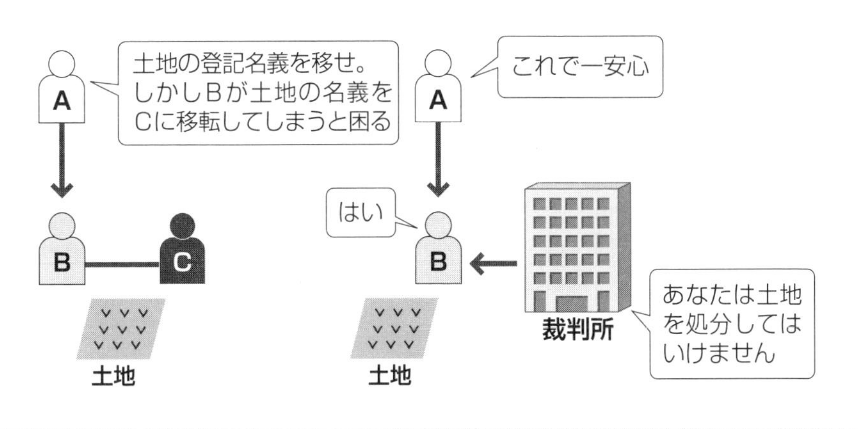

仮の地位を定める仮処分

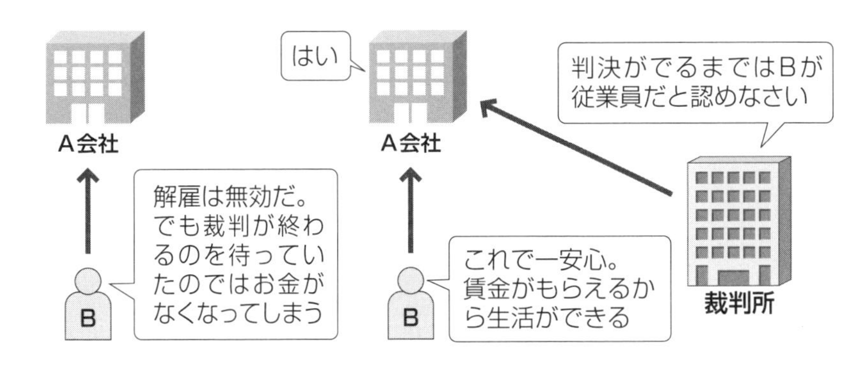

全および賃金仮払いの仮処分の申立てといいます。

申立てが認められると、BのA会社における従業員としての地位が確保されるのと同時に、BはA会社に賃金の仮払いを請求することができるようになります。

申立先と申請手続き

管轄に注意して申立てを行う

■ どこに申し立てればよいのか

保全命令の申立ては、本案を提起する前もしくは同時になされるのが一般的です。たとえば、本案が貸金返還請求訴訟であり、保全命令事件が不動産の仮差押えであるとします。その場合、仮差押えの申立先は、本案の貸金返還請求訴訟を管轄する裁判所もしくは仮差押えの対象物である不動産の所在地を管轄する地方裁判所になります。

申立先を間違えた場合

管轄違いの場合は、民事保全法によれば、裁判所の職権で必ず移送しなければならない。ただし、実務上は、裁判所書記官から債権者が管轄違いの指摘を受けた後で、自発的に申立てを取り下げて、管轄裁判所に申し立てることがほとんどである。

また、係争物に関する仮処分の申立先は、係争物の所在地を管轄する地方裁判所になります。たとえば、建物の建築実行の禁止を求める仮処分の申立ては、その建物の所在地を管轄する裁判所になります。

仮の地位を定める仮処分については、たとえば、従業員としての地位保全および賃金仮払いの申立ての場合は、債務者の住所地、つまり会社の所在地を管轄する地方裁判所となります。

以上、保全命令の申立先は法律上決まっており（これを専属管轄といいます）、当事者の合意によって申立先を決めること（合意管轄）を認めていません。もっとも、本案訴訟については、多くの場合、当事者の合意によって裁判地を決めることができます。そして、法律上は本案の管轄裁判所を保全命令事件の管轄とすることが認められているので、保全命令事件を専属管轄とした意味は薄れているといえます。

■ 保全命令と保全執行

民事保全の手続きは、保全命令の手続きと保全執行の手続き

保全命令と保全執行

保全命令　裁判所が発令する

⇒ 債権者の申立てに対して、保全命令を出すべきかを審理する手続き

保全執行　裁判所または執行官が執行する

⇒ 保全命令に基づいて、債務者の財産を保全したり、債権者の権利を仮に実現したりする手続き

を区別して規定しています。保全命令の手続きは、債権者の保全申立てについて、保全命令を出すにふさわしいものであるかどうかを審理する手続きです。保全執行の手続きは、そのような審理を経て出された保全命令に基づいて、債務者の財産を保全し、または債権者の権利を仮に実現する手続きです。保全命令は裁判所が行いますが、保全執行は裁判所が行う場合と執行官が行う場合があります。保全命令を発する裁判所を発令裁判所といい、保全執行を行う裁判所を執行裁判所といいます。

不動産の仮差押えなど、保全執行を裁判所が行う場合は、保全命令が出た後に裁判所が保全執行を行います。他方、占有移転禁止の仮処分など、保全執行を執行官が行う場合は、裁判所の保全命令が出たら、別途、執行官に対して保全執行の申立てをする必要があります。もっとも、債権者に保全命令が送達されてから２週間を経過すると、保全執行を行うことができなくなります。したがって、執行官に対して保全執行の申立てをする必要がある場合は、保全の必要がなくなった場合を除いて迅速に申立てをする必要があります。

その他、裁判所が保全執行を行うものとしては、登記による

不動産の仮差押え、債権の仮差押えなどがあります。執行官が保全執行を行うものとしては、動産の仮差押え、占有移転禁止の仮処分などがあります。

■ 保全命令の申立てに必要な書類

債権者

民事保全では、保全命令を申し立てる側の者のことを債権者という。

債権者は、下記の必要書類をそろえて、管轄裁判所に保全命令を申し立てます。

・申立書1通（1個の申立てにつき、手数料として収入印紙2000円を貼付、割印はしない）

・資格証明書（3か月以内に発行されたもの）、不動産登記事項証明書（1か月以内に発行されたもの、不動産の仮差押えなどの場合）、訴訟委任状（弁護士に委任した場合）、疎明書類の原本と写し各1部

■ 当事者から事情を聴く

仮差押えまたは係争物に関する仮処分については、裁判所は債権者が提出した書類の審査だけで、申立ての可否を決めることができます。しかし、通常は債権者を呼び出して面接する場合がほとんどです。また、場合によっては、債務者を呼び出して面接することもあります（これを債務者審尋といいます）。

これに対し、仮の地位を定める仮処分については、書面審査だけでなく、原則として口頭弁論または債務者が立ち会うことができる審尋を経なければならないとされています。仮の地位を定める仮処分が発令されると、判決を待たずに権利を実現することから、手続きを慎重にしなければならないというのがその理由です。

■ 担保の決定と提供

保全命令の申立てに理由があると、裁判官が担保決定を行い、それが債権者に告知されます。担保とは、保全執行の手続きの

ために、いわば債権者が裁判所に納めなければならない手数料のようなものですが、本案で勝訴すれば、裁判所の決定を経て取り戻すことができます（担保取消しの手続）。

債権者は、担保を供託所に供託して、供託正本とその写しを発令裁判所に提出します。担保提供期間内（一般的には７日）に延長申請をせずに提出しないと、保全命令の申立てが却下されることに注意が必要です。さらに、担保提供時あるいはその後に当事者目録、請求債権目録などの各種目録書類、登録免許税、郵便切手代などを提出する必要があります。

■ 保全命令の発令と執行手続き

担保提供が行われると、裁判所は保全命令を発令し、債権者に保全命令正本を送達します。債務者に秘密裏に進められる必要のある民事保全については、債務者には送達しません。しかし、たとえば、債務者に「道路工事を直ちに中止せよ」といった義務を課するような場合には、債務者への送達が必要になります。

ただ、具体的な執行方法は対象ごとに異なります。たとえば、不動産の仮差押えを行う場合は、占有者（債務者）を強制的に立ち退かせるのではなく、法務局（登記所）に登記を嘱託するか、強制管理の方法もしくはこれらを併用する方法によります。

■ 保全命令申立て後の不服申立ての種類

保全命令の申立て後に当事者に認められている代表的な不服申立ては、即時抗告、保全異議、保全取消し、保全抗告です。

即時抗告は、保全命令の申立てを却下する裁判所の決定などに対して「債権者」に認められる不服申立てです。保全異議と保全取消しは、いずれも保全命令が発令された場合に「債務者」に認められる不服申立てです。保全異議と保全取消しの申立てについての裁判に対する不服申立てが保全抗告です。

供託所

供託所は法務局、地方法務局及びその支局に存在する。

強制管理

たとえば、債務者が家主として受け取っている賃料を差し押さえた上で、これを取り上げて各債権者に分けていく手続きのこと。

保全命令申立後の不服申立ての種類

・即時抗告
保全命令を却下する決定などに対して認められる。債権者は、保全命令を却下する決定などの告知を受けてから２週間以内に申し立てなければならない。
・保全異議
保全命令の要件が存在しないとして、保全命令の取消しを求める場合をいう。
・保全取消し
保全命令は一応有効に存在するが、その後に被保全権利または保全の必要性に関し発令時と異なる事情が生じたことなどを理由として、保全命令の取消しを求める場合をいう。
・保全抗告
保全異議または保全取消しの申立てについての裁判に対する不服申立て。債権者・債務者どちらからでも申し立てることができる。

PART4
6

担保制度

保全命令を申し立てる際に担保を提供する

■ 無担保で発令されることはほとんどない

債権者が本案訴訟で主張する請求が認められないものである場合などには、債務者は損害を被ることがあります。その場合に、債権者が裁判所にあらかじめ提供しておいた金銭などで債務者を保護していくという役割が担保制度にはあります。

民事保全法には、裁判所は無担保で保全命令を発することができる旨の規定が存在しますが、無担保で発令されることはほとんどありません。そうなると債権者の一番の関心事は、具体的な担保金額ということになるでしょう。担保の額は、請求債権額や目的物の価額、さらに、疎明の程度を考慮して決定されることになります。

ただし、交通事故の賠償金仮払いの仮処分や、従業員の地位保全及び賃金仮払いの仮処分の場合などは、債権者の生活などを考慮して、無担保で発令される場合が一般的です。

■ 担保提供期間は何日間か

債権者が担保を提供する（金銭などを納める）期限については、裁判所によって異なりますが、担保決定の告知があった日の翌日から３～７日程度に期限を設定しているようです。この期間内に担保を提供しないと申立てが却下されてしまうので注意してください。裁判所によっては、一定の要件を満たせば、期限到来の翌日から１週間に限り、担保期間の延長を認めているようです。

担保とは

債権者が保全命令の申立てをする際に納めなければならない金銭などのこと。

疎明

裁判官が確信をもって納得するには至っていないが、一応確からしいと納得していること。判決に大きな影響を与える事実以外の事実については疎明で足りる。
たとえば、民事保全において仮差押えなどの申立てをする場合、申立人は、申立てに係る権利または権利関係と仮差押えをする必要性について、裁判所に疎明しなければならない（民事保全法13条）。

担保の提供

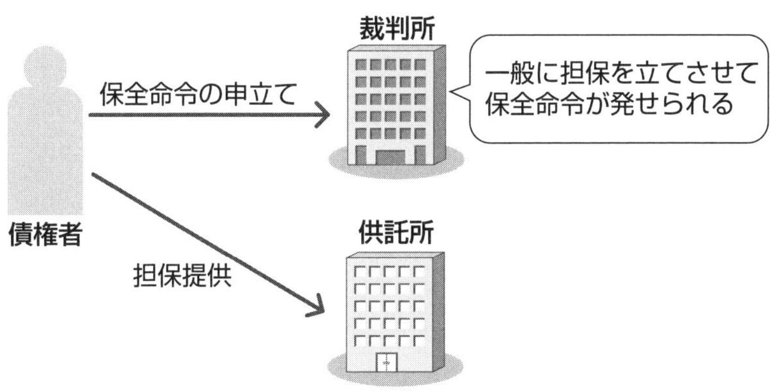

■ 担保の提供は金銭以外でもできるか

担保提供の方法には、①金銭提供の方法、②有価証券提供の方法、③裁判所の許可を得て支払保証委託契約を締結する方法、④当事者間の特約に基づく方法、の４つがあります。民事保全法では、以上の４つが同等に並んで規定されていますが、基本的には金銭提供の方法によると考えるべきです。

次に、有価証券による提供の場合の注意点について述べておきます。有価証券は金銭と違って短期間で価値が変動しやすいことから、額面金額がそのまま評価額になるわけではありません。そうした事情から、有価証券による担保の提供が認められるといっても、実際に認められているのは一部の有価証券だけです。具体的には、国債、地方債、大企業や銀行の株式のように、長期的に価額が安定していると思われる有価証券だけが担保として認められています。しかし、これら安定性の高い有価証券でも額面金額どおりの評価は認められません。たとえば、国債や地方債の場合、額面の20～40％増しの額に達するまで有価証券の担保提供が求められるようです。

■ 債権者または債務者が複数いる場合の申立て方法は

①債権者が複数いる場合に債権者全員が一括共同して１個の担保を提供することや、②債務者が複数いる場合に債務者全員のために債権者が一括して担保を提供すること（これらを共同担保といいます）はできるのでしょうか。

たとえば、損害賠償請求権は、本来は個々の債権者または債務者ごとに損害額が決められていくべき性質のものですから、担保額についても各人ごとに決められていくのが原則です。しかし、実務上の便宜から、共同担保の方法をとることも認められています。裁判所が共同担保を決定すると、次のような文面の決定文書が債権者に告知されます。

・債権者全員は、共同の担保として、債務者のため、金200万円を５日以内に供託すること（上記①の場合）

・債権者は、担保として、債務者全員のため、金200万円を５日以内に供託すること（上記②の場合）

■ 担保の変換手続きとはどのようなものか

担保の変換とは、たとえば、最初は金銭を提供したが、後に有価証券に変換してもらうというように、最初に提供した担保を他の担保に変えることです。担保の変換をするには、担保決定をした裁判所に対して申し立てることが必要です。裁判所が担保の変換を認めると担保変換決定をします。申立人がすでに変換決定前の担保を提供しているときは、供託金の払渡しを請求できます。また、支払保証委託契約を結んでいる場合は、銀行などに対して解約手続をとることになります。変換手続きは以下のような要領で行います。

①　金銭から有価証券に変換する

有価証券目録を申立書に添付して裁判所に提出します。有価証券は、市場価値が変動しやすいことから、額面通りに評価されることはありません。額面額の何割か増しの有価証券を供託

担保の提供は第三者でもできる

担保の提供は債権者本人が行うのが原則だが、債権者の親族などの第三者もできるとされている。ただし、第三者が担保を提供する場合は、裁判所に上申書を提出して、裁判所の許可を得ることが必要になる。

支払保証委託契約

強制執行がなされようとしている場面で、債務者は担保を提供することで強制執行を免れることができる。
担保の提供は金銭や有価証券で行うのではなく、担保提供者と金融機関との間の保証契約で行うこともできる。このとき、金融機関との間で締結される契約が、支払保証委託契約である。

担保の変換（金銭から有価証券に変換する場合）

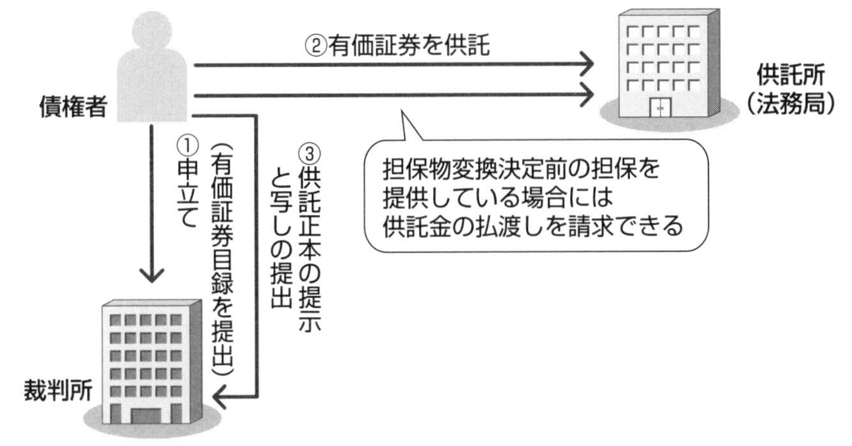

できないようであれば、申立は却下されるでしょう。

具体的には、国債や地方債は額面の20～40％増しを、株式は前日最終値の30～100％増しを考えておく必要があります。

なお、株式については、銀行や大企業などの安定した株式でなければ受け付けてもらえません。裁判所の担保変換決定が下りると、有価証券を供託し、そのことを裁判所に証明するために、供託書正本を提示し、その写しを裁判所に提出します。

②　有価証券から金銭に変換する

単に申立書を提出すれば、容易に裁判所の担保変換決定が下りるでしょう。担保変換決定が下りた後は前述した①と同じです。つまり、金銭を供託し、それを裁判所に証明するために、供託書正本を提示し、その写しを裁判所に提出します。

③　金銭から支払保証委託契約による担保に変換する

申立書と支払保証委託契約による立担保の許可申請書を２通提出します。そのうち１通は、担保変換決定の謄本として申立人に交付されます。

PART4 7

供託

誤記のないように正確に書類を作成する

■ 供託はどのように行うのか

債権者が保全命令を申し立てるには、担保を提供する必要があります。この担保は供託所に供託することになります。保全手続きに際しては、供託の役割が欠かせません。

供託とは、供託所という国家機関に預けた財産の管理をまかせ、預けた財産を受領する権限のある人が受けとることにより、目的を達成させる制度です。

供託の種類

①弁済のためにする供託（弁済供託）、②担保のためにする供託（保証供託）、③強制執行のためにする供託（執行供託）、④保管のための供託（保管供託）、⑤没取の目的物の供託（没取供託）の５種類がある。

保全命令の申立てにあたって必要になる担保の供託は、保証供託といいます。保証供託は担保供託ともいわれ、相手（債務者）に供託物に対する優先受領権を与えることで、相手が被るかもしれない損害を担保する役割を持っています。

供託の一般的な流れは、次のようになります。金銭などの供託物を供託所に預ける者を供託者といい、預けられた供託物を受領する者を被供託者といいます。供託者（債権者）が供託物を供託所に預けます。供託所は預かった供託物を保管します。その後、一定の条件（違法な保全執行により損害を被った場合など）があれば、被供託者（債務者）が供託所から供託物の還付を受けます。ただ、供託所から供託物を取り戻せるのは被供託者だけではありません。供託者（債権者）も一定の条件（債権者の勝訴判決が確定した場合など）を満たせば供託物を取り戻すことができます。

管轄外供託

遅滞なく管轄区域内の供託所に供託することが困難なときは、裁判所の許可を得て管轄区域外の供託所で供託を行うことができる。管外供託ともいう。管轄区域が遠方にあり、債権者や債権者代理人の住所地や営業所所在地の供託所で供託したい場合などに利用される。

なお、民事保全法では、担保提供を命じた裁判所または保全執行裁判所を管轄する地方裁判所の管轄区域内の供託所に担保を提供すると規定されています。

支払保証委託契約

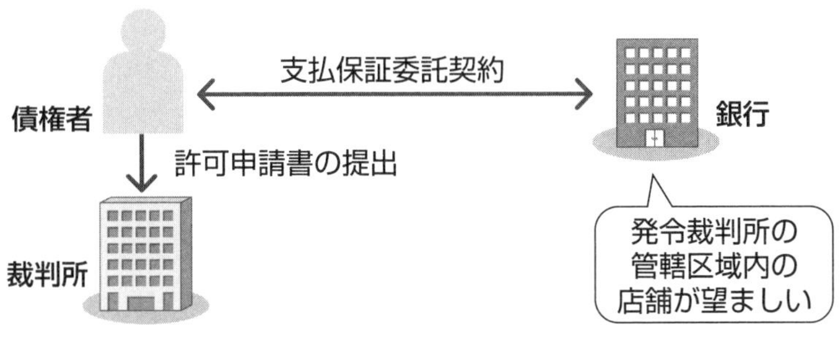

■ 供託書の記載内容に誤記があるとき

供託する場合、供託書に必要事項を記載します。供託後に供託書の誤記を発見したときは、軽微な誤記であれば訂正が認められます。しかし、住所・氏名・供託金額などの重要な部分の誤記は訂正が認められず、裁判所に供託の不受理を申請し、裁判所から交付された不受理証明書を供託所に提出して供託金の取戻しを受けた後、あらためて供託の手続きを行うことになります。急を要する民事保全の手続きの遅延につながるため、供託書は正確に記載する必要があります。

軽微でない誤記

誤記が軽微でない場合（供託書の訂正で供託の同一性が害される場合）は、供託書を書き直して最初からやり直すことになる。すでに供託金を提供した場合は、裁判所から不受理証明書の交付を受けて、いったん供託金を供託所から取り戻すことになる。

■ 支払保証委託契約を結ぶ方法もある

担保の提供は、供託所での提供の他に、銀行等との間で支払保証委託契約を結ぶという方法によることもできます。

この方法によって担保を立てるときは、担保決定をした裁判所に許可申請書を提出して許可を得なければなりません。

契約の相手方は、銀行、信用金庫、農林中央金庫、損害保険会社などです。これらの機関が相手の場合は、発令裁判所の管轄区域外の店舗でもよいとされています。

管轄区域外での契約

支払保証委託契約の相手は管轄区域外の店舗でもよいが、裁判所によっては、なぜ管轄区域外での契約なのかについて債権者から説明を求めるために、上申書を提出させるところもある。

保全命令

決定書の記載事項について把握しておく

■ 保全命令の決定書にはどんなことが記載されるのか

裁判所が保全命令の決定を下すと、決定書を作成して債権者および債務者に正本を送達するのが原則です。

ただし、例外的に決定書を作成しないこともあります。その場合は、口頭弁論または審尋の期日に口頭で言渡しをします。その言い渡した内容を裁判所書記官が調書にまとめて、後日当事者に送達することが認められる場合があります。

決定書が作成された場合は、①事件の表示、②当事者の住所氏名などの表示、③担保額および担保提供方法、④主文、⑤決定の年月日、⑥裁判所の表示が記載されます。

なお、各記載事項で注意したいのは、仮差押命令の主文の中で表示される仮差押えと仮処分の解放金についてです。

■ 仮差押解放金額

仮差押解放金とは、債務者が仮差押えを解いてもらうために供託する金銭です。裁判所は、仮差押命令において、必ず仮差押解放金額を定めなければならないことになっています。

仮差押えは金銭債権の保全を目的とするので、被保全債権に相当する金銭を債務者に供託してもらえれば、債権者にとっては好都合です。また、債務者にとっては、仮差押解放金を供託することによって、所有財産への不必要な執行から逃れることができます。債務者が供託した供託金の取戻請求権は仮差押えの目的物に代わります。つまり、債権者は本案訴訟で勝訴が確定した後、供託物取戻請求権について債権執行の申立てをして

本案訴訟
本案とは、実体法上の権利関係（請求権の根拠となっている事実など）についての主張のこと。本案の成否を争う訴訟を本案訴訟という。

決定書のサンプル

仮差押決定

当事者の表示	別紙当事者目録記載のとおり
請求債権の表示	別紙請求債権目録記載のとおり

上記当事者間の令和○年(ヨ)第○○○号不動産仮差押命令申立事件について、当裁判所は、債権者の申立を相当と認め、債権者に
金○○○万円
の担保を立てさせて、次のとおり決定する。

主　文

債権者の債務者に対する上記債権の執行を保全するため、別紙物件目録記載の債務者所有の不動産は、仮に差し押さえる。

債務者は、金○○○万円を供託するときは、この決定の執行の停止又はその執行処分の取消しを求めることができる。

令和○年10月7日
○○地方裁判所民事第○部
裁判官　○　○　○　○　㊞

いくことになります。

ところで、裁判所はどのような基準で仮差押解放金額を定めるのでしょうか。この点につき、①債権者としては被保全債権が保全されれば満足であること、②裁判所としては迅速に処理できること、という２点をおもな理由として、被保全債権の額を基準に定められています。

■ 仮処分解放金

仮処分についても、仮差押えと同様に、債務者が金銭を供託することによって仮処分を解いてもらうことができるのでしょ

うか。仮処分は本来、金銭的保証によって債権者が満足できる性質のものではありません。

そこで、民事保全法では、保全すべき権利が金銭の支払いによって目的を達成することができる場合にのみ、仮処分解放金を定めることができると規定しています。たとえば、以下の事例が該当すると考えられます。

ＡがＢに時計を預けていたが、Ｂは約束の期日になっても返還しようとしません。それどころか、Ｂは売主として、Ｃとの間で時計の売買契約を結んでしまいました（まだ引渡しはしていないものとします）。Ａとしては、ＢからＣへと時計が引き渡される前に、何とか手を打っておきたいところです。そこで、Ａは時計の処分を禁止する仮処分命令を申し立てました。

この場合、Ａとしては、時計の時価と同額の金銭を債務者に供託してもらうことができれば、最終的な目的を達成できるといえることから、「金銭の支払いによって目的を達成することができる」場合に該当すると考えられます。

なお、仮処分解放金を定める場合は、債権者が仮処分解放金の供託によって仮処分の申立ての目的を達成できるかどうか、債権者の意見を聴く必要があります。

■ 債権者と債務者に同時送達されるとは限らない

裁判所が決定を下すと、債権者・債務者には決定の正本が送達されることになっています。当事者に保全命令の内容を知らせる必要があるからです。また、債権者にとっては保全執行の申立てを行う際に必要になります。

ただし、債権者と債務者に同時に送達されるわけではありません。なぜなら、債権者の保全命令の申立てを債務者に事前に知られてしまうと、執行前に財産を隠されてしまうおそれがあるからです。

上申書の提出

仮処分解放金を定める手続きの後で、債権者は裁判所が定めた仮処分解放金の額について異議がない旨の上申書を提出させられることがある。

保全執行の申立て

保全執行の申立ては書面で行う。ただし、保全命令をする裁判所が保全執行の裁判所となる場合（ほとんどがこの場合にあたる）は、保全命令の申立てとは別に、保全執行の申立てを考える必要はない。この場合は、保全命令の申立てを行えば、保全執行の申立ても同時になされたものとする。

第三債務者

たとえば、債務者ＢがＣに対して債権を持っている場合に、Ｂの債権者Ａから見てＣのことを第三債務者という。

仮差押解放金

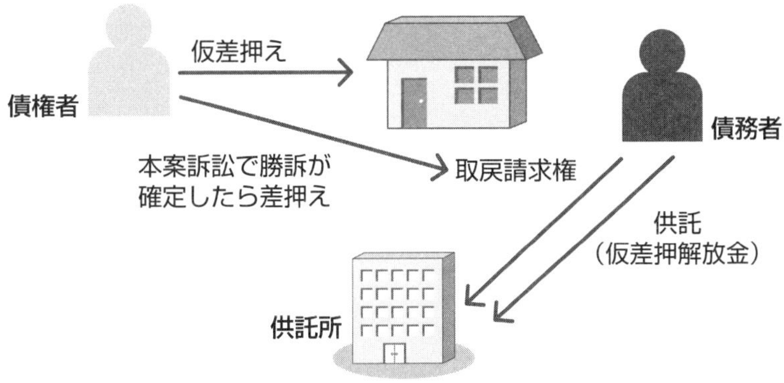

■ 送達の時期

債務者への送達時期については、保全命令の種類によって異なります。たとえば、仮差押えについては、動産の仮差押えの場合は、裁判所は債権者にまず送達して、執行が完了した後に債務者に送達します。債権の仮差押えの場合は、第三債務者に送達した後に、債務者に送達することになります。不動産の仮差押えの場合は、登記が完了した後に債務者に送達されます。

■ 決定内容が間違っていたときは

仮差押命令と係争物に関する仮処分については、債務者審尋が行われずに、債権者からの一方的な調査結果に基づいて決定が下されることがあります。そのためか、決定内容に誤りが出てくることも少なくありません。

たとえば、当事者目録に記載した第三債務者の氏名住所や目的物の表示が間違っていた場合などがこれにあたります。その場合、債権者は決定の更正の申立てを行うことによって決定内容を変更させることができます。

保全執行は誰が行うのか

裁判所または執行官である。保全執行を執行官が行う場合、債権者としては、執行官に対する保全執行の申立てが別途必要になる。

保全執行前の債務者の変更

債権者は、保全命令の申立て後も債務者が変わっていないかについて改めて確認した方がよい。たとえば、債務者が死亡していた場合は、債務者の相続人に執行していくことができるが、その場合は、新たに承継執行文の付与の申立てをしなければならない。
なお、保全執行「後」に債務者が死亡した場合には執行文の付与は必要ない。

登記の方法による不動産仮差押え

登記の嘱託は裁判所書記官が行う

■ 不動産の仮差押えをする

不動産に対する仮差押えの執行には、①仮差押えの登記をする方法、②強制管理の方法、③両者を併用する方法、の３つがありますが、ここでは①の方法について説明していきます。

強制管理の方法による仮差押え
強制管理による仮差押えとは、管理人を選任して債務者に代わって不動産を管理させ、賃料収入を供託する手続きのこと。

■ 具体的にどのように行うのか

仮差押えの登記は、執行裁判所の裁判所書記官による嘱託によってなされます。「登記を嘱託する」というのは、「債権者のために仮登記を設定してくれ」と裁判所から登記所にお願いすることをいいます（例外として、債権者が登記嘱託書を登記所に直接持参する場合があります）。仮差押えの登記が設定されると、以後、債務者が当該不動産を処分したり、第三者に抵当権を設定されたりしても、仮差押えを得た債権者が勝訴判決を得て強制執行をする場合には、その債権者の権利が優先することになります。

■ 登記嘱託後に登記所から却下された場合

保全命令の申立てが認められた後の手続きは、裁判所主導で進められていくのが基本です。ですから、債権者としてはとくに何もしなくてよいということになりそうです。

ところが、登記嘱託後に登記所から裁判所に対して「この登記嘱託は受け付けることができません」と言われて、登記嘱託が却下される場合があります。これは、登記嘱託をした裁判所書記官に手続上のミスがあったことだけが原因ではありません。

仮差押えの登記

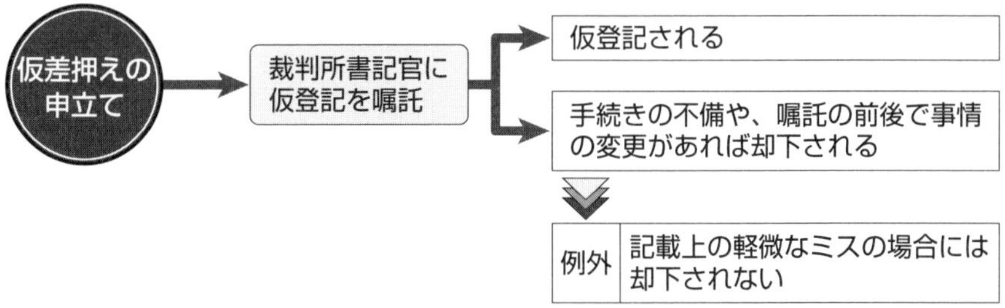

他にも原因として考えられるのは、嘱託の前後で事情の変更があった場合、債権者にミスがあった場合などです。以下、具体例で説明しましょう。

①　記載上の軽微なミスが嘱託書の中から見つかった場合

このケースは軽微なミスなので、登記所で誤字を訂正して、その訂正した書類によって嘱託をやり直すことができる場合もあります。ただし、ケースによっては、裁判所が保全命令の更正決定をして、その正本を登記所に送付するという方法がとられることがあります。それと同時に、嘱託書に押された捨印を利用して嘱託書の記載の補正をすることになります。

②　登記事項の変更があり、嘱託書と符合しない場合

この場合はケース・バイ・ケースで処理されます。

たとえば、嘱託書受理前に所有権移転により登記名義人が変更された場合は、事態が重大であることから、単なる記載の補正（訂正）ではすまされません。この場合は、再度嘱託書を作成・提出することになります。しかし、登記事項証明書に記載された登記名義人の氏名や住居表示が後に変更された程度であれば、事態がそれほど重大ではありません。権利主体に変更があったわけではないからです。この場合は、上記①で述べた記載の補正で足りると考えられています。

債権者側に手続上のミスがあった場合

たとえば、債権者が嘱託書を登記所に持参する扱いにした場合に、本来の登記所ではなく、違う登記所に提出してしまったような場合である。この場合には、保全命令が債権者に送達されてから２週間以内であれば、再度嘱託をすることができる。

補正

訴訟行為の不備・欠陥を訂正または補充すること。たとえば、民事訴訟において、訴状の名前や住所に誤字・脱字があったり、日付が空欄になっていたりする場合に、裁判所からの指摘により、訂正または記入する場合が挙げられる。

PART4
10

民事保全法のしくみ

債権仮差押えの執行

第三債務者に対する調査も大切である

■ 執行方法

債権の仮差押えの執行は、裁判所が第三債務者に弁済禁止命令を発することになります。ただし、その後も第三債務者としては供託が可能です。また、債務者に仮差押命令の正本が送達された後は、債務者が債権譲渡などの処分行為をしても、仮差押債権者との関係では処分行為の効力を主張できなくなります。

■ 第三債務者に対する陳述催告の申立て

債権者にとって仮差押えの対象となる目的債権は、債務者と第三債務者という他人間の権利関係なので、債権者がその存在や内容を正確に把握しているとは限りません。そこで、債権者は、仮差押えの目的を達成できたかどうかを確認するため、裁判所に対し、第三債務者にその債権の存在や内容を確認することを申し立てることができます。それが「第三債務者に対する陳述催告の申立て」です。

裁判所書記官は、申立てがあったときは、仮差押命令の送達に際し、第三債務者に陳述催告書を送達しなければならないことになっています。

■ 第三債務者に供託される場合がある

仮差押えがなされた場合、第三債務者は供託をすることができます。ただし、仮差押えや差押えが競合した場合、第三債務者は供託をしなければなりません。供託をした第三債務者は、執行裁判所などに対し、その旨を届け出なければなりません。

債務者に対する送達時期

第三債務者に対する送達が完了した後になるのが通例である。

他人間の権利関係

債権者が仮差押えの対象となる目的債権の内容を正確に把握すること自体、実は非常に難しい。また、当該債権の内容云々を語る以前に、そもそも当該債権そのものが存在しない可能性もある。

陳述催告書

債権者が主張しているような目的債権が本当に存在するのか、存在するとしたらその内容はどうなっているのかなどについて、裁判所が第三債務者に確認を求める文書。

仮差押禁止債権

民事保全法では、給料などについては、債務者の生活保護の観点から、仮差押えできる範囲が制限されている。また、生活保護のように、国などから支給されている金銭については、一切の差押えが禁止されているものもある。

第三債務者に対する陳述催告の申立て

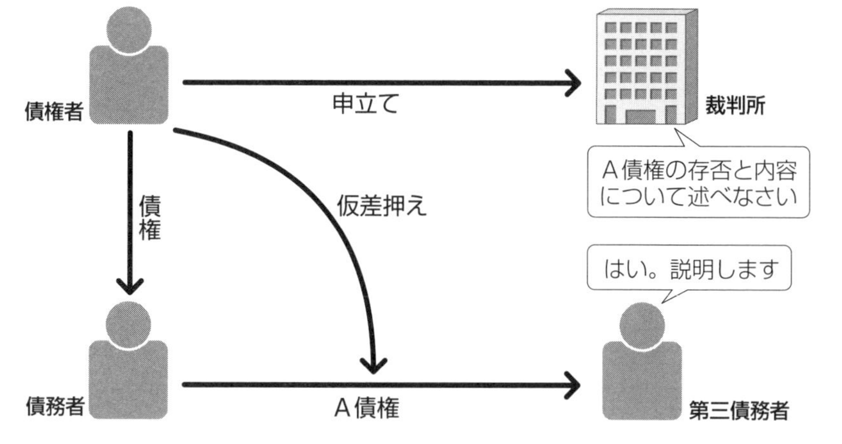

ここで問題となるのは、目的債権に国や地方公共団体などが（以下、「国など」と記します）税金の滞納を理由に差押え（滞納処分）をしてきた場合との優劣関係です。

まず、目的債権に滞納処分による差押えが先になされた場合は、国などの差押えと債権者の仮差押えが競合しても、その合計額が当該目的債権額に満たなければ両者の調整は問題になりません。問題なのは、両者の合計額が、当該目的債権額を超えた場合です。この場合は、仮差押債権者より国などが優先することになります。ただし、国などが目的債権の取立てを行使した結果、残余金が生じたときは、仮差押債権者のために、後日配当手続きが行われることになっています。

仮差押えが国などの差押えよりも先になされた場合も、両者の合計額が当該目的債権額を上回る場合に問題となります。この場合も、国などの差押えの方が仮差押債権者よりも優先し、残余金が生じたときは、上記と同様の処理になります。

債権者の方から仮差押禁止債権の範囲の拡張を申し立てる

たとえば、養育費の支払いを請求する債権者が病弱であまり働くことができず、給料も毎月わずかしかもらっていないという事情があるとする。
他方、債務者は月給100万円を受け取っている上に、退職金額も5,000万円が見込まれているという事情がある。この場合、一般的には、仮差押えが可能な2分の1を超えて仮差押えをしても債務者にとって大きな痛手にはならないため、債権者は仮差押禁止債権の範囲減縮を求めることができるとされている。

その他の仮差押えの執行手続き

執行方法にはさまざまなものがある

■ 動産仮差押えの執行

動産仮差押命令の執行は、原則として執行官が目的物を占有する方法によって行われます。申立先は、原則として目的物の所在地を管轄する地方裁判所所属の執行官です。

なお、申立書に最低限記載しなければならない事項には、①当事者の表示、②差し押さえるべき動産が所在する場所、③強制執行の目的とする財産の表示および求める強制執行の方法、④債務名義の表示、などがあります。

債務名義
強制執行をすることによって実現される債権（請求権）が、確かに存在することを公に証明する文書。

■ 自動車の仮差押えの執行

自動車の仮差押えの執行には、①登録嘱託の方法、②執行官に対して自動車を取り上げて保管してもらう方法（取上保管の方法）、③上記①②を併用する方法、の３つがあります。

以下、①から順に説明していきましょう。

① 登録嘱託の方法

裁判所書記官が運輸支局長に対して登録の嘱託を行います。仮差押命令は、自動車登録ファイルに記録されます。

② 取上保管の方法

これは債権者が「自動車の取上保管命令申立書」を提出して、執行官に債務者の自動車を取り上げて保管してもらう方法です。申立先は、原則として自動車の所在地を管轄する地方裁判所（執行裁判所）になります。

③ 上記①②を併用する方法

上記①②の書類を併せて提出することも可能です。なお、執

船舶の仮差押えの執行
①仮差押えの登記をする方法、②執行官に船舶国籍証書などを取り上げさせる方法、③これらを併用する方法、の3つがある。
①については、裁判所書記官が船舶の登記を管轄する登記所に仮差押えの登記を嘱託する。②による場合は、債権者が「船舶国籍証書等の取上保管命令申立書」を提出して申し立てることができる。さらに、申立てにより、保管人を選任することもできる。

自動車の仮差押え

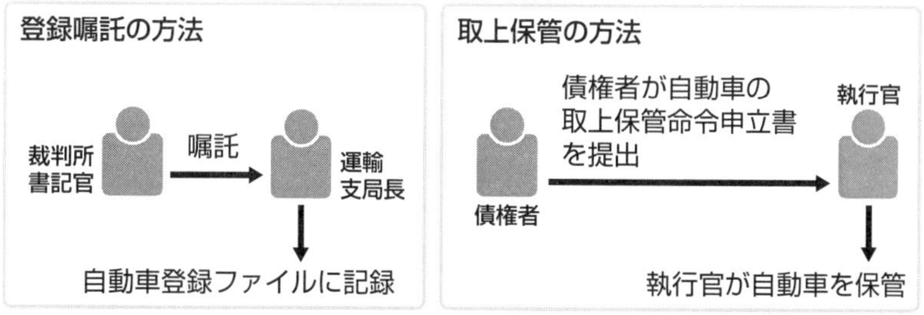

行官による取上保管によって、自動車の価額が下がるおそれや、保管費用が多額に上るおそれがあります。そのようなときには、債権者（または債務者）の申立てにより、裁判所は自動車を迅速に売却してしまうことができる場合があります。

■ 建設機械の仮差押えの執行

すでに登記を受けている建設機械に対する仮差押えの執行は、登録を受けている自動車とほぼ同じ扱いになります。ただし、建設機械の表示は建設機械登記簿への記入によります。

■ 動産引渡請求権の仮差押えの執行

この場合の執行方法は、第三債務者に対して「債務者に物件を引き渡すな」という内容の命令を発して行われます。そこで、債務者が第三債務者に対して有する物件引渡請求権の内容を、申立書の中で明確に特定しておきます。

なお、第三債務者の住所居所が不明で仮差押命令が到達しなかった場合、債権者は改めて再送達の手続きをとらなければなりません。具体的には、執行期間内に再送達の上申書を提出する必要があります。

第三債務者

債務者に対して債務を負担する者のこと。具体的には、AがBに対して債権をもち、BがCに債権をもっているときに、Aから見たCが第三債務者となる。

PART4
12

不動産の処分禁止仮処分の執行

民事保全法のしくみ

処分禁止の登記がなされる

■ 不動産の処分禁止仮処分の執行

不動産の処分禁止仮処分とは、債権者の立場で言うと、債務者に対して「あなたの土地または建物を売るな（所有権や占有を移転するな）」という命令です。

不動産についての処分禁止仮処分の執行は、処分禁止の登記をする方法によります。具体的には、執行裁判所の裁判所書記官が「登記嘱託書兼登記原因証明書」を作成して、登記所（法務局）に登記嘱託を行います。不動産に処分禁止の登記がなされると、それ以後、債務者が当該不動産を譲渡（処分）しても仮処分債権者に対抗することができなくなります。

処分禁止の登記

たとえ処分禁止の登記後に第三者が何らかの権利を取得し、その権利の登記を設定しても、仮処分債権者は本案訴訟での勝訴確定後はその第三者の設定した登記を単独で抹消請求することができる。

■ 保全仮登記を併用する場合がある

不動産に関する所有権以外の権利（抵当権など）の保存・設定・変更についての登記請求権を保全する場合は、処分禁止の登記をすると共に保全仮登記（仮処分による仮登記）をする方法により行います。所有権以外の権利は、同じ不動産に複数設定することが可能ですが、それらの優劣は登記の先後で決まります。仮登記をしておくと、後で登記原因がすべて備わって本登記をした場合、仮登記の時点で本登記をしたことになります。これにより、抵当権などの優先順位を確保できるわけです。

なお、本登記をするには、保全仮登記に表示された権利の内容と、本案訴訟で勝訴した際に表示された権利の内容とが一致していなければなりません。しかし、民事保全の手続きは緊急に（拙速に）行われやすいことから、申立書面の表示を誤って

本登記

正式な登記のこと。仮登記とは異なり、本登記には第三者に対する対抗力（物権変動の事実を第三者に主張できる効力）が認められる。終局登記ともいう。

保全仮登記の併用

仮処分債権者としては、後になされた他の抵当権設定登記などを抹消する必要がなく、優先順位を確保できていればよいので、所有権以外の権利の登記請求権を保全する場合は、保全仮登記が併用されている。

不動産の処分禁止仮処分

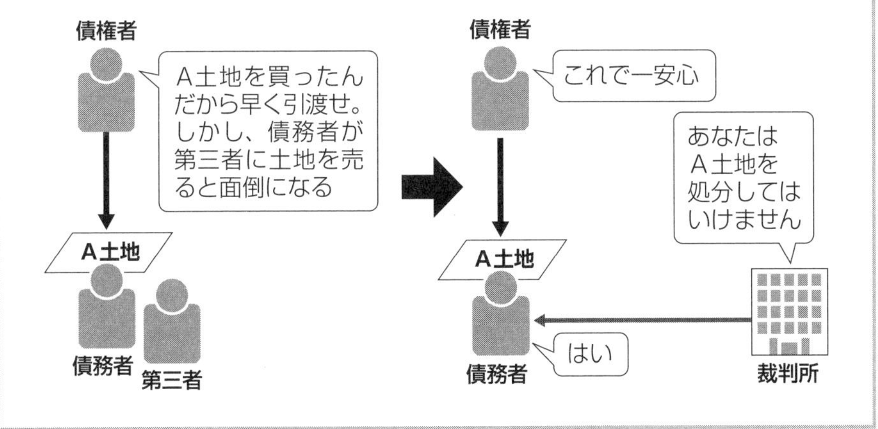

記載してしまう場合があります。そうなると、将来せっかく本案訴訟で勝訴判決を得ても本登記を求めることができなくなります。そこで、両者の表示に大きなずれがない限り、債権者は「更正決定申立書」を提出して仮処分命令の権利の表示を更正できるとされています。

■ 建物収去土地明渡請求権保全のための処分禁止の仮処分

建物収去土地明渡請求権保全のための処分禁止の仮処分とは、債権者の立場で言うと、債権者が債務者に対して、「建物を壊して土地から出て行けという権利を確保（保全）したいから、建物はもう誰かに売るな」という命令の申立てです。処分禁止の仮処分の執行は、処分禁止の登記をする方法により行います。

処分禁止の登記がなされると、以後、債務者が建物を第三者に売却（処分）しても、債務者に勝訴した確定判決（債務名義）に承継執行文の付与を受けて、第三者に対する建物収去土地明渡しの強制執行の申立てができます。第三者に対する債務名義を取得する必要はありません。

強制執行

国家が債権者の民事上の請求権を強制的に実現する手続き。たとえば、勝訴判決が確定した場合、その確定判決で支払いを命じられた金銭や、引渡しを命じられた物を、国の機関（執行機関）が強制的に被告（債務者）から取り上げて、原告（債権者）に引き渡すことができる。

その他の仮処分の執行

それぞれの執行手続きの特徴を把握しておく

■ 占有移転禁止の仮処分の執行

占有移転禁止の仮処分には、①債務者に使用を許す場合（執行官も保管）、②執行官のみ保管の場合、③債権者の使用を許す場合（執行官も保管）があります。執行方法について、①の場合は債務者に使用を許すので、目的物を債務者から取り上げません。目的物に貼付した公示書を損壊すれば、法律上の制裁があることを債務者に告知することで足ります。②③の場合は、公示書だけでなく、執行官が債務者から占有を取り上げます。

債権者は、目的物の所在地を管轄する地方裁判所所属の執行官に書面で執行の申立てをします。仮処分決定正本が債権者に送達された日から２週間経過すると執行できなくなるため、執行の申立てを速やかに行うことが必要です。

占有移転禁止の仮処分がなされると、その後の第三者への移転（譲渡）がなかったものと扱われます。また、移転を受けた第三者が占有移転禁止の仮処分を知っていたものと推定されます。これは占有の移転を受けた第三者にも判決の効力が及ぶということです。つまり、占有移転禁止の仮処分には、本来当事者同士だけを拘束する権利関係を、それ以外の者にも主張できるようにする効力があるのです。

公示書

仮処分命令に基づいて、執行官が、その対象不動産などを保管中であることを示す文書。執行官は占有移転禁止の仮処分などにおいて、対象不動産などに公示書を掲示する（民事保全規則44条1項）。

債務者を特定しない場合

債務者を特定しない不動産占有移転禁止の仮処分の場合は、現実に占有している者に立ち退いてもらう際に、占有者が何者であるかを特定することが必要である。特定できなければ執行されないので注意したい。

■ 明渡し断行の仮処分の執行

明渡し断行の仮処分とは、債務者を排除して債権者に目的物の占有を取得させるという、いわば仮の地位を定める仮処分のことです。通常は占有移転禁止の仮処分により明渡請求権を保

占有移転禁止の仮処分の執行方法

- ① 債務者に使用を許す場合 → 公示書を掲示する
- ② 債務者や債権者に使用を許さない場合（執行官が保管）
- ③ 債権者に使用を許す場合

②③ → 公示書を掲示するだけでなく、債務者から占有を取り上げる

全することができるため、訴訟を待たずに早期に明渡しを実現するだけの緊急性がなければ認められません。たとえば、すでに強制執行によって退去させられたのに、執行妨害のために再び不法に占有を始めた場合などです。仮処分の執行場所には、執行官だけでなく債権者（または代理人）も執行場所に出向いて行われる必要があります。その際、たとえば、ドアなどが施錠されて中に入れず、執行官の再三の呼びかけにも反応がない場合は、解錠業者に依頼して解錠させるという手段も用いられます。

■ 金員仮払い仮処分の執行

債権者が債務者に対して「金銭を支払え」などの処分を求める申立てがこれにあたります。本来であれば、訴訟で勝訴判決を得てからお金の支払いを請求すべきですが、賃金の支払いなど緊急性が高い場合に発令されます。債務者が任意に支払いに応じない場合、債権者は仮処分決定正本に基づいて、強制執行手続きをとることができます。

■ 債務者が仮処分決定に従わないときは

作為を命じる仮処分については代替執行が可能です。また、代替執行が可能かどうかにかかわらず、作為や不作為を命じる仮処分については間接強制が可能です。

金員

金銭のこと。金額という意味もある。

定期給付の執行

金員仮払い仮処分の目的が定期給付の場合には注意が必要。定期給付とは、たとえば、債権者が○月○日から○月○日までの２年間、毎月10万円債権者に金銭を引き渡すことを約束させるなどの行為。各期の期限到来から２週間以内に執行手続きをとらないと、その期の請求権を失う可能性がある。

作為・不作為を命ずる仮処分の執行

作為を命ずる仮処分は「～しなさい」と命令する処分。不作為を命ずる仮処分は「～してはならない」と我慢を命令する処分。仮処分の執行は、債務者に仮処分命令を送達する方法によって行われる。

不服申立ての方法

不服申立の方法には、保全異議、保全取消し、保全抗告がある

■ 不服申立てにはどんなものがあるか

保全命令に対して当事者に認められている不服申立てとしては、①保全異議、②保全取消しがあり、それらの決定に対する不服申立てとしては、③保全抗告があります。ここでは「債権者」の立場から、より詳しく説明していきましょう。

■ 保全異議と保全取消し

保全異議と保全取消しは、保全命令の申立てを認容した裁判所に対して、債務者が「この保全命令は納得できないので取り消してくれ」と裁判所に書面で申し立てる手続きです。債務者のための不服申立てなので、債権者が細かい手続内容を知っておく必要はありません。また、保全異議と保全取消しの区別も、債権者にとっては、手続上大きな違いはありません。

ただし、保全取消しには、本案の訴えの不提起などによる保全取消し、事情の変更による保全取消し、特別の事情による保全取消しの３種類があるという程度のことは知っておいた方がよいでしょう。債務者が何を理由に保全取消しを申し立てているのかを債権者は知っておく必要があるからです。

以下で、３種類の取消事由について説明をしていきましょう。

①　本案の訴えの不提起などによる保全取消し

保全命令の発令後、債権者は自ら進んで本案訴訟を提起しなければなりません。そのまま放置していると、債務者の申立てに基づいての起訴命令が裁判所から発せられてしまいます。債権者が定められた期間内に書面を提出しないと、債務者の申立

原状回復の裁判

民事保全法は、裁判所が仮処分を取り消した場合に、債権者に対して原状回復を命ずることができると規定している。
原状回復の裁判を行うかどうかは裁判所の自由裁量に委ねられている。たとえば、従業員としての地位保全および賃金仮払い仮処分の申立てが取り消されたような場合に、債権者が受領した賃金について裁判所が返還を命じることはそれほど多くはない。

債権者が知っておく必要がある理由

裁判所は口頭弁論を開くか、または当事者双方が立ち会うことができる審尋を行わないと、保全異議や保全取消しの申立てについて決定を下すことができない。そこで、債権者は否応なく裁判所から呼出しを受けることになるが、その際に、債権者が何を理由に保全取消しを求めているのかを理解していないと、適切な釈明ができないことがあるからである。

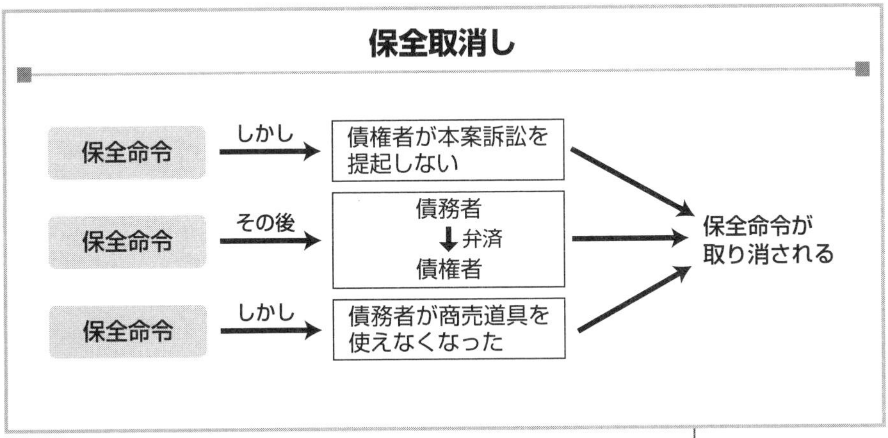

てにより、保全命令は取り消されることになります。

② 事情の変更による保全取消し

保全命令の発令後に、債務者が債権者に弁済して借金がなくなった場合などがこれにあたります。この場合は保全異議を申し立てることもできるので、債務者は保全取消しと保全異議のいずれかを選択して申し立てることが認められています。

③ 特別の事情による保全取消し

仮処分がなされると債務者に回復困難な損害が生じてしまうなどの「特別の事情」がある場合に、債務者が担保を立てることを条件に命令を取り消す場合をいいます。なお、②と③は、発令裁判所の他、本案の裁判所に申し立てることもできます。

■ 保全抗告

保全異議または保全取消しの申立てについての裁判に不服のある債権者または債務者が申し立てる手続きです。保全抗告の申立ては、上記申立てについての裁判を行った裁判所に書面で行う必要があります。保全抗告も、口頭弁論または当事者双方が立ち会うことができる審尋の期日を経なければなりません。保全抗告の審理も決定手続きによって行われます。

起訴命令

裁判所が債権者に対して一定の期間内（2週間以上で裁判所が定める期間内）に本案の訴えを提起するように命令し、所定の書面を提出させることを求める手続きのこと。

特別の事情による保全取消し

たとえば、営業用のトラックに対して執行官のみ保管の場合（債務者や債権者に使用を許さない場合）の占有移転禁止の仮処分命令を受けた運送業者の場合を考えてみましょう。この場合、商売道具であるトラックに仮処分命令がなされてしまうと、運送業者である債務者の事業の継続が将来的に不能または著しく困難になることから、債務者は保全命令の取消しを求めていくことになる。

執行取消しの手続き

執行を取り消すには多くの書類をそろえなければならない

■ 保全執行が取り消される場合

裁判所が保全執行を取り消すのは、①債権者または債務者の申立てがあった場合、②第三者の申立てがあった場合、③債務者の破産管財人の申出があった場合です。順に見ていきましょう。

①　債権者または債務者の申立てがあった場合

・債権者の申立てがあった場合

裁判所の保全執行手続きを止めたい債権者は、保全命令の申立を取り下げることによってその進行を止めることができます。発令裁判所が保全執行機関の場合は、保全命令申立取下書を提出すれば、保全執行申立ての取下げもなされたとみなされます。この場合は別に保全執行申立取下書を提出する必要はありません。なお、保全命令申立取下書と共に債権者が提出しなければならない書類等は数多くあります。

たとえば、不動産の仮差押えの場合で抹消登記が必要なときの添付書類としては、保全命令申立取下書、登記権利者義務者目録、物件目録、予納郵券、登録免許税（収入印紙）、不動産登記事項証明書が必要です。それ以外のケースで取り下げる場合は、申立先裁判所に添付書類を確認しましょう。

・債務者の申立てがあった場合

債務者は、解放金を供託して執行の取消しを求めることができます。この場合、債務者は、解放金を発令裁判所または執行裁判所の所在地を管轄する地方裁判所の管轄区域内の供託所に供託します。その後、供託書とその写しを添付し、申立書を執行裁判所に提供します。また、保全異議や保全取消しなどの決

保全執行が取り消される場合

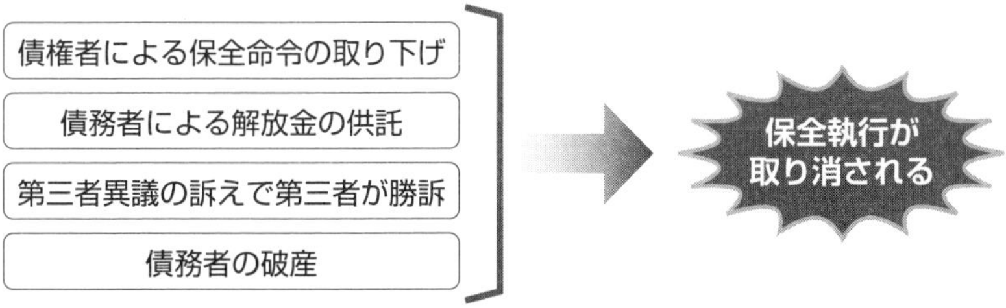

定において、裁判所は、保全執行を続行するための条件として債権者に対して一定の期間内（担保提供期間の末日から１週間）に、追加担保を提供するように命じることができます。

②　第三者の申立てがあった場合

たとえば、債権者Ａが債務者Ｂの動産に処分禁止の仮処分を申し立てたが、その動産の所有者はＢではなく、本件にまったく関係のない第三者Ｃの物だったとします。このときＣは、いわれなき保全執行から自己の財産を守るために、第三者異議の訴えを起こすことができます。

第三者異議の訴え
強制執行がなされる際に、強制執行の目的物についての第三者の権利が侵害される場合に、第三者が債権者に対してその目的物に対する強制執行を止めるように求める訴え（民事保全法46条が準用する民事執行法38条）。

Ｃがこの裁判で勝訴した後に、判決正本（執行取消文書）を提出すると、裁判所は執行取消決定をして、それを当事者双方に告知することになっています。

③　債務者の破産管財人の申出があった場合

債務者が破産すると（破産手続開始決定がされると）、保全執行は当然に効力を失います。しかし、債務者が破産したかどうかは、債権者にはわかりません。そこで、債務者の破産後に債権者が不必要な手続きを進めていくことがないように、裁判所から当事者に破産の事実を告知するように、破産管財人が裁判所に上申書を提出するのが実務上の流れになっています。

担保の取戻し

担保取消決定を得るには３つの方法がある

■ 供託した担保を取り戻す

債権者が保全命令を申し立てるには、担保を提供する必要があります。債権者が担保の返還を受ける方法には、発令裁判所の担保取消決定を得る方法と簡易取戻しの方法があります。

■ 担保取消決定を得る方法

①　担保の事由が消滅した場合

債権者が担保を提供しなければならない理由は、担保権利者（ここでは債務者を指します）の損害をてん補するためです。そうだとすれば、債務者の損害の発生が将来にわたってなくなったと考えられる場合には、債権者に取消しを認めてもよいでしょう。

②　担保権利者（債務者）の同意がある場合

担保権利者が担保提供者の取消しに同意したということは、担保権を放棄したということです。そこで、この場合も担保の取消原因となります。

③　権利行使の催告による場合

債権者は、裁判所に申し立てて、債務者に対して損害賠償請求権の行使を催告してもらうことができます。しかし、債務者が所定の期間内に損害賠償請求権を行使するなどの措置をとらない場合は、債務者が担保の取消しに同意したとみなされます。

債権者が勝訴した場合は①の方法を利用できるため、債権者が敗訴した場合や債権者の敗訴に近い和解（敗訴的和解）が成立した場合などに利用されます。

担保取消しの申立てに必要な書類

担保取消の申立ては、担保提供者またはその承継人（相続人など）が、「担保取消申立書」を提出する。担保取消しは、書面審理で行われる。

担保の事由が消滅した場合

被担保債権が消滅した場合、つまり債権者の勝訴判決が確定した場合、債権者の勝訴に近い和解（勝訴的和解）が成立した場合、債務者の請求認諾の場合などを挙げることができる。

権利行使の催告をする場合の催告書の内容

「民事保全手続きで損害があった場合は、所定の期間（催告書を送達後14日以内）に損害賠償請求訴訟を起こすのがよい。14日以内に裁判を起こさなければ、担保提供者に担保を返す」といった内容の文面である。

担保取消しのために必要な添付書類

担保の事由が消滅した場合

- 本案勝訴判決の正本の写し
- 債権者勝訴に近い和解調書の正本の写し

など

担保権者の同意がある場合

- 同意書
- 担保権者の印鑑証明書
- 担保取消決定正本受書
- 即時抗告権の放棄書

権利行使の催告による場合

- 本案敗訴判決の正本の写し
- 和解調書の正本の写し
- 本案訴訟が提起されなかった場合は、その旨を記載した上申書

■ 簡易取戻しの方法（担保取戻しの許可）

保全執行としての登記や第三債務者への保全命令の送達ができなかったなど、債務者に損害が生じていないことが明らかな場合で、保全執行期間が経過するか、保全命令の申立てが取り下げられたときは、「簡易取戻し」の方法が認められています。

担保提供者またはその承継人は、発令裁判所に担保取戻許可申立書と添付書類を提出して、担保取戻しの許可を得て取り戻すことができます。

■ 担保を取り戻すには

担保取消決定が確定し、または簡易の取戻しにおける担保取戻しの許可が出た後は、債権者が供託所に対して供託金払渡請求書を提出し、供託物の払渡しを受けます。担保取消決定の場合は決定書とその確定証明書の他、供託原因消滅証明書または支払保証委託契約原因消滅証明書が必要であり、簡易の取戻しの場合は担保取戻許可書が必要です。担保の方法が支払保証委託契約の場合は、銀行などに保証債務消滅届を提出します。

収入印紙

供託原因消滅証明申請書の正本には所定の収入印紙を貼る必要がある。

解放金への権利行使

差押えの競合があると優先権はなくなる

■ 仮差押解放金の場合

仮差押解放金が供託されると、仮差押えの執行は取り消され、仮差押えの効力は、債務者が有する供託金（仮差押解放金）の取戻請求権に及ぶことになります。債権者は、本案訴訟の勝訴確定後に、債務者が有する仮差押解放金の取戻請求権について債権執行をしていくことができます。この場合、第三債務者は供託所つまり国になります。

執行できる具体的時期ですが、債務者に対して差押命令が送達された日から１週間を経過したときは、第三債務者である国に直接取立権を行使することができます。つまり、債権者が供託所に対して供託金払渡請求ができるということです。ただし、仮差押解放金の取戻請求権に他の債権者の差押えがなされている場合（競合している場合）、第三債務者は供託義務を負うので、優先的に債権を回収できるわけではないことに注意が必要です。この場合は、執行裁判所によって供託金の配当などが実施されます。

■ みなし解放金の場合

債権仮差押えの第三債務者が供託した場合には、債務者が仮差押解放金を供託したものとみなされます。この供託された金銭をみなし解放金といい、債務者がこのみなし解放金に対して供託金還付請求権を取得します。債権者がみなし解放金に対して権利を行使するには、債務者が持っている供託金還付請求権に対する債権執行の手続きが必要になります。

本案訴訟
民事訴訟で争っていく事件（本案）についての訴訟のこと。

第三債務者
債務者に対して債務を負う者のこと。債務者が有している債権の債務者で、債権者から見ると第三債務者と表現される。具体的には、AがBに対して債権をもち、BがCに債権をもっているときに、Aから見たCが第三債務者となる。

供託
供託所（法務局）という国家機関に預けた財産の管理をまかせ、預けた財産を受領する権限のある人が受けとることにより、目的を達成させる制度のこと。

仮差押解放金への権利行使

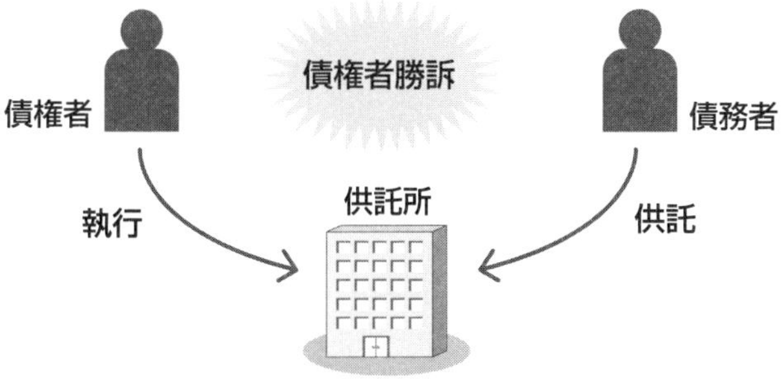

■ 仮処分解放金の場合

仮処分によって確保しようとしている権利が、金銭の支払いによって目的を達成できる権利の場合、裁判所により仮処分の執行停止またはすでにした仮処分の執行の取消しが認められることがあります。その際、債務者は、仮処分解放金を供託しなければなりません。

債権者は、自らの勝訴判決確定後、仮処分解放金（供託金）について供託金還付請求権を行使することができます。ただし、詐害行為取消権を保全するための仮処分命令で定められた仮処分解放金が供託されたときは、仮差押解放金の場合と同様に、債務者の供託金（仮処分解放金）の取戻請求権について債権執行が必要になります。

■ 債務者が解放金を取り戻せる場合

債権者が保全命令の申立てを取り下げた場合の他、保全取消し（250 ～ 251ページ）がなされた場合には、債務者は解放金を取り戻すことができます。本案訴訟で被保全権利の存在が認められず、債権者敗訴判決が確定した場合は、事情変更による保全取消しとなります（249ページ）。

【監修者紹介】

森　公任（もり　こうにん）

昭和26年新潟県出身。中央大学法学部卒業。1980年弁護士登録（東京弁護士会）。1982年森法律事務所設立。おもな著作（監修書）に、『公正証書のしくみと実践書式集』『著作権の法律問題とトラブル解決法』『インターネットの法律とトラブル対策』『入門図解 親子の法律問題【離婚・親子関係・いじめ・事故・虐待】解決の知識』『三訂版　仮差押・仮処分の法律と手続き』『図解で早わかり 裁判・訴訟の基本と手続き』『特定商取引法・景品表示法・個人情報保護法の法律入門』『ネットビジネス運営のための法律と手続き』など（小社刊）がある。

森元　みのり（もりもと　みのり）

弁護士。2003年東京大学法学部卒業。2006年弁護士登録（東京弁護士会）。同年森法律事務所 入所。おもな著作（監修書）に、『公正証書のしくみと実践書式集』『著作権の法律問題とトラブル解決法』『インターネットの法律とトラブル対策』『入門図解 親子の法律問題【離婚・親子関係・いじめ・事故・虐待】解決の知識』『三訂版　仮差押・仮処分の法律と手続き』『図解で早わかり 裁判・訴訟の基本と手続き』『特定商取引法・景品表示法・個人情報保護法の法律入門』『ネットビジネス運営のための法律と手続き』など（小社刊）がある。

森法律事務所
家事事件、不動産事件等が中心業務。
〒104-0033　東京都中央区新川２－15－３　森第二ビル
電話 03-3553-5916　　http：//www.mori-law-office.com

図解で早わかり
最新　民事訴訟・執行・保全の法律知識

2024年２月29日　第１刷発行

監修者　森公任《もりこうにん》　森元《もりもと》みのり
発行者　前田俊秀
発行所　株式会社三修社
〒150-0001　東京都渋谷区神宮前2-2-22
TEL　03-3405-4511　FAX　03-3405-4522
振替　00190-9-72758
https://www.sanshusha.co.jp
印刷所　萩原印刷株式会社
製本所　牧製本印刷株式会社

ISBN978-4-384-04933-6 C2032